资源利用治理丛书

中国资源利用空间依赖研究

陈　凯　张　方　李雪峰　著

国家社会科学基金重大项目（15ZDC034）成果

科学出版社

北　京

内 容 简 介

区域资源利用的空间依赖理论来源于中国春秋战国时期的《尚书》和《管子》等古籍的地理与乘势思想。现代经济学将区域资源利用空间依赖定义为区域资源利用报酬对市场潜力的弹性。本书梳理了区域资源利用空间依赖理论的演化过程，整合新经济地理学和空间计量经济学两种研究路径，建立包含工资方程的空间联合模型，使用近年来的区域经济数据，模拟中国资源利用空间依赖近年来发生的变化，分析生产性公共支出区域倾斜与中国区域资源利用空间依赖的作用机制，解释其适应性政策含义。

本书可作为高等学校资源环境学、区域经济学和经济管理学等学科专业的教材及教学参考书，也可供国家经济治理研究者、政府职能部门决策者参考。

图书在版编目（CIP）数据

中国资源利用空间依赖研究 / 陈凯，张方，李雪峰著. —北京：科学出版社，2020.12

（资源利用治理丛书）

ISBN 978-7-03-056301-9

Ⅰ. ①中… Ⅱ. ①陈… ②张… ③李… Ⅲ. ①资源利用－研究－中国 Ⅳ. ①F124.5

中国版本图书馆 CIP 数据核字（2018）第 006602 号

责任编辑：任彦斌 闫雅超 张 震 / 责任校对：王萌萌
责任印制：吴兆东 / 封面设计：无极书装

科 学 出 版 社 出版
北京东黄城根北街 16 号
邮政编码：100717
http://www.sciencep.com

北京厚诚则铭印刷科技有限公司 印刷
科学出版社发行 各地新华书店经销
*
2020 年 12 月第 一 版 开本：720 × 1000 1/16
2020 年 12 月第一次印刷 印张：12 3/4
字数：257 000

定价：80.00 元

丛书前言

《中华人民共和国国民经济和社会发展第十三个五年规划纲要》(简称“十三五”规划）指出，绿色是永续发展的必要条件和人民追求美好生活的重要体现。必须坚持节约资源和保护环境的基本国策，坚持可持续发展，坚定走生产发展、生活富裕、生态良好的文明发展道路，加快建设资源节约型、环境友好型社会，形成人与自然和谐发展的现代化建设新格局，推进美丽中国建设，为全球生态安全做出新贡献。国家社会科学基金重大项目（15ZDC034）“建立能源和水资源消耗、建设用地总量和强度双控市场化机制研究”体现了这一理念。2016 年 5 月 17 日，习近平总书记在哲学社会科学工作座谈会上的讲话中指出：“自古以来，我国知识分子就有‘为天地立心，为生民立命，为往圣继绝学，为万世开太平’的志向和传统。一切有理想、有抱负的哲学社会科学工作者都应该立时代之潮头、通古今之变化、发思想之先声，积极为党和人民述学立论、建言献策，担负起历史赋予的光荣使命。”为此国家社会科学基金重大项目（15ZDC034）课题组成员精心设计出版本套“资源利用治理丛书”，从以下三个方面努力完成这一重大课题。

一、资源利用治理基础理论创新

资源利用治理理论包含三大体系，分别为中国传统资源利用治理理论、马克思主义资源利用治理理论和现代西方资源利用治理理论。陈凯所著《资源利用文化软实力运行机制路径易学范式分析》阐释了中国传统资源利用治理理论的原理；周立斌、韩满玲、王希艳和杨林的力作《新马克思主义的区域经济理论研究》阐述了马克思主义资源利用治理理论基础；陈凯、张方和李雪峰撰写的《中国资源利用空间依赖研究》论述了现代西方资源利用治理理论渊源。

资源利用治理基础理论创新不是寻找一种新理论取代旧理论，而是以一种包容性更大的理论方法体系将旧理论方法兼容升级。课题组成员撰写的《资源环境治理理论基础》《资源经济学知识图谱导论》《资源耦合治理理论》《城乡资源整合论》和《经济道统治理》等专著，将中国传统资源利用治理理论、马克思主义资源利用治理理论和现代西方资源利用治理理论融会贯通。在新创立的资源利用治理科学原理中，正确地显示经济社会协调发展规律，准确地衡量所有的资源要素、结构与发展模式的性质和数量差异及其变动原因，适时地将原理体现在实际操作程式上；采取“旧理论系统疏理—新理论体系创立—原理实证条理化”的研究方案。以《易传》的理论方法为框架，融合各种原理和方法。资源利用宏观经济分析从模式到结构再到要素，资源利用微观经济分析从要素到结构再到模式。研究定位以道统阴阳平衡机制为主线，演绎和实证相结合，在现代经济学基础上，推导资源生产、消费、贸易、分配、货币、财政、金融、投资、股票、证券、期货、保险、价格、利率、汇率、税率、企业治理、制度与政策等均衡法则。

二、资源利用治理研究范式创新

从书中的《资源利用文化软实力运行机制路径易学范式分析》《资源耦合治理论》和《经济道统治理》等著作以易学范式融合西方资源经济理论方法，对资源利用治理规律、机制和原理进行了系统的分解与整合。创新体现在以下几点。

（一）首次以阴阳五行和谐原理构建资源利用治理系统

现代西方资源利用理论设定资源经济要素同质无限替代，以量差分析其质异，单纯追求工具和逻辑的完美而无视现实，只能说资源经济学知识在进步而非科学的表现。“资源利用治理丛书”还原经济现实，指出资源不是同质的，有阴阳之分，而且阴阳程度随着资源开发的时间、方位、组合方式、利用力度大小和速度快慢而不同；资源配置不只是实现配置主体效用最大化的要素量的替代，而主要是为达到和谐并实现共同富裕，对要素间相生、相克、相冲、相刑、相害、相合、相乘、相侮、胜复等关系的调整；通过阴阳平衡机制，实现各层间、各层内、各要素的阴阳呼应和阴阳平衡，实现资源合理利用治理目标。

（二）另辟蹊径揭示资源经济规律

现代西方资源经济理论建立经济函数，解析变量相关性以把握经济规律。经济函数的一个点，无体积大小，再不能细分。“资源利用治理丛书”将生产函数中的一个点，又细分为八维的“小成”，它是经济全息运行的一个“截图”，是科学实验的一个“切片”，连贯起来精准地量化资源经济运行机制并反映经济规律。庄子曰：“道隐于小成。”机制的表现是秩序，通过测度秩序揭示经济规律。管子曰：道“不见其形，不闻其声，而序其成”。

（三）第一次设立资源利用秩序精准测度标尺

现代经济学关注资源利用效率，借助管理绩效促进之，而“资源利用治理丛书”更注重资源利用秩序，依靠治理功德整合之。这是由于资源利用秩序经历制度规范与道德自律融合路径，通过法治与德治的结合而实现。经济管理以资源优化配置促使经济高效运行，经济治理以资源有序流动维护经济安全稳定。以轻重测度经济秩序是“资源利用治理丛书”的精髓。设置精准16制标尺，即纵向质量“半斤八两”，横向质量“半斤八两”，合之“一斤十六两”。较重者紧于道（规律），秩序较稳定；较轻者松于道（规律），秩序较混乱。管子曰：“以轻重御天下之道也，谓之数应。”

（四）创立天时-地利-人和经济运行模型

在现代经济学数量均衡规则基础上，“资源利用治理丛书”增设纵向和谐、横向匹配、核心再生的阴阳质量均衡规则，建立天时-地利-人和经济运行模型为一轴、五层、四维、九域。①一轴：各层中心的连线，即轴线贯穿各层中心（中宫）。②五层：最上层是“天时”，最下层是“地利”，中间二、三、四层是“人和”。第四层为宏观，其中宫为《兑》，资源利用重在秩序及人心安全稳定。第三层为微观，其中宫为《震》，资源利用在于保持创新及人心活力。第二层为社会发展与资源利用的环境。二、三、四层是模型的中心。第二层是静盘，第三、四层是动盘。③四维的有形态：规划与金融、劳动与组织、政府与信息、资本与市场。四维的无形态：“一曰礼、二曰义、三曰廉、四曰耻。”④九域：易学的九宫。

（五）融会贯通中西经济理论方法

“资源利用治理丛书”道器一体，大到无外，小到无内，对西方资源经济学无限兼容。西方现代经济学在效率管理研究方面成熟，中国传统资源经济理论在秩序治理研究领域领先，“资源利用治理丛书”把经济发展秩序测度深入到资源利用效率层次量化，同时又将资源利用效率研究上升至经济发展秩序框架内考察。例如，①辨识两变量的轻重缓急，确定其“元”“亨”“利”“贞”“悔”“吝”“厉”“咎”，量化资源利用系统要素的定位及其层次间的关系；②根据资源利用全要素生产率（total factor productivity，TFP）增长正负及其技术进步率、技术效率改进、规模效率改进和配置效率改进速度之正负，裁定其“延年”“天医”“生气”“辅弼”“禄存”“廉贞”“破军”“文曲”，用以测度资源利用系统要素作用及其匹配关系。

三、资源利用治理实证分析与适应性政策研究

任何理论都是在人类经济社会发展推动下自身矛盾思变创新中产生和形成

的。资源利用治理理论发展的前提是资源利用实践。资源利用实证分析既是资源利用理论发展的基础，也是资源利用实践的指导。

“资源利用治理丛书”每一部都不同程度地进行了实证研究，陈凯和课题组成员撰写的《能源、水资源和建设用地经济治理研究》用实际数据论证了能源、水资源及建设用地总量和强度双控市场化机制，可圈可点，相信读者看后会有耳目一新之感。

长三角区域是中国最具发展潜力的都市圈，能源利用状态具有一定的代表性。郑畅的《长三角地区能源利用效率研究》论证到位，分析透彻，读后定有收获。

能源、水资源和建设用地利用适应政策是“资源利用治理丛书”的主题。根据实证研究的结果，基于国家能源、水资源和建设用地利用定位及区域功能分解，科学甄别总体及各区域主体功能、主导功能、主要功能，创新分层诊断、有序衔接、逐步调适的规划方法，努力解决统一的规划底图、坐标体系、基础数据、分类标准等问题。深度整合能源、水资源和建设用地利用治理政策措施，实现能源、水资源和建设用地利用治理规划及适应性对策体系法治化、标准化与规范化。

“资源利用治理丛书”传承发展中国传统学术，吸收消化马克思主义资源利用治理理论和现代西方资源利用治理理论，在融会贯通三大理论体系的基础上，注重资源利用实证研究，突出资源经济发展新方向，建立中国大国资源利用治理理论。虽然距完整的中国资源利用治理理论体系相差甚远，但我们已经起步，纵有千难万险，我们披荆斩棘，在所不辞。恳请广大读者对丛书多提宝贵意见，我们会虚心接受，不断修改完善。

“资源利用治理丛书”主编

2017 年 9 月 10 日

前　言

经济地理意义上的边缘性对区域资源利用报酬增长的制约长期被政府和学者广泛关注。改革开放以来，伴随着中国经济的快速增长，中国自东部向中西部形成了新经济地理学意义上的“核心-边缘”空间经济结构，且区域资源利用报酬差距不断扩大。对自身劣势经济地理因素的依赖形成了边缘地区收入增长的长期制约，且这种依赖作用在一定时期内不断加强，被学者们称为“距离的诅咒”效应。近20年来，中国政府为缩小区域资源利用报酬差距而实施了多项区域经济战略，以基础设施建设为主的生产性公共支出不断地向边缘地区倾斜，这种倾斜性经济政策减轻了边缘地区收入对其劣势经济地理因素的依赖，从而减弱了“距离的诅咒”效应，并在一定程度上改变了中国所有地区收入的空间依赖。在此背景下，本书基于新经济地理学理论和空间计量经济学理论对中国资源利用空间依赖的变化进行研究。

本书首先介绍资源利用空间依赖的理论发展，分别总结新经济地理学理论和空间计量经济学理论在实证研究及理论研究上的优点与局限性，提出一种结合两种理论对中国资源利用空间依赖的研究路径，进而从中国资源利用空间依赖的存在性、变化趋势和变化原因三个方面开展以下研究工作。

（1）在检验出新经济地理学工资方程的误差项存在空间自相关的前提下，把新经济地理学工资方程和空间误差模型联立为空间联合模型，在同时考虑区域资源利用报酬及误差项空间自相关的情况下，对中国区域资源利用空间依赖进行再检验。检验结果验证了中国区域资源利用空间依赖的存在，避免了以往研究在工资方程估计过程中由未考虑误差项空间自相关造成的有偏且非有效的区域资源利用空间依赖估计结果。

（2）使用中国1996～2015年的省级层面数据，对新经济地理学工资方程进行逐年回归，得到在此期间中国区域资源利用空间依赖的变化趋势。通过分析该变化趋势发现，中国的区域资源利用空间依赖由2006年之前的增强趋势转变为2006年之后的减弱趋势，该转折点和中国区域经济战略的实施背景在时间上具有一致性。进一步对子样本的区域资源利用空间依赖变化趋势进行分析，结果显示，中西部边缘地区收入空间依赖随着区域经济战略的实施出现更为明显的减弱趋势，表明中西部边缘地区在2006年之后开始脱离“距离的诅咒”。

（3）从政府对中国中西部边缘地区倾斜的生产性公共支出政策出发，在新经济地理学一般均衡框架的基础上引入生产性公共支出和政府行为，建立一个改进的新经济地理学模型，用该模型模拟现实经济中区域生产性公共支出政策倾斜对区域资源利用空间依赖的影响，并使用经验数据对模拟结果进行验证。由数值模拟和经验分析结果可知，区域生产性公共支出分别通过边际效应和外部性对本地收入及其他地区收入产生不同程度的冲击，进而在一定的区域内部市场潜力和外部市场潜力比例的前提下改变区域资源利用空间依赖。

陈　凯　张　方　李雪峰

2017 年 9 月 10 日

目　录

第1章 绪　论

经济地理意义上的边缘性（peripherality）对区域收入增长的制约在近数十年来被政府和学术界广泛关注。在农业-手工业经济时期，人类社会以自给自足的自然经济模式为主，较少发生区域间贸易。而人类社会经济模式发展到工业经济后，随着区域间贸易规模的扩大，区域间的经济联系开始快速增强，并导致一定的空间经济格局的形成，经济活动的空间依赖（spatial dependence）进入学者的研究视野。在较小地理范围上，这种空间依赖是对结合空间因素和经济因素的区位因素的依赖；在较大地理范围上，这种空间依赖也并非单纯对地理因素的依赖，而是对经济地理因素的依赖。在空间经济格局中，一些地区由于经济地理因素的相对劣势而具有较低的区域资源利用报酬，对这些地区而言空间依赖成为一种收入增长的约束。由于地理因素是无法改变的外生因素，而一个地区也难以较大程度地左右其他地区的经济规模来改变其经济地理因素，对于经济地理意义上的边缘地区而言，扩大本地市场规模、减轻对不利的经济地理因素的依赖是改变其区域资源利用报酬落后地位的根本途径。

1.1　研究背景

改革开放以来，中国的基础设施建设得到明显改善，区域间贸易规模在此基础上快速扩大，区域间的经济联系因此不断加强。然而根据中国国家统计局网站公布的数据计算，中国东部地区基础设施建设一直领先于中西部地区，带动大量资本、劳动等生产要素从中西部地区转移到东部地区，使东部地区成为中国的经济中心；而中西部地区基础设施匮乏，且地理位置距东部核心市场相对较远，地区内部市场和地区外部市场均对其经济发展影响较弱，使其成为经济地理意义上的边缘地区。这种边缘性对中西部地区经济发展产生严重阻碍，并导致近20年来中国的区域资源利用报酬差距不断扩大。

Fujita等（1999）建立的新经济地理学理论解释了区域经济在空间依赖作用下形成的“核心-边缘”空间经济模式。基于新经济地理学框架，Fujita和Hu D P（2001）、Zhao等（2011）的研究认为，中国区域资源利用报酬自东部向中西部梯级递减的分布模式符合新经济地理学意义上的“核心-边缘”模式。新经济地理学模型中，代表一个地区经济地理因素的变量是市场准入（market access），用市场潜力（market potential）指标来衡量，区域资源利用报酬空间依赖体现为对市场潜力的依赖。刘修岩等（2007）、范剑勇和张雁（2009）、许政等（2010）、刘修岩和宋萍（2015）认为中国的区域资源利用报酬对市场潜力具有显著的依赖，这种空间依赖是中国东部和中西部收入差距及“核心-边缘”空间经济模式形成的主要原因。

中国政府为缩小区域资源利用报酬差距，自1999年开始陆续实施了西部大开发、东北振兴、中部崛起及“一带一路”建设等经济战略和倡议，通过公共支出和税收优惠等区域倾斜性财政政策推动中西部地区经济发展。《中华人民共和国国民经济和社会发展第十三个五年规划纲要》[①]提出“深入实施西部开发、东北振兴、中部崛起和东部率先的区域发展总体战略，创新区域发展政策，完善区域发展机制，促进区域协调、协同、共同发展，努力缩小区域发展差距”，并指出“把深入实施西部大开发战略放在优先位置，更好发挥‘一带一路’建设对西部大开发的带动作用”。

相对于以创新驱动发展转型和产业升级为主的东部率先发展战略、以结构调整和产业转型升级为主的东北振兴战略，西部大开发、中部崛起和“一带一路”建设等战略和倡议以提高基础设施建设水平为主要内容。而基础设施建设支出来源于政府的生产性公共支出。中国政府对西部地区的实际生产性公共支出在1996～2015年增速平均值为17.12%，高于中部地区的16.09%和东部地区的15.59%[②]，在增长率上明显体现出向中西部地区的倾斜。这种区域倾斜性经济政策不仅对中西部地区市场规模产生直接冲击，还在一定程度上改变着区域间的经济联系，进而对中国区域资源利用报酬空间依赖产生显著影响。在这种背景下，中国区域资源利用报酬空间依赖的变化有待深入研究。

1.2 问题的提出

Harris（1954）把区域资源利用报酬所依赖的市场潜力设定为所有地区购买力的加权平均数，Fujita等（1999）用坚实的微观基础为这种设定提供了理论支撑，并推导出反映区域资源利用报酬与市场潜力依赖关系的新经济地理学工资方程。由于市场潜力在一定意义上等价于区域资源利用报酬的空间滞后项，新经济地理学工资方程在一定意义上也类似于空间滞后模型。吴玉鸣（2006）、张晓旭和冯宗宪（2008）、张伟丽等（2011）、潘文卿（2012）、李敬等（2014）、陈创练等（2017）均使用空间滞后模型检验出中国区域资源利用报酬存在空间依赖。基于新经济地

① http: //www.gov.cn/xinwen/2016-03/17/content_5054992.htm[2016-11-12]。
② 根据历年《中国统计年鉴》数据计算得出，生产性公共支出的具体衡量指标参见4.2.4小节。

理学和基于空间计量经济学得到区域资源利用报酬存在空间依赖的结论在一定程度上具有一致性，但是，空间计量经济学没有像新经济地理学一样为区域资源利用报酬空间依赖的来源提供坚实的微观理论基础，也没有进一步分析在空间依赖作用下中国东部和中西部的收入差距及“核心-边缘”空间经济模式的形成与维持机制；新经济地理学由于具有较多理论束缚而在实证研究方面的表现不如空间计量经济学。因此，新经济地理学和空间计量经济学在用于进行区域资源利用空间依赖分析时各有优缺点。

基于空间数据进行实证研究时，需要考虑被解释变量及误差项空间自相关的影响。在新经济地理学工资方程实证研究中，市场潜力的系数可在一定意义上获取被解释变量的空间依赖，但是工资方程的误差项可能也存在空间自相关，造成普通最小二乘估计结果是有偏且非有效的。如果工资方程的误差项也存在空间自相关，那么在新经济地理学工资方程的估计过程中，需要同时考虑市场潜力与误差项这两种类型的空间自相关。其中，误差项的空间自相关是被多数基于新经济地理学工资方程的实证研究忽视的问题。为保证区域资源利用报酬空间依赖检验结果的无偏性和有效性，需要对工资方程误差项的空间自相关进行检验，若检验出其显著存在，则有必要在将其纳入考量的情况下对中国区域资源利用报酬空间依赖进行再检验。

在新经济地理学工资方程中，区域资源利用报酬所依赖的市场潜力包含区域经济规模和以地理距离反映的空间位置两方面因素。核心地区的收入增长得益于其较高的市场潜力，而具有较低市场潜力的边缘地区相应具有较低的收入。在规模报酬递增的作用下，边缘地区受制于无法改变的距核心地区的地理距离而与核心地区的收入差距越来越大，导致边缘地区的外部市场规模相对扩大，边缘地区收入的空间依赖也随之加强。Boulhol 和 de Serres（2010）把边缘地区收入对自身经济地理因素依赖越来越强的现象称为“距离的诅咒”效应。已有研究认为经济集聚形成的“核心-边缘”空间经济模式存在于中国，那么“距离的诅咒”效应是否也同样存在于中国？新经济地理学模型中运输成本和商品替代弹性等外生变量的变化，会改变经济集聚和经济扩散之间的平衡，引起经济动态过程发生质变。近年来，政府实施各项区域经济战略来缩小中国东部和中西部区域资源利用报酬不平衡及实现区域协调发展，这种政策背景下，中国区域资源利用报酬空间依赖发生了什么变化？如果中国区域资源利用报酬存在“距离的诅咒”，这种效应在近年来是否得到缓解？对这些问题的研究可以得到“距离的诅咒”在中国的存在证据及发展趋势，为中国区域经济战略实施成效提供证据。

区域资源利用报酬的空间依赖建立在区域间贸易的基础上，而基础设施水平直接影响到区域间贸易成本，进而对区域间贸易规模及区域资源利用报酬空间分布产生重要影响。作为生产性公共支出的主要用途，基础设施建设对区域经济增长起到直接促进作用，然而韩仁月和常世旺（2010）、陈碧琼等（2013）、张方和陈凯（2016）、范欣等（2017）的实证研究表明，生产性公共支出对支出目标地区以外的地区收入表现出一定的负外部性。在中国政府实施的西部大开发、东北振兴、中部崛起及“一带一路”建设等区域经济战略和倡议背景下，向中西部地区倾斜的生产性公共支出对东部地区收入产生何种程度的外部性？区域生产性公共支出的直接作用和外部性如何影响支出目标地区及其他地区的收入，进而影响区域资源利用报酬空间依赖？对这些问题的研究有助于探寻边缘地区收入对自身劣势经济地理要素依赖的减弱路径，并且有助于全面评估中国区域经济战略实施效果。

1.3 研究目标

针对需要研究的问题，确定本书的总体研究目的为：对中国区域资源利用报酬的空间依赖进行再检验，获取中国区域资源利用报酬空间依赖的变化趋势，研究向边缘地区倾斜的生产性公共支出政策对中国区域资源利用报酬空间依赖的作用机制。具体的研究目标如下。

（1）检验新经济地理学工资方程误差项的空间自相关，如果其存在则将其纳入考量，对中国区域资源利用报酬空间依赖进行再检验。总结新经济地理学和空间计量经济学中关于区域资源利用报酬空间依赖研究方法与结论的一致性及差异性，并分别找出基于两种理论对区域资源利用报酬空间依赖的研究的优势与局限性，在此基础上探寻结合两种理论对区域资源利用报酬空间依赖的研究路径。基于中国区域经济数据，使用探索性空间数据分析方法检验新经济地理学工资方程误差项的空间自相关。在同时考虑被解释变量空间自相关和误差项空间自相关的情况下，应用新经济地理学工资方程和空间滞后模型相结合的空间联合模型，对中国区域资源利用报酬的空间依赖进行再检验，获取中国区域资源利用报酬空间依赖的存在性证据，并分析不同空间权重矩阵和解释变量构造方法对该结论稳健性的影响。

（2）获取区域经济战略背景下中国区域资源利用报酬空间依赖的变化趋势。选取中国实施区域经济战略前后 20 年为样本期，分析在此期间中国区域资源利用报酬空间依赖的变化趋势，即区域资源利用报酬对市场潜力的依赖如何随着时间的推移而变化，并分别对边缘地区、核心地区、较发达地区和较不发达地区等子样本进行新经济地理学工资方程的回归，作为中国区域资源利用报酬空间依赖变化趋势的空间分解及稳健性检验方法，可以获取中国边缘地区收入空间依赖的变化趋势，从而验证“距离的诅咒”效应在中国的存在性并分析其发展趋势。

（3）解释生产性公共支出的区域倾斜对中国区域资源利用报酬空间依赖的影响机制。在考虑基础设施外部性的前提下，把生产性公共支出和政府行为引入新经济地理学模型，在包含税收扭曲的情况下求解一般均衡。把研究目标区域作为参照区，其他地区作为外部区，结合中国的区域经济战略背景，模拟分析生产性公共支出的区域倾斜如何作用于参照区和外部区的收入，进而影响区域资源利用报酬的空间依赖。进一步采用一种新的工资方程的实证形式进行经验分析，验证中国生产性公共支出的外部性，并结合边缘地区和核心地区各自的内部市场潜力与外部市场潜力所占比重，分析这种外部性对区域资源利用报酬空间依赖的影响。

1.4 研究思路

为了实现上述研究目标，本书按照如下的基本思路展开研究工作。

（1）针对区域资源利用报酬空间依赖的研究背景、中国区域发展不平衡的现状及近年来政府为协调区域发展所实施的区域经济战略背景，按照逻辑顺序提出本书研究的三个问题，依次针对这些问题提出本书的三个研究目标，根据这三个研究目标确定三方面主要研究内容。

（2）进行相关研究文献综述。阐述区域资源利用报酬空间依赖概念的确立及理论基础的形成与发展；对近年来分别基于新经济地理学和空间计量经济学理论实证检验区域资源利用报酬空间依赖存在性的文献进行总结，对基于新经济地理学研究区域资源利用报酬空间依赖变化并检验“距离的诅咒”效应的文献进行梳理，并对贸易理论文献中对不完全空间依赖变化的研究成果进行总结与借鉴。

（3）介绍作为本书理论基础的新经济地理学基本理论和空间计量经济学基本理论，比较两种理论在理论研究和实证研究上各自具有的优点与局限，提出结合两种理论对中国区域资源利用空间依赖进行分析的必要性，同时基于更有利于实证研究结果获取及经济意义解释的目的，从产业跨度对本书中的区域资源利用有关概念的定义进行规范。

（4）在同时考虑被解释变量和误差项空间自相关的情况下对中国区域资源利用报酬空间依赖进行再检验。针对以往新经济地理学工资方程研究中只考虑被解释变量空间自相关的现状，在验证新经济地理学工资方程误差项存在空间自相关的前提下将其纳入考量，对中国区域资源利用报酬空间依赖进行再检验。

（5）在验证中国区域资源利用报酬空间依赖存在的基础上，先检验 1996～2015 年历年的区域资源利用报酬空间自相关，再用中国的区域资源利用报酬对市场潜力进行逐年回归，得到 1996～2015 年中国历年的区域资源利用报酬空间依赖估计值，形成该时期内中国区域资源利用报酬空间依赖变化趋势。分别使用边缘地区、核心地区、较发达地区、较不发达地区等子样本进行稳健性检验，得到子样本区域资源利用报酬空间依赖变化趋势，并从时间维度上分析这种变化趋势和中国区域经济战略实施背景的一致性。

（6）在分析中国区域经济战略中的生产性公共支出政策在空间上的倾斜性的基础上，向新经济地理学一般均衡框架内引入资本和政府行为，建立改进的新经济地理学模型，根据中国现实经济数据校准模型，模拟生产性公共支出的区域倾斜对区域资源利用报酬空间依赖的冲击，分析生产性公共支出的区域倾斜对区域资源利用报酬空间依赖的作用机制，并使用经验数据对这种机制进行实证检验。

以上研究思路可用图 1.1 所示的关系图来表示。

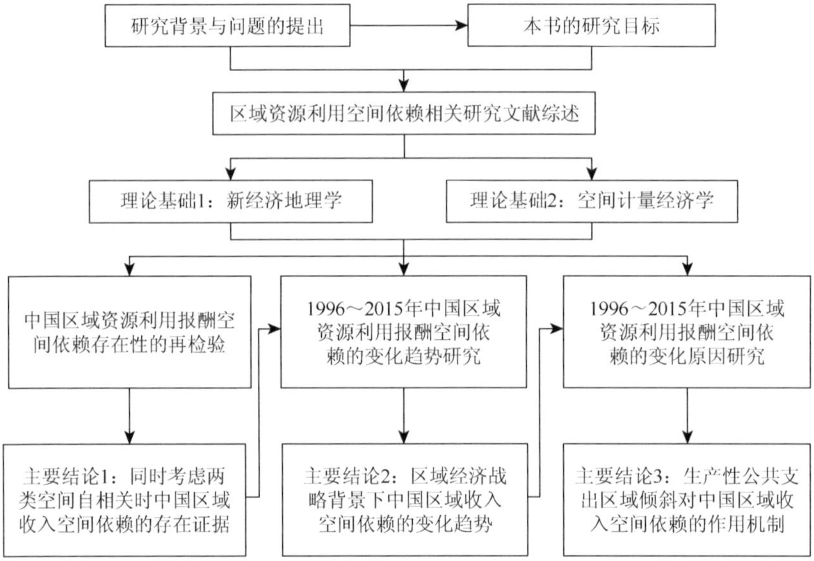

图 1.1 本书的研究思路

1.5 研究方法

本书的研究工作中，针对不同的研究内容将采用不同的研究方法。本书采用的研究方法主要包括文献研究法、探索性空间数据分析法、回归分析法和动态一般均衡分析法。

首先使用文献研究法，分析区域资源利用报酬空间依赖概念的发展历史，比较新经济地理学理论和空间计量经济学理论分别用于理论研究及实证研究时的优点与局限。

其次使用探索性空间数据分析法，检验新经济地理学工资方程误差项的空间自相关。

再次使用回归分析法，在考虑误差项空间自相关的情况下估计中国区域资源利用报酬空间依赖，并对中国区域资源利用报酬的空间依赖进行逐年回归，以获取其变化趋势。

最后使用动态一般均衡分析法，模拟分析区域生产性公共支出对中国区域资源利用报酬空间依赖的作用机制，并使用回归分析法进行经验分析。

考虑到经济活动空间依赖研究视角以空间视角为基础，本书的探索性空间数据分析和回归分析主要采用截面数据及面板数据。在检验中国区域资源利用报酬空间依赖时，使用 31 个省级行政区域（不包括港澳台，下同）2012 年的截面数据，并使用 2014 年的截面数据进行稳健性检验；在分析中国区域资源利用报酬空间依赖变化趋势及变化原因时，使用 31 个省级行政区域 1996～2015 年的面板数据。使用整理自历年《中国统计年鉴》《中国固定资产投资统计年鉴》、各省（自治区、直辖市）统计年鉴和中国统计局网站公布的中国各省级行政区域经济数据，作为实证研究的样本数据。

1.6　主要创新点

在本书具体研究工作中，主要有两个实证研究上的创新点和一个理论研究上的创新点。

（1）在同时考虑被解释变量和误差项空间自相关的情况下检验中国区域资源利用报酬空间依赖的存在性。以往关于区域资源利用报酬空间依赖的实证研究关注了实证模型的内生性，即解释变量与误差项的相关性，而忽视了误差项中存在的空间自相关。实际上，在区域资源利用报酬空间依赖研究中，市场潜力或空间滞后项所获取的空间自相关并不充分，而有一部分空间自相关由误差项来获取。本书通过把工资方程和空间误差模型联立为空间联合模型，研究了同时考虑两种不同形式的空间依赖时中国的工资方程估计结果的特征，强调了市场潜力可以看作被解释变量的空间滞后项，并且分析了市场潜力和其他不同形式空间滞后项的相似及不同之处，实现了新经济地理学和空间计量经济学在一定意义上的整合，在此基础上检验出的中国区域资源利用报酬空间依赖更具稳健性和说服力。

（2）在同类文献中首次从时间维度考察中国区域资源利用报酬空间依赖的变化趋势。新经济地理学基准模型的分析框架为静态一般均衡框架，区域资源利用报酬空间依赖表现为市场潜力的系数，其动态变化并未引起广泛关注。在贸易理论学者关于贸易距离弹性变化研究的启示下，新经济地理学者开始关注区域资源利用报酬空间依赖的变化，并在对欧洲经济地理变化研究的基础上提出“距离的诅咒”。而国内学者亦在未考虑误差项空间自相关的情况下验证了中国区域资源利用报酬空间依赖的存在，而并未进一步考察其变化趋势。本书关注了中国区域资源利用报酬空间依赖在时间维度上发生的变化，这种变化意味着区域发展平衡性的变化，甚至影响到空间经济分布格局。

（3）通过把异质性区域技术内生化为具有外部性的基础设施，向新经济地理学模型引入生产性公共支出和政府行为。新经济地理学模型缺少了传统的一般均衡分析中对政府主体行为的考察，而中国近年来的宏观经济实践中，政府的区域经济战略对中国空间经济结构发展起到主导作用。因此，本书结合中国区域经济战略的背景，使用动态一般均衡框架，向生产函数中引入具有外部性的基础设施，并相应地引入生产性公共支出和政府行为，建立了一个改进的新经济地理学模型，来模拟生产性公共支出对区域资源利用空间依赖的作用机制并进行经验分析。相对于新经济地理学基准模型和现有的衍生模型，引入生产性公共支出和政府行为的新经济地理学模型更适用于中国的区域经济战略背景。

第2章 文献综述

中国东部与中西部的区域资源利用报酬差距在改革开放之后不断扩大，区域资源利用报酬对经济地理要素的依赖引起了政府和学者的广泛重视。近年来，中国政府实施了多种措施来缓解这种经济地理意义上的边缘性对中西部地区收入的影响。学者们在不断探求区域资源利用报酬空间依赖来源的同时，也对政府政策造成区域资源利用报酬空间依赖的变化进行检验。实际上，经济活动的空间联系在工业社会初期开始快速增强并引起学者关注，而由于建模技术等限制未形成明确的经济活动空间依赖的理论概念。在信息社会时期经济全球化加速发展的背景下，相关理论的发展使经济活动空间依赖概念得到进一步明确，关于其来源和变化的研究也快速增加，部分研究把空间距离作为模型的基本要素，形成了本书的理论基础。同时另一部分研究从时间维度考察经济活动空间依赖的变化趋势，并对这种变化趋势产生的原因提出了不同的观点，为本书提供了丰富的借鉴和参考价值。

2.1 《管子》等古籍的区域资源利用空间依赖思想

中国春秋战国时期的《尚书》和《管子》等古籍最早体现了区域资源利用空间依赖思想。《尚书·禹贡》置地等级赋税。管子曰："厌宜乘势，事之利得也。计议因权，事之囿大也。王者乘势，圣人乘幼，与物皆宜。"[①]"乘势"意为遵循经济社会发展规律，其含义主要有三个方面的内容。

2.1.1 区域资源利用报酬差距收敛说

随着经济社会发展，区域资源利用报酬逐渐出现不平衡增长，其差距或大或小，但最终趋于收敛。老子对此说道："执大象，天下往。往而不害，安平泰。""往"为"往前""前进""发展"，与"来"相对应。"来"意为"回来""过来""返回"。往、来、阴、阳、辟、阖、形成八种状态："元""亨""利""贞""悔（渐吉）""吝""害（厉）""凶（咎）"。除去"吝""害（厉）""凶（咎）"，留下的"元"

---

①《管子》，[唐]房玄龄注，[明]刘绩补注，刘晓艺校点，上海古籍出版社2015年版。

“亨”“利”“贞”“悔（渐吉）”为安平泰（陈凯，2015）。

区域资源利用报酬差距发散状态的“害”可用易学的《否》表达。较发达区域资源利用报酬为《乾》在上而上行，即收入相对增长加速。与此相对应，较不发达区域资源利用报酬为《坤》在下而下行，即收入相对增长减速。运行的趋势是区域资源利用报酬差距越来越大，出现两极分化。

区域资源利用报酬差距收敛状态的“元”可用易学的《泰》表达。较发达区域资源利用报酬为《坤》在上而下行，即收入相对增长放缓。与此相对应，较不发达区域资源利用报酬为《乾》在下而上行，即收入相对增长加快。运行的趋势是区域资源利用报酬差距越来越小，显示为收敛，最终区域资源利用报酬达到均衡。

“往而不害”是区域资源利用报酬差距变动的收敛状态，也是区域资源利用报酬差异演化的机制，解构其机理的关键是深度分析区域资源利用差异的内在动因。

2.1.2 区域资源利用差异动因论

管子认为，引致区域资源利用差异的因素主要有五个，分别如下。

（1）区位。管子指出，“位者，谓之所立也”[①]，“明主在上位，有必治之势”[①]。中国传统经济理论引用易学的九宫学说将区域分为九个领域，即一个中心外加八个区位。中心体现经济实质，八个区位依次分别为金融、市场（或收入）、劳动、信息、行政、组织、固定资产、制度（陈凯，2015）。在这一中心与八外围的格局中，八个区位与中心组成隶属整合关系，八个区域之间构成平等耦合关系。中心区位占有支配区域大部分资源，其实体比较富裕，而外围区位由于资源受限，其实体比较贫穷。

（2）距离。地理距离和市场距离为人们所熟知，而管子的经济社会“四维”[①]治理框架体系中的“距离”是一种“功能距离”。功能距离近，动因作用力大。功能距离远，动因作用力小。譬如，区域收入与市场同在二宫《坤》区位，市场对区域资源利用报酬影响最大；第二为同一维的八宫《艮》区位的固定资产；第三是九宫区位的制度与一宫区位的金融，以及七宫区位的组织与三宫区位的劳动；第四为四宫区位的信息与六宫区位的行政（陈凯，2015）。

（3）地理。地理环境对区域资源利用报酬影响甚大。管子将区域环境分为五类：“有山处之国，有泛下多水之国，有山地分之国，有水泆之国，有漏壤之国。此国之五势，人君之所忧也。”[①]

（4）贸易。贸易是欠发达地区收入增长的主要手段。管子主张改变区域地理

① 《管子》，[唐]房玄龄注，[明]刘绩补注，刘晓艺校点，上海古籍出版社 2015 年版。

劣势的主要途径是贸易，“漏壤之国谨下诸侯之五谷，与工雕文梓器以下天下之五谷。此准时五势之数也”①。

（5）基建。道路、桥梁、物流设施等为生产之基础。管子曰：“高杠柴池，所以致天下之牛马而损民之籍也。”“请以令，为诸侯之商贾立客舍，一乘者有食，三乘者有刍菽，五乘者有伍养，天下之商贾归齐若流水。”“夫好心则万物通，万物通则万物运，万物运则万物贱，万物贱则万物可因。”①

2.1.3 区域资源利用差异调控

管子认为区域资源利用差异调控在于资源及其利用轻重之把握。

（1）国有民营。关乎国计民生的重要资源，要国有国营，并以此调节民营经济。“唯官山海为可耳”，对资源贫乏地区，也要“因人之山海假之”。“今为国有地牧民者，务在四时，守在仓廪。国多财则远者来，地辟举则民留处，仓廪实则知礼节，衣食足则知荣辱。”①

（2）市场要平准。“乘马之准，与天下齐准。彼物轻则见泄，重则见射。”“布织财物，皆立其赀。财物之赀与币高下。”①

（3）财政金融支持。“万物之满虚，随财准平而不变。”“春赋以敛缯帛，夏贷以收秋实，是故民无废事，而国无失利也。”①

（4）收入调剂。“以上壤之满，补下壤之众。章四时，守诸开阖，民之不移也，如废方于地。此之谓筴乘马之数也。”①

总之，“以轻重御天下之道也，谓之数应”①。

2.2 西方区域资源利用空间依赖研究的理论发展

在欧洲工业社会初期，作为区域经济研究重要理论之一的区位理论中，区位不但反映了经济活动的空间位置，而且反映了其空间位置与与其存在经济联系的其他经济活动空间位置之间的距离、与其存在经济联系的其他经济活动的规模。因此，区位理论中生产活动对区位的依赖可视为经济活动空间依赖概念的最初表述。然而，古典区位论和新古典区位论并未提出一个明确的空间依赖的概念。直到新经济地理学和空间计量经济学理论体系形成后，区域资源利用空间依赖在新经济地理学中以坚实的微观理论为基础得到推导，在空间计量经济学中得到明确表述，并由空间计量经济学为其提供了侦测与获取方法。

---

①《管子》，[唐]房玄龄注，[明]刘绩补注，刘晓艺校点，上海古籍出版社2015年版。

2.2.1 古典区位论中的距离和运输成本

在西方的传统农业社会，经济活动对区位的依赖就引起了学者的重视。关于区域经济理论的渊源可追溯到19世纪von Thünen提出的农业区位论。von Thünen从追求利润最大化的农民出发，设想了一个“孤立国”，即存在一个位于城市中心的只消费农产品的单一市场，各区位农产品的单位产量和运费不同，而运输成本是重量和距离的函数。当产品价格由完全竞争市场决定时，生产区位离市场越近，生产者就能相对减少运输成本，进而提高利润，因此地租从城市中心向周围阶梯状递减。农民的竞争最终使得农产品的生产围绕城市中心自发形成同心圆圈层分布结构（von Thünen，1966）。该理论在经济学历史上第一次涉及经济活动对市场空间位置的依赖，并探讨了这种依赖作用下的空间经济分布模式及其自发形成机制，成为区域经济学的理论起源。之后的研究中，Alonso（1964）用通勤者（commuters）代替农民，用通勤成本（commuting cost）代替运输成本，用中央商业区（central business district，CBD）代替中心市场，把von Thünen的模型重新解释为一个单中心经济模型，同样得到土地利用呈同心圆分布的结论，该模型至今仍是大量区域经济理论和实证研究的基础。

19世纪末，在德国工业革命的背景下，Weber提出了一个系统的工业区位论，讨论生产者如何基于运输成本、劳动力成本和聚集成本等方面因素根据成本最小化的原则寻找最佳区位（Weber，1929）。其假设条件为各地的需求和价格相等，相当于假设市场是完全竞争市场，从而弱化了需求和价格要素对经济活动的影响。生产者会对区位选择决策的顺序是：首先会找出运输成本（包括原材料运输成本和最终商品运输成本）最小的位置，然后用劳动成本或聚集成本这两项因素进行筛选。由此可知，该理论认为随着距离的递增，运输成本的递增大于劳动成本和聚集成本的递减，从而在弱化需求和价格要素的假设基础上，进一步突出了距离要素对经济活动的影响。

作为区域经济学的开创性理论，von Thünen的农业区位论和Weber的工业区位论虽然是基于不同产业维度的经济活动进行研究，但具有一个共同的观点，即经济活动的空间分布受到运输成本的影响，而运输成本是距离的函数。该观点通过距离和运输成本把生产活动对区位的依赖引入经济学分析范畴，奠定了后来区域经济学中空间依赖的研究基础。之后的研究中，Hoover（1937）关注了运输成本构成的复杂性，细化了运输成本的分类，认为运输成本由终点费（包括装卸费、仓库、码头、管理、保养维修等费用）和运行费（包括线路维修、管理、运输工具磨损、动能消耗、保险费、运输工人工资等）两部分组成，运行费与运输距离成正比，而终点费与运输距离无关，因此每吨公里（1公里＝1千米）

的运费随运输距离增加而递减。此外，Hoover（1948）还从历史的角度提出了不同经济发展阶段的区位分布模式，并认为运输成本的降低在经济发展阶段转变中起关键作用。作为一种空间要素引入方法，运输成本一直被延续使用至20世纪末出现的新经济地理学建模技术，距离亦被当今的空间计量经济学用作空间权重确定原则。

2.2.2 新古典区位论中的不完全竞争模型

von Thünen的农业区位论和Weber的工业区位论都建立在完全竞争的假设基础上，该假设对应18世纪末和整个19世纪德国的经济发展状况。随着经济的发展，不完全竞争开始出现，同时规模报酬递增成为生产活动的主要特征，促使新古典经济学者开始考虑把不完全竞争和规模报酬递增纳入经济模型。而此时受建模技术限制，主流经济学无法处理引入空间要素时的不完全竞争和规模报酬递增问题，也无法得到区位问题一般均衡的条件。因此，相对于时间维度分析，空间维度分析在较长一段时期内是在新古典经济学主流模型之外处理的。

在不完全竞争假设下，Hotelling（1929）和Lösch（1954）分别对Weber的工业区位论进行了拓展，把Weber提出的厂商进行区位选择决策时的成本最小化原则转化为利润最大化原则。两者的研究将利润最大化原则与消费者对商品的需求相结合，认为产品需求量大小决定利润高低，进而决定区位优劣，因此，Hotelling和Lösch的模型突出了需求要素对厂商最优区位的决定作用，并且弱化了空间距离要素的作用。此外，Lösch探讨了区位问题的一般均衡条件，标志着一般均衡方法开始被应用于区域经济领域的研究。

Isard（1956）将von Thünen、Weber、Christaller和Lösch等提出的理论进行整合，重新对区位问题进行了表述，认为区位问题可以被看作生产者对运输成本与生产成本相互替代的权衡问题。Isard的研究目的是使用引力模型、投入产出模型及基于中心地理理论的区位选择模型等建模技术，并使用定量方法，把区域科学转化为具有坚实理论基础的精确科学。Krugman（1997）认为，Isard并未实现把空间问题纳入经济理论核心的目标，也没有提出区位问题中一般均衡的条件，但把研究重点由厂商的区位决策转向区域综合分析，成为区域科学的开创者，创立了一个相对折中的研究领域。

虽然新古典增长模型未将空间维度的分析纳入其主流研究，但其对完全竞争和规模报酬不变两个研究瓶颈的突破，以及其对一般均衡理论的发展，为后来新经济地理学的创立提供了模型和理论基础。Weber的区位模型采用的是Leontief生产函数，其中生产要素是不可替代的。随着新古典经济学模型的发展，Cobb-Douglas生产函数得到广泛应用，其多种变异形式使规模报酬递增下的一般均衡研究得到发展。Chamberlin（1933）分析了异质性商品对市场结构形成的作用，明确地指出了不完全竞争市场的特点。Dixit 和 Stiglitz（1977）用消费者的不变替代弹性效用函数来表述产品异质性，将 Chamberlin 的垄断竞争理论形成一般均衡模型，该模型为多数经济研究提供了新的工具，使这些研究突破了完全竞争和规模报酬不变的瓶颈，也成为 Krugman 建立新经济地理学模型的基础。

2.2.3 新经济地理学对空间依赖的推导

Krugman 在 20 世纪 90 年代的一系列著作是新经济地理学的开创性研究。Krugman（1993）把距离函数形式的运输成本引入 Dixit-Stiglitz 模型，作为分析垄断竞争结构下市场和竞争优势的一项重要因素，用边际报酬不变的生产函数来体现规模报酬递增，指出该模式下的区域工资依赖于该地区的市场潜力。Fujita 等（1999）的总结性著作中模拟了均衡状态下空间经济分布的“核心-边缘”模式的形成路径，将“核心-边缘”模式的形成视为在关联效应下由一个偶然的初始事件引发的一系列因果循环作用的结果，并且根据“路径依赖”理论，认为“核心-边缘”模式形成后，就会因为空间依赖的作用一直延续下去，空间经济分布模式因此被“锁定”。由新经济地理学模型推导出的工资方程表明，一个地区的收入依赖于其市场潜力，其市场潜力等于各地区的收入用各地区到该地区的距离加权后的总和。该理论将贸易理论和区位理论相结合，体现了 Marshall（1890）提出的货币外部性及 Harris（1954）提出的市场潜力思想。因为市场潜力包含了邻近地区收入和距离两个要素，反映的是一个地区的经济和地理两种特征，所以区域资源利用报酬对市场潜力的依赖实际上是一种空间依赖。

Fujita 等（1999）建立的新经济地理学模型是借助数值模拟方法求解的，而均衡方程组中的工资方程却被后来多数学者单独用于实证研究。新经济地理学工资方程用于实证研究时，由于假设松散、模型不严谨及相较于 Harris 意义上的市场潜力模型而言非线性程度较高等多种局限性，对实证研究造成了一定困难。尽管如此，Redding（2013）认为，新经济地理学工资方程在实证方面的研究非常成功。Redding 和 Schott（2003）、Redding 和 Venables（2004）、López-Rodríguez 等（2007）、Boulhol 等（2008）、López-Rodríguez 和 Acevedo（2013）、López-Rodríguez 和 Runiewicz-Wardyn（2014）、Bruna（2015）等在新经济地理理论框架下对区域资源利用报酬对市场潜力的依赖进行了实证研究，分析了经济地理意义上的边缘性对区域资源利用报酬的负面作用；López-Rodríguez 和 Faíña（2006）、Faíña 和 López-Rodríguez（2006）、Bivand 和 Brunstad（2006）、Fingleton（2006）、Le Gallo 和 Dall’Erba（2006）、Fingleton（2007）、Monfort（2008）、López-Rodríguez 和 Runiewicz-Wardyn（2014）等验证了这种“核心-边缘”结构在欧洲地区或个别国家的存在。这些研究中的实证模型均使用 Krugman 意义上的市场潜力或 Harris 意义上的市场潜力作为区域经济的关键解释变量，验证了区域资源利用报酬对市场潜力的依赖，并强调这种依赖在区域经济梯度形成中的显著作用。

近 20 年来，Martin（1999）、Garretsen 和 Martin（2010）等区域经济学者与 Duranton 和 Storper（2006）等经济地理学者对空间经济研究方法的合理性进行了持续争论。Storper（2013）批评新经济地理学理论中固有一般均衡的假设是不合理的。Felipe 和 McCombie（2012）指出，不存在一个整合所有区域生产活动的生产函数，整合所有区域全要素生产率或要素替代弹性的生产函数是不合理的。因此，新古典增长模型的生产函数在区域经济领域未得到广泛应用，新经济地理学理论模型及部分其他区域经济研究［如 Delgado 等（2010，2014）］也未采用新古典增长模型的生产函数。Fingleton 和 Fischer（2010）分别用新古典增长模型和新经济地理学模型对欧洲地区经济进行实证分析，通过比较认为新经济地理学模型更适用于解释经济活动在截面上的空间异质性。但是相较于新古典增长模型的生产函数，新经济地理学模型的生产函数只有劳动力一种生产要素，逐渐不适用于对资本密集型产业规模不断扩大的现实经济的研究。

2.2.4 空间计量经济学对空间依赖的侦测和获取

相较于其他区域经济理论，空间计量经济学在实证研究上的应用更为广泛。作为计量经济学的一个分支，空间计量经济学的研究技术以空间中的点为位置属性测量的空间样本数据为基础，是一种应用于空间、结合统计分析技术及区域科学模型特质的技术。相较于传统计量经济学，空间计量经济学由于样本数据的空间位置属性而引出了两个问题：①样本观测值之间的空间依赖；②计量模型误差项的空间自相关。这两个问题导致空间样本数据的普通最小二乘估计违反 Gauss-Markov 定理，而被传统计量经济学忽视。Gauss-Markov 定理假定解释变量在重复抽样中是固定或非随机的，而样本观测值之间的空间依赖违反了该假定。类似地，误差项的空间自相关也违反了误差项不相关的 Gauss-Markov 定理假定。所以，在处理空间经济数据时，需要转变传统的计量经济学处理方法。

空间计量经济学最早起源于 20 世纪 70 年代。Fisher（1971）提出了一种处理“空间依赖的计量估计”的方法，这篇文献是第一篇有关空间依赖及其应用于线性回归模型估计主题的应用经济学文献。Paelinck 和 Nijkamp（1975）首先在方法论方面提到有关多地区截面模型所包含的空间自相关的一些性质。20 世纪 90 年代以前，相关研究已对空间计量经济学领域提出明确的定义，如 Paelinck 和 Klaassen（1979）提到该领域的研究涉及五个方面：①空间依赖在空间计量模型中的角色；②空间关系的不均匀；③在不同区位的解释变量的重要性；④前向（ex-ante）和后向（ex-post）交互作用的不同；⑤明确的模拟空间。这些定义使空间依赖的定义逐渐明确，也使空间计量经济学理论发展逐渐成熟。

20 世纪 70 年代初期到 80 年代晚期这一阶段的空间计量经济学研究主要集中在理论计量经济学方面，讨论了残差的空间自相关检验，空间滞后模型和空间误差模型的选择，以及线性空间回归模型的基本的估计方法，如极大似然法和工具变量法等。Anselin（1988a）整合了这些理论，定义空间计量经济学是一种专门研究空间依赖和空间异质性这两种空间效应的方法论，主要包括提出、估计、侦测、验证和预测计量模型的空间效应等问题，从而发展出一个系统的空间计量经济学理论体系。

根据 Anselin（1988a）的空间计量经济学方法论，Moran（1950）定义的 Moran's I 统计量作为检验空间自相关的存在和正负向关系的指标，被学者们广泛应用于空间自相关检验。随后另一些检验空间自相关的指标相继被应用，如 Geary（1954）定义的 Geary's C 统计量、Cliff 和 Ord（1973）定义的 Getis-Ord G 统计量、Cliff 和 Ord（1981）定义的 Join Count 统计量等。然而这些检验没有相应的备择假设，即只能检验出空间相关性的存在，而无法确定选择哪种空间计量模型来获取空间依赖。基于拉格朗日乘数检验，Burridge（1980）提出一种被解释变量不存在空间依赖时残差空间自相关的检验，可用来初步检验空间误差模型的适用性；Anselin（1988b）提出了不存在残差空间自相关时的被解释变量空间依赖检验，可用来初步检验空间滞后模型的适用性。Bera 和 Yoon（1992）提出了被解释变量存在空间依赖时残差空间自相关稳健检验方法，以及残差存在空间自相关时被解释变量空间依赖稳健检验方法，可用来对空间模型的适用性作进一步判断。Florax 等（2003）基于以上四种检验方法提出了空间计量模型的选择方法。

20 世纪 90 年代和 21 世纪初，研究主要围绕在对估计方法和统计检验提出更加严谨的正式论证，如考察误差项对大数定律和中心极限定理的服从，发展出工具变量估计、高斯混合模型（Gaussian mixture model）估计和贝叶斯（Thomas Bayes）估计等新的估计方法，并且对空间面板模型作了探讨。龙志和等（2009，2015）将 Bootstrap 方法应用到空间自相关的检验、空间计量模型选择的稳健性检验等方面，解决了拉格朗日乘数检验存在的水平扭曲问题。同时，学者们针对不同形式的空间联系发展出多种形式的空间权重矩阵和空间计量模型形式，如 LeSage 和 Pace（2008）对要素流入地和流出地的空间依赖采用不同的空间权重矩阵进行实证分析，在一定程度上增强了空间计量模型的理论解释力。

2.2.5　经济理论中的空间依赖研究比较与整合

古典区位论对距离和运输成本的引入，在一定意义上形成了经济活动空间依赖概念的雏形；受不完全竞争模型建模技术的限制，新古典区位论弱化了空间要素的影响，而发展出更适用于垄断经济的不完全竞争模型和一般均衡理论；新经济地理学在较为成熟的不完全竞争模型基础上，建立了区域资源利用报酬空间依赖的理论基础；空间计量经济学从实证模型和估计技术方面发展出空间依赖的侦测和获取方法。

在新经济地理学和空间计量经济学两条研究路径之外，存在一部分基于贸易理论的研究，由物理学中的万有引力方程衍生出引力模型，来预测地区间互动的程度，如 Sousa 等（2012）、Kelejian 等（2012）、Bertoli 和 Moraga（2015）采用的典型的贸易引力模型。但才国伟和钱金保（2013）认为，贸易引力模型和空间计量模型缺乏严格的理论推导。如同被称为乏理论（atheoretical）模型的时间序列模型一样，贸易引力模型和空间计量模型没有像新经济地理学中坚实的微观理论基础，因此只适用于空间依赖的侦测与获取，而不适用于对空间依赖的经济意义解释及变化机制分析。

由于新经济地理学市场潜力并不能全面反映经济活动各方面的空间依赖，空间计量经济学技术可以对这方面进行补充。新经济地理学中的工资方程中，区域工资是市场潜力变量的函数，该变量是各地区市场规模的一个加权和，市场规模的权重和通常以运输成本为代表的双边贸易成本负相关。市场潜力虽可看作一种不同类型的空间滞后项，却不能克服工资方程误差项的空间自相关问题。在新经济地理学文献中，多数对工资方程的实证研究未考虑到误差项的空间自相关，而使用空间计量方法中的空间误差模型来修正误差项存在空间自相关可以突破这种局限性。

2.3 区域资源利用空间依赖的变化趋势和机制研究综述

新经济地理学和空间计量经济学的理论意义主要在于空间要素的再次引入，因此基于这两种理论的研究多集中于空间维度，而缺乏从时间维度上的研究。新经济地理学理论提出的是一种静态均衡下的空间经济结构，空间滞后模型和空间误差模型也缺乏相应的动态分析，多数基于这两种理论的研究没有关注空间依赖在时间维度上发生的变化。而从空间和时间两种维度上对经济活动的考察，多出现在基于贸易理论的关于贸易距离弹性变化的研究中。

2.3.1 贸易理论中的不完全空间依赖

Ekelund 和 Hébert（2013）指出，在 Ricardo 之前的贸易理论中，空间因素是被优先考虑的，而 Ricardo（1821）通过将区位差异转化为生产力差异，用比较成本代替了空间因素，有效地将对空间的考虑从他的分析体系中剔除了。由于Ricardo模型和比较成本的重大影响，贸易理论几乎将空间因素从主流理论中剔除出去，直到Ohlin（1967）把贸易理论归为区位理论的一个组成部分，空间因素才重新开始被贸易理论研究关注。

Tinbergen（1962）首先基于物理学中的万有引力方程，提出贸易引力的概念。自Anderson和van Wincoop（2003，2004）对贸易引力实证模型的估计开始，贸易引力模型被广泛应用于实证研究中，且研究视角逐渐从空间维度发展到时间和空间两种维度。Salvatici（2013）认为贸易引力模型中的地理距离在实证中已泛化为贸易成本。因为贸易引力模型中没有一个同时包含经济要素和空间要素的解释变量，所以贸易引力模型被用来获取贸易量分别对双边经济总量的弹性和对双边距离的弹性，并不能获取完全意义上的经济活动空间依赖。

2.3.2 “距离之谜”与“距离的诅咒”

“距离之谜”与“距离的诅咒”分别表示贸易对距离弹性的增强趋势、区域资源利用报酬对市场潜力弹性的增强趋势，两者分别基于贸易引力模型和新经济地理学工资方程的实证估计得出。贸易对距离的弹性是空间依赖的一种不完全表达，而区域资源利用报酬对市场潜力的弹性是对空间依赖的一种较为全面的表达。从字面上讲，“距离的诅咒”指空间经济结构中边缘地区的收入受到经济地理要素的约束，“距离之谜”适用于描述所有发展程度上的地区的贸易量对地理距离的依赖。

尽管对贸易引力模型的估计所获取的距离弹性并非充分意义上的空间依赖，大量基于贸易引力模型关于贸易量对距离的弹性变化趋势的研究结论，对区域资源利用报酬空间依赖的研究仍有借鉴意义。贸易理论对于空间距离效应的重新重视，引发了一类关于“距离之谜”的研究。这类研究使用不同时期的截面数据估计贸易引力方程，得到贸易量对距离的弹性在时间上的变化趋势，发现该趋势并未像预期一样随着全球化进程而减弱，反而在多数情况下出现增强，Cairncross（1997）称之为“距离的暴政”，后来学者称之为“全球化缺失之谜”或“距离之谜”。

Buch等（2004）认为“距离之谜”在运输成本降低的情况下仍然存在，贸易引力模型研究所得出的“距离之谜”并非贸易量对运输成本关系变化的真实反映。Lin和Sim（2012）用长距离的广延边际及短距离的集约边际解释了运输成本降低导致贸易量增加和“距离之谜”并不矛盾。Larch等（2015）发现使用贸易引力模型进行普通最小二乘估计，可获取全球化背景下与预期相反的随着时间不断增强的距离弹性，即“距离之谜”，但同时认为普通最小二乘法对这种距离弹性的估计结果存在偏差，这种偏差来自缺少关键变量和样本选择。Bosquet 和 Boulhol（2015）、Buehler 和 White（2015）用泊松伪极大似然（Poisson pseudo maximum likelihood，PPML）估计修正了这种偏差，得到了距离弹性随着时间略有减弱的趋势。Yotov（2012）在整合了内部市场的情况下使用分组数据对贸易引力方程进行PPML估计，发现“距离之谜”在富国和穷国都不存在。Carrère等（2013）同样用PPML估计方法对加入虚拟变量的贸易引力模型进行估计，发现“距离之谜”已在富国消失，而只存在于穷国。

“距离之谜”在一定程度上反映出经济活动的空间依赖随时间增强的趋势，然而贸易距离弹性把地理距离要素和经济要素分离，所表达的空间依赖并不全面。新经济地理学市场潜力概念的提出克服了这种不足。Krugman 重新推导出 Harris（1954）提出的市场潜力，可看作对地理距离和经济要素的整合。Redding 和 Venables（2004）通过估计新经济地理学工资方程，得到市场潜力直接影响着区域人均收入的结论，而且指出这种影响在较不发达的边缘地区尤为显著。

Breinlich（2006）、Head 和 Mayer（2006，2011）、López-Rodríguez 等（2007）、Bruna 等（2014）使用 Redding 和 Venables（2004）构造的市场潜力变量或者 Harris（1954）意义上的市场潜力变量对欧洲地区工资方程进行了估计，得出了相似的结果，证明了市场潜力对区域资源利用报酬的影响在欧洲地区的存在。Fingleton 和 Mccann（2007）、Linders 等（2008）、Disdier 和 Head（2008）的实证研究发现这种影响并未随着区域间交通设施的进步而减小，这种现象被后来的学者称为“距离的诅咒”效应。这类研究以新经济地理学中的市场潜力概念为基础，用区域资源利用报酬对市场潜力的弹性来替换贸易理论中的贸易距离弹性，较为全面地表达了区域资源利用报酬的空间依赖，并通过实证检验得到这种空间依赖在空间经济结构中的边缘地区尤为显著的结论。而由于新经济地理学工资方程在实证中具有多种缺点，现有研究止步于对区域资源利用报酬空间依赖的检验和对“距离的诅咒”的证明，并未进一步对区域资源利用报酬空间依赖变化趋势进行研究。

2.3.3 区域资源利用空间依赖变化机制研究综述

用空间计量经济学可获取区域资源利用报酬空间依赖变化趋势，但空间计量经济学由于缺乏微观理论基础而不能对其变化机制进行解释。根据 Fujita 等（1999）的新经济地理学模型的初步推导结果，区域资源利用报酬空间依赖来源于不同地区生产的异质性产品的替代弹性和要素边际生产力。而在进一步的推导中，Fujita 等选择了合适的计量单位对模型进行标准化处理，剔除了模型中的要素边际生产力影响，而认为模型中的异质性产品替代弹性对“核心-边缘”空间经济结构的形成和维持具有关键作用。这种处理方法在一定程度上夸大了需求的作用，从而减少了从生产角度的考察。

异质性产品替代弹性经典的产业跨区域转移理论如 Kaname（1932）的雁行模式、Vernon（1966）的产品生命周期理论、Dunning（1990）的国际生产折中理论、Lewis（1978）的劳动力密集型产业转移理论和 Kojima（1978）的边际产业转移理论的研究视角均集中于生产角度，说明了生产要素、技术和生产函数的改变在产业跨区域转移机制中所起的重要作用，但产业跨区域转移理论局限于新古典增长理论框架，把空间要素看作外生的，未能提供一种关于经济空间分布格局形成机制的解释。基于新经济地理学理论对中国“核心–边缘”空间经济结构变化机制的研究，多数是关于劳动力的流动在空间经济结构形成及变化机制中的作用，如王业强和魏后凯（2007）、Hering 和 Poncet（2010）、张文武和梁琦（2011）、赵作权（2012）、梁琦等（2013），这是由于以往中国乃至世界范围内劳动密集型经济发展背景的限定下，新经济地理学模型所使用生产函数只包含劳动投入一种要素的设定。

在新经济地理学理论之外的相关研究考察了其他多种生产要素、政府政策和初始经济水平等作用下的空间经济分布结构形成及变化机制，对区域资源利用报酬空间依赖的变化机制分析具有一定的启发意义。Baldwin 等（2003）、Li（2012）分析了资本流动如何决定产业的空间分布；Takatsuka 和 Zeng（2013）在低运输成本背景下讨论了产业内竞争对产业空间布局的作用机制；Borsi 和 Metiu（2013）研究了初始收入水平对产业空间结构的决定作用；武廷方和夏刚（2014）探讨了中国的城镇化政策对小范围区域内的产业空间结构的影响；韦倩等（2014）验证了资本、自然资源、基础设施和优惠政策等因素之外的市场因素在中国沿海地区的崛起中发挥的重要作用。而自 2000 年以来，中国政府及其实施的区域经济战略在中国东部和中西部空间经济份额变化中扮演重要角色（洪俊杰等，2014），因此不能忽视市场因素之外驱动产业空间结构发生变化的因素如公共投资（徐维祥等，2013）、税收优惠（马拴友和于红霞，2003）和转移支付（颜学根，2014）等的影响。

综上，现有基于经济地理学的研究缺乏对区域资源利用报酬空间依赖变化机制的关注，而多聚焦于对“核心–边缘”空间经济结构形成与维持机制的研究，这类研究虽不能明确指出区域资源利用报酬空间依赖变化的原因，却从侧面反映出区域资源利用报酬空间依赖变化机制的研究出发点应是生产角度而非需求角度。新经济地理学理论之外的相关研究为区域资源利用空间依赖变化机制中各种生产要素、政府政策和初始经济水平等因素的作用提供了参考。

2.4　已有研究的主要贡献、不足与启示

对现有区域经济理论中的空间依赖研究文献进行梳理可知，古典区位论将空

间要素引入经济模型，奠定了空间依赖思想形成的基础；虽然新古典区位论弱化了空间要素的影响，但是发展出的不完全竞争模型和一般均衡理论成为新经济地理学的模型基础；在一般均衡的设定下，新经济地理学把空间要素引入上述不完全竞争模型，推导出区域资源利用空间依赖的来源，而新经济地理学模型在实证研究技术方面的局限可由空间计量经济学来补充。因此，基于以上区域经济理论的研究各有优缺点，下面将具体对已有研究的主要贡献、不足及对本书的启示加以评述。

2.4.1 主要贡献

根据本章前几节的分析，现有文献对区域资源利用空间依赖研究的主要贡献有以下几点。

（1）古典区位论把地理距离作为运输成本的函数引入经济模型，开创了从空间视角进行经济研究的先例。直到现代，Fujita 等（1999）的新经济地理学模型仍采用 von Thünen（1966）提出的“冰山”形式运输成本，并把地理距离作为模型的空间要素；空间计量经济学中的空间权重矩阵同样以地理距离的函数形式来构建。古典区位论中的空间要素引入方式对经济理论中的空间依赖研究发展产生深远影响。

（2）空间计量经济学理论为侦测和获取区域资源利用报酬空间依赖及其变化趋势提供了有效的实证模型和估计方法。Paelinck 和 Klaassen（1979）在空间计量经济学框架内明确了空间依赖的概念；Moran（1950）、Geary（1954）、Cliff 和 Ord（1973，1981）提出的空间自相关指标提供了侦测区域资源利用报酬空间依赖的方法；Burridge（1980）、Anselin（1988b）、Bera 和 Yoon（1992）、Florax 等（2003）提出了模型适用性检验及选择技术；Anselin（1988a）总结的计量经济模型和估计方法为实证获取区域资源利用空间依赖提供了有效途径。

（3）新经济地理学模型为区域资源利用报酬空间依赖研究提供了微观理论基础。在垄断竞争、规模报酬递增和一般均衡的设定下，Krugman（1993）将地理距离引入垄断竞争模型，推导出市场潜力函数形式的工资方程，成为区域资源利用报酬空间依赖的微观理论基础，Fujita 等（1999）模拟出“核心-边缘”空间经济结构的形成与维持过程，证明了区域资源利用空间依赖在“核心-边缘”空间经济结构的形成与维持机制中所起的重要作用。

（4）贸易理论研究中发现的贸易距离弹性增长趋势对区域资源利用报酬空间依赖变化趋势研究具有重要参考意义。Cairncross（1997）、Buch 等（2004）、Lin 和 Sim（2012）、Carrère 等（2013）使用贸易引力模型验证了贸易量对距离弹性随时间增强的变化趋势。相应地，Boulhol 和 de Serres（2010）、Bruna 等（2014）

使用新经济地理学模型验证了区域资源利用对市场潜力依赖的变化趋势，发现其同样呈现出一种随着时间增强的变化趋势。

2.4.2 不足之处

根据本章前几节的分析，现有关于区域资源利用报酬空间依赖研究的不足之处有以下几点。

（1）现有研究通过估计新经济地理学工资方程验证了中国区域资源利用报酬存在空间依赖，而忽视了工资方程估计结果残差的空间相关性。多数研究把估计新经济地理学工资方程中区域资源利用报酬对市场潜力的系数估计值作为区域资源利用报酬空间依赖的获取方法，这些研究的前提是新经济地理学工资方程估计结果的残差不存在空间依赖。而本书的实证分析表明该隐含假设并不成立，因此新经济地理学工资方程估计结果中残差的空间依赖在已有研究中被忽视，单纯用新经济地理学模型无法克服其在实证研究中的局限性。

（2）现有研究验证了中国区域资源利用报酬存在空间依赖，而没有进一步对这种空间依赖在中国的变化趋势进行研究。多数国内研究基于中国区域数据由新经济地理学工资方程实证回归得到区域资源利用报酬对市场潜力的显著正向弹性，而忽视了该弹性近年来在中国发生的变化。在贸易理论发现的“距离之谜”启发下，基于国外数据的研究表明欧洲等地的区域资源利用报酬对市场潜力的弹性正不断增强，形成“距离的诅咒”效应，这种效应在中国是否同样存在有待进一步研究。

（3）由于缺乏微观理论基础，基于空间计量模型和贸易引力模型的研究在解释区域资源利用报酬空间依赖的来源和分析其变化机制方面存在局限性。空间计量经济学简单地以地理学第一定律为理论基础，其处理技术沿用了制图学和测量学中的空间分析技术；贸易引力模型则直接套用物理学中的万有引力模型，并非在微观经济理论基础上推导得出。因此，空间计量模型极少用于经济机理的解释，由贸易引力模型的估计得到的“距离之谜”也引发了较多争论。

（4）基于新经济地理学的相关研究缺乏对资本要素和政府行为的考察，因而在用于中国政府主导的区域发展战略背景下区域资源利用报酬空间依赖研究时存在一定的局限性。改革开放初期，中国的劳动密集型产业向东南沿海集中，逐渐形成的以东部地区为核心的“核心-边缘”结构，在较大程度可由不考虑资本要素的新经济地理学理论来解释。而到 1999 年之后中国实施西部大开发、中部崛起和振兴东北等区域发展战略，具体政策是以基础设施建设为主的生产性公共支出、税收优惠和转移支付，公共资本在近 20 年来中国区域经济空间依赖的改变中起重要作用，相关研究需要从资本要素和政府行为方面对新经济地理学模型加以改进。

2.4.3 对本书的启示

根据本章前几节的分析，现有关于区域资源利用空间依赖研究对本书有以下几点启示。

（1）针对新经济地理学工资方程估计结果中残差的空间自相关问题，有必要在考虑误差项空间自相关的情况下，对中国区域资源利用报酬空间依赖进行再检验。在估计新经济地理学工资方程时，已有研究使用广义距估计或者工具变量两阶段最小二乘法消除了模型的内生性影响，即解释变量与误差项的相关性影响，而没有考虑自相关的影响。新经济地理学工资方程估计结果中残差的空间相关性是一种自相关问题，影响了估计结果的无偏性和有效性，因此在估计新经济地理学工资方程时不能忽视。

（2）针对国内研究忽视中国区域资源利用报酬空间依赖变化趋势的现状，有必要用逐年回归方法获取并分析中国区域资源利用报酬空间依赖变化趋势。为获取中国区域资源利用报酬空间依赖变化趋势，使用一定样本期内历年截面数据对新经济地理学方程进行估计和整理。通过获取该趋势，可以验证“距离的诅咒”在当前中国区域经济中是否存在及其发展趋势。

（3）针对新经济地理学在实证上的局限性和空间计量经济学在理论上的局限性，把新经济地理学工资方程和空间误差模型联立为空间联合模型。新经济地理学中市场潜力的构造形式在一定程度上和空间计量经济学中空间滞后项的形式接近，因此新经济地理学工资方程经过处理后可视为空间滞后模型，从而与空间误差模型组合为空间联合模型，可采用适当的估计方法进行计量分析。这种组合在一定意义上实现了新经济地理学和空间计量经济学研究框架的整合，互相补充了新经济地理学在实证上的局限性和空间计量经济学在理论上的局限性。

（4）针对新经济地理学模型不适用于中国区域经济战略背景下的宏观分析的局限性，有必要通过引入私人资本、公共资本和政府行为对新经济地理学模型加以改进。多数实证研究验证了资本和政府政策在空间经济结构变化中所起的重要作用，为生产性公共支出在区域资源利用报酬空间依赖变化中的作用机制研究提供了参考。Baldwin 等（2003）、Li（2012）、Zeng（2016）把资本纳入新经济地理学模型，考察其在空间经济结构变化机制中的作用；Borsi 和 Metiu（2013）、武廷方和夏刚（2014）、韦倩等（2014）的实证研究认为，资本和政府政策显著地作用于空间经济结构的形成和改变过程，为资本和政府政策对空间经济活动的影响提供了证据。

第3章 理 论 基 础

古典区位论和新古典区位论都体现出一个基本观点，即运输成本对空间经济分布模式的形成和维持具有关键作用。空间计量经济学主要使用计量方法，对已有空间经济分布模式中的空间依赖相关问题进行侦测和分析。新经济地理学在一定意义上把两者进行了衔接，即基于运输成本的作用建立了一般均衡模型，解释了空间经济分布模式的形成和维持过程，并推导出适用于侦测和分析区域资源利用报酬空间依赖的工资方程。但是在实证研究过程中，新经济地理学工资方程存在多方面不足，需要结合空间计量经济学方法进行补充和规范。

3.1 新经济地理学

基于 Dixit 和 Stiglitz（1977）构建的垄断竞争模型，Fujita 等（1999）通过引入“冰山”运输成本，建立了体现 Marshall（1890）货币外部性的新经济地理学模型，推导出具有 Harris（1954）市场潜力思想的工资方程，并解释了“核心-边缘”空间经济结构的形成和维持机制。其中，新经济地理学工资方程描述了区域工资和市场潜力之间的紧密关系：厂商由于运输成本和不同的周边地区市场规模而具有不同的市场潜力，较高的市场潜力带来较高的工资水平。由于市场潜力综合反映了一个地区的经济地理要素，新经济地理学工资方程中区域工资对市场潜力的依赖在空间计量经济学中被表达为区域资源利用报酬的空间依赖。

3.1.1 新经济地理学两部门的假设及延伸

Fujita 等（1999）对新经济地理学的开创性研究中，假设一个经济体包含两个部门：一个生产单一同质性商品的完全竞争部门，用 C 表示；一个生产大量异质性商品的垄断竞争部门，用 M 表示。其中，完全竞争部门的生产是规模报酬不变的，垄断竞争部门的生产是规模报酬递增的。该模型最终推导出的工资方程，是企业能够支付给垄断竞争行业不可流动的劳动生产要素最大报酬的可估计方程。Fingleton（2006，2007，2008）、Fingleton 和 Fischer（2010）的研究继承了新经济地理学的传统假设。Fujita 等（1999）用农业部门和制造业部门代表这两个部门，但同时说明没有必要拘泥于“农业”的字面含义，可以把农业部门看成从事制造业之外生产活动的完全竞争部门。根据该解释，服务业应归为制造业之外的完全竞争部门，但这种解释并不利于实证研究中产业维度上的变量指标选取。部分实证研究把非农产业（包括服务业和制造业）作为新经济地理学传统假设中的M部门，如范剑勇（2006）、刘修岩等（2007）。Fingleton和Fischer（2010）认为新经济地理学对M部门的定义实际上符合服务业的情形，并使用服务业和其他产业的劳动份额比来衡量C部门和M部门的劳动份额比。Desmet和Rossi-Hansberg（2014）建立了包含制造业部门和服务业部门的新经济地理学扩展模型，设定服务业技术进步并发生空间集聚。

另一种对C部门和M部门的表达是“传统”部门和“现代”部门。Ottaviano和Thisse（2004）在这种视角下的研究认为，两部门包含的行业随着经济发展程度而变化，在不同的经济发展阶段，两部门包含的行业不相同。Baldwin等（2003）认为，Fujita等（1999）的新经济地理学基准模型中，C部门和M部门的关键区别在于，M部门在其商品生产中密集使用区域间不可流动的生产要素。然而这种区分不能延伸使用到其他可得到类似于工资方程结论的新经济地理学扩展模型。综上，新经济地理学中C部门和M部门更为一般的假设，仍需通过对现实经济中产业结构的考察给出。

和以往多数基于新经济地理学的研究一样，M部门是本书的研究聚焦点。为获取中国区域资源利用报酬更具一般性的空间依赖，本书把所有具有空间相关性的产业部门都归为M部门，假设模型中的经济体只包含一个M部门。3.3.3小节会使用中国现实经济数据对该部门的产业跨度进行规范。

3.1.2 消费者行为与市场潜力的设定

根据Fujita等（1999）的新经济地理学基准模型设定，假设各地区消费者对M部门的商品具有不同的偏好，i地区对M部门商品的偏好U_i等于i地区对垄断竞争部门商品的综合消费数量指数M_i的单调递增函数：

$$U_i = u(M_i) \tag{3.1}$$

由于并不存在M部门商品以外的商品，i地区代表性消费者把总收入Y_i全部用于M部门商品的消费，用E_i表示i地区对M部门所有商品的总支出，则有$Y_i = E_i$。用P_i表示i地区消费M部门商品的综合价格指数，i地区对M部门商品的消费数量为

$$M_i = \frac{E_i}{P_i} = \frac{Y_i}{P_i} \tag{3.2}$$

各地区对M部门商品的偏好不同的假设体现了区域异质性，目的是使模型涵盖前向关联与后向关联。参考Fujita等（1999）的新经济地理学基准模型，不考

虑储蓄和税收，假设 M 部门的商品全部用于消费。

代表性消费者决定了对 M 部门商品的综合消费数量之后，需要决定对 M 部门每种商品的消费数量 m_j。消费数量 m_j 可由固定替代弹性（constant elasticity of substitution，CES）效用函数导出。设有经济体由 R 个地区组成，M 部门的每种商品只在一个地区生产，而且所有特定地区生产的产品都具有相同的生产技术和相同的价格，所有地区之间均发生贸易，则 i 地区可消费的 M 部门商品种类等于所有 R 个地区的数量。因此，i 地区代表性消费者决定对 M 部门每种商品的消费数量 m_j 时，需要解决如下的效用最大化问题：

$$\begin{aligned} &\max\ M_i = \left[\sum_{j=1}^{R} m_{ji}^{\frac{\sigma-1}{\sigma}}\right]^{\frac{\sigma}{\sigma-1}} \\ &\text{s.t.}\ \ \sum_{j=1}^{R} p_{ji} m_{ji} = E_i \end{aligned} \tag{3.3}$$

其中，$\sigma > 1$ 为 M 部门任意两种商品之间的替代弹性；m_{ji} 为 i 地区消费的 j 地区生产的商品数量；p_{ji} 为该商品的交货价或到岸价格（cost, insurance and freight，CIF）。对 j 地区生产的代表性商品而言，根据消费者效用最大化问题的一阶条件，可得到该商品与 M 部门其他任意一种商品 q 的边际替代率等于两者价格之比：

$$\frac{m_{ji}^{1/\sigma}}{m_{qi}^{1/\sigma}} = \frac{p_{qi}}{p_{ji}} \tag{3.4}$$

整理式（3.4）可得 $m_{ji} = m_{qi}(p_{qi}/p_{ji})^{\sigma}$，把 $m_{ji} = m_{qi}(p_{qi}/p_{ji})^{\sigma}$ 代入消费者效用最大化问题中的支出约束条件，整理可得商品 m_{gi} 的补偿需求函数。该函数反映了 i 地区对商品 m_{gi} 的最优消费水平 m_{qi}^*：

$$m_{qi}^* = \frac{E_i p_{qi}^{-\sigma}}{\sum_{j=1}^{R} p_{ji}^{1-\sigma}} \tag{3.5}$$

类似地，可以求出 i 地区对 j 地区生产的代表性商品 m_{ji} 的最优需求 m_{ji}^* 为

$$m_{ji}^* = \frac{E_i p_{ji}^{-\sigma}}{\sum_{j=1}^{R} p_{ji}^{1-\sigma}} = \frac{E_i p_{ji}^{-\sigma}}{S_i} \tag{3.6}$$

其中，$S_i = \sum_{j=1}^{R} p_{ji}^{1-\sigma}$。$S_i$ 是一个包含了 i 地区消费的所有商品价格且与这些价格负相关的指数，通过商品间的替代弹性相关联。Redding 和 Venables（2004）称 S_i 为供应商准入（supplier access），而 Head 和 Mayer（2006）称 S_i 为供给指数（supply index）或竞争指数（competition index）。把式（3.6）代入式（3.3），可得 i 地对 M 部门商品的最优消费数量为 $M_i = E_i S_i^{1/(\sigma-1)}$。设 $P_i = S_i^{1/(1-\sigma)}$，则 i 地对 M 部门商品的最优消费数量可写为 $M_i = E_i / P_i$，从而符合了 P_i 对 i 地区消费 M 部门商品综合价格指数的表达。而 Fujita 等（1999）得到相同的 M 部门商品综合价格指数表达式的路径，则是把式（3.3）转化为如下的价格最小化问题：

$$\begin{aligned} &\min\ P_i = \left[\sum_{j=1}^{R} p_{ji}^{1-\sigma}\right]^{\frac{1}{1-\sigma}} \\ &\text{s.t.}\ \left[\sum_{j=1}^{R} m_{ji}^{\frac{\sigma-1}{\sigma}}\right]^{\frac{\sigma}{\sigma-1}} = M_i \end{aligned} \tag{3.7}$$

根据式（3.7），Krugman（1992）把 M 部门商品综合价格指数 P_i 看作购买 1 单位 M 部门商品组合的最小成本，并称 P_i 为“实际价格指数”，而把 M_i 看作一个效用函数。Brakman 等（2009a）更确切地称 P_i 为“消费价格指数”。而 Head 和 Mayer（2004a）从商品来源视角定义 P_i 为所有运输到 i 地区商品的出厂价指数。实证过程中，对该变量的衡量指标通常根据数据的可获得性来确定。

Redding 和 Venables（2004）称式（3.6）中 E_i/S_i 为“市场容量”，它给出 i 地区对 j 地区生产的代表性商品需求曲线的斜率。式（3.6）表明，i 地区对 j 地区生产的代表性商品的需求量 m_{ji}^* 和该商品的交货价 p_{ji} 负相关，且和供应商准入 S_i 负相关。M 部门商品 CES 效用函数假设中的 $\sigma > 1$ 起到关键作用，使得 S_i 中 $p^{1-\sigma}$ 的指数 $1-\sigma$ 为负。Head 和 Mayer（2006）指出，具有大量低价商品需求的地区供应指数较高，因此将成为难以获得高市场份额的市场。由此可知，S_i 可以用来测度给定消费者偏好时 i 地区内 M 部门商品的竞争程度。此外，S_i 的使用避免了根据没有实证检验证明的价格指数的 $(1-\sigma)$ 次幂 $P_i^{1-\sigma}$ 导出工资方程。基于以上分析，本书在推导工资过程中使用 S_i 代替 $P_i^{1-\sigma}$。

假设商品在不同地区间发生贸易会产生运输成本，运输成本采用 von Thünen（1966）和 Samuelson（1952）引入的“冰山”形式[①]。具体而言，把 1 单位 j 地所生产商品运送到 i 地区，那么只有其中一部分（即 $1/T_{ij}$）能够到达，其余部分在运输途中损耗掉了。因此，要使得有 1 单位 j 地所生产商品能运送到 i 地区，在 j 地区必须装运 T_{ij} 单位的该商品。设 j 地区所生产商品的出厂价或离岸（free on board）价格为 p_j，那么该商品在消费地 i 的交货价就是 $p_{ijt} = p_{it} T_{ij}$。把 $p_{ji} = p_j T_{ij}$ 代

① “冰山”运输成本是由 Samuelson（1952）正式提出的，但早在 1826 年，von Thünen 提出的模型中就假设谷物运输成本主要是由拉车的马在路上消耗的谷物构成的。因此，也可以把 von Thünen 看成“冰山”运输成本的先驱。

入式（3.6），可得 i 地区对 j 地区所生产商品的有效需求：

$$m_{ji}=T_{ij}m_{ji}^{*}=T_{ij}^{1-\sigma}p_{ji}^{-\sigma}\frac{E_i}{S_i} \tag{3.8}$$

根据式（3.8），所有地区对 j 地所生产商品的总需求为

$$m_j=\sum_{i=1}^{R}m_{ji}=p_j^{-\sigma}\sum_{i=1}^{R}\frac{T_{ij}^{1-\sigma}E_i}{S_i}=p_j^{-\sigma}\mathrm{RMP}_j \tag{3.9}$$

式中，RMP_j 表示下文将讨论的 j 地区的“实际市场潜力”（real market potential，RMP）。因为假设每种商品之间的替代弹性 $\sigma>1$，对各地区都成立，每种商品的总需求函数具有式（3.9）的形式，所以，在式（3.9）中，每种商品的总需求对出厂价的弹性是一致的，等于商品之间的替代弹性 σ，而不受消费者的地区分布影响。任何地区的企业都具有相同的总需求价格弹性，每个地区的生产者选择一个出厂价，而不能直接决定每个消费地的具体交货价。然而，Anderson（2010）和 Martin（2012）的实证研究结果并不支持该推论。因此，Baldwin 等（2003）指出，Dixit-Stiglitz 的 CES 效用函数和垄断竞争模型的“冰山”运输成本是新经济地理学理论框架的优势，同时也是新经济地理学模型的一个缺陷。

根据式（3.9），j 地区生产者面临的总需求和实际市场潜力 RMP_j 正相关。RMP_j 取决于两个要素：j 地区生产的商品在 i 地区面临的竞争指数 S_j，以及 i 地区和 j 地区之间的运输成本 $T_{ij}^{1-\sigma}$。根据式（3.9），j 地区的实际市场潜力 RMP_j 可表示为

$$\mathrm{RMP}_j=\sum_{i=1}^{R}\frac{T_{ij}^{1-\sigma}E_i}{S_i}=\sum_{i=1}^{R}E_iT_{ij}^{1-\sigma}P_i^{\sigma-1} \tag{3.10}$$

Redding 和 Venables（2004）称 $\sum_{i=1}^{R}\frac{T_{ij}^{1-\sigma}E_i}{S_i}$ 为“市场准入”（market access），Head 和 Mayer（2004a）称其为“Krugman 市场潜力”（Krugman market potential）。“实际市场潜力”是 Head 和 Mayer（2006）提出的概念，他们相应地把 Harris（1954）意义上的市场潜力 $\sum_{i=1}^{R}T_{ij}^{1-\sigma}E_i$ 称为“名义市场潜力”（nominal market potential），当假设 $S_i=1$ 时，两者等价。

由 Head 和 Mayer（2006）提出的“实际市场潜力”的名称具有一定的误导性。式（3.10）将名义货币价值的大小除以竞争指数 S_i，以获得大小的“实际”值。但是 $S_i=P_i^{1-\sigma}$ 的价格指数项 P_i 具有负的幂指数，即实际市场潜力值与价格指数变化方向相同。另外，在实证文献中，通常做法是用货币的实际值来表示支出 E_i，这时“实际”一词的意义变得更加混乱。

然而 Head 和 Mayer（2006）对式（3.10）使用“实际市场潜力”的名称也有

两个优点：一方面，该名称结合价格指数与经济地理要素，实现了 Fujita（1999）强调的从旧式的区域经济学到新经济地理学的连续性；另一方面，Head 和 Mayer（2011）认为，该名称避免了与世界贸易组织（World Trade Organization，WTO）对市场准入的定义“成员对特定商品进入其市场所实施的关税和非关税措施”（World Trade Organization，2001）相混淆。鉴于实际市场潜力仍然是一个具有误导性的名称，Ascani 等（2012）称其为“模型衍生”或“新经济地理学意义上”的市场潜力。由于本书需要探讨是否包含价格指数或竞争指数对实证结果的影响，采用 Head 和 Mayer（2006）提出的实际市场潜力的名称。

3.1.3 生产者行为与工资方程

Fujita 等（1999）提出的新经济地理学基准模型沿用了 Krugman（1980）对 M 部门生产者的基本假设：生产中只有一种要素投入，即劳动；商品生产存在规模经济，且规模经济只在商品种类水平上存在，不考虑范围经济（economies of scope）和协作经济（economies of multi-plant operation）；要素投入包括固定投入和边际投入，所以 M 部门存在规模报酬递增；由于规模报酬递增、消费者对商品多样性的偏好和潜在商品种类的数量无限多，没有生产者会选择生产另一家生产者所生产的同种商品。这意味着每个种类的商品只能由一个专业化生产者在一个地区生产，所以现有生产者的数量与可获得的商品种类数量相同。

本书参考 Redding 和 Venables（2004）在以上 M 部门生产者的基本假设基础上作了改进。以复合性要素投入 F_j 代替劳动投入，并假设 j 地区具有异质性的复合性要素 F_j 的边际产出 A_j 来反映技术水平，则 j 地区 M 部门的生产函数为

$$m_j = A_j F_j \tag{3.11}$$

设 q_j 为复合性要素 F_j 的名义价格，则 M 部门生产者的成本为

$$C_j = q_j A_j m_j \tag{3.12}$$

式（3.12）与 Redding 和 Venables（2004）对成本函数的定义具有一致性。由式（3.12）可知，在有效需求 m_j 给定的情况下，生产者的边际成本为 $\mathrm{MC}_j = q_j A_j$。参考 Head 和 Mayer（2004b）的做法，可以通过边际成本推导出工资方程。j 地区 M 部门的生产者总收入为 $p_j m_j$，因此其利润函数为

$$\pi_j = p_j m_j - \mathrm{MC}_j m_j \tag{3.13}$$

式（3.13）中的有效需求 m_j 由式（3.9）给出。在生产者面临的每个地区竞争指数 S_i 和实际市场潜力 RMP_j 给定的情况下，生产者利润最大化问题的一阶条件可表示为最优商品定价和边际成本之间的关系：

$$p_j = \frac{\sigma}{\sigma - 1} \mathrm{MC}_j \tag{3.14}$$

把式（3.14）代入式（3.13），可得最优商品定价下生产者的利润为

$$\pi_j = \frac{1}{\sigma - 1} \mathrm{MC}_j m_j \tag{3.15}$$

把式（3.14）代入式（3.9），可得最优商品定价下的生产者的产出为

$$m_j = \left(\frac{\sigma}{\sigma - 1} \right)^{-\sigma} \mathrm{MC}_j^{-\sigma} \mathrm{RMP}_j \tag{3.16}$$

把式（3.16）代入式（3.15），则可以把生产者的利润也表示为实际市场潜力的函数：

$$\pi_j = \frac{(\sigma - 1)^{\sigma - 1}}{\sigma^{\sigma}} \mathrm{MC}_j^{1-\sigma} \mathrm{RMP}_j \tag{3.17}$$

式（3.17）形式的利润函数和 Combes 等（2008）推导出的利润函数相似。因为包含 RMP_j，所以式（3.17）收集了两种新经济地理学中的典型效应：一方面，需求量较大的地区相对贸易成本较低，因此生产者从需求量较大的地区获得的利润较高，这种“向心力”解释了一些特定产业在特定地区集聚的原因；另一方面，竞争指数高的地区对商品的需求量较小，这种促使产业扩散的“离心力”形成了对 M 部门利润的调节效应。

把式（3.17）形式的利润函数转化为工资方程需要加上一个 M 部门的市场均衡条件，即生产者可以自由进入或退出，以使长期利润保持为零，或者参考 Redding 和 Venables（2004），不强加该零利润条件，而是计算生产者盈亏平衡的产量，以及企业负担得起的最高的要素报酬。Hanson（2005）采取了第二种做法，把工资方程表达为区域劳动需求函数，而这种做法偏离了本书区域资源利用报酬空间依赖的研究目标，因此本书采取第一种做法。

当满足零利润条件时，由式（3.15）可得利润为零时的产量 $\bar{m}_j$。根据有效需求函数［式（3.9）］，j 地区的生产者达到产量 $\bar{m}_j$ 及收支相抵时的商品价格满足：

$$p_j^{\sigma} = \frac{1}{\bar{m}_j} \mathrm{RMP}_j \tag{3.18}$$

把式（3.14）代入式（3.18），可以得到实际市场潜力作为解释变量的边际成本函数：

$$\mathrm{MC}_j = \frac{\sigma - 1}{\sigma} \left(\frac{1}{\bar{m}_j} \mathrm{RMP}_j \right)^{\frac{1}{\sigma}} \tag{3.19}$$

由于边际成本 $\mathrm{MC}_j = q_j A_j$，式（3.19）体现了由实际市场潜力决定的复合要素价格，从这种意义上来说，式（3.19）可视为新经济地理学工资方程更一般化的形式。

在 Dixit-Stiglitz 模型中，所有规模效应通过商品种类的变化产生作用。生产者并不通过扩大生产规模以利用市场优势，因为生产者在解决利润最大化问题［式（3.13）］时，假设他们面临的竞争指数 S_i 是给定的，这是一种非策略性行为，再加上各种商品需求替代弹性不变的假设，两者共同作用的结果就是上面的结论。如果放松非策略性行为的假设，即所有生产者都意识到自己的选择可能会影响价格指数，这种意识通常会使生产者降低产量，提高边际价格成本（price-cost margin）。如果采用一种特定的合作寡头垄断形式，如 Cournot 或 Bertrand 竞争，那么就能得到具体的策略性定价表达式。Smith 和 Venables（1988）的研究表明，在这两种竞争下，边际价格成本是每个生产者的递减函数。在这些假定条件下，市场规模的扩大会促进竞争，引起更多生产者进入，从而降低了边际价格成本，使得生产者必须以更大的规模（更低的平均成本）进行生产以保持收支相抵。而本书参照 Fujita 等（1999）忽略这种促进竞争效应，通过假设成本加成定价和生产者的非策略性行为，在较大程度上简化了分析过程。

3.1.4 均衡的确定

以上模型的均衡由能够同时满足消费方程［式（3.2）］、市场潜力方程［式（3.10）］、工资方程［式（3.19）］和 3.1.2 小节的消费者收支平衡条件 $\mathrm{MC}_j = Y_j = E_j$ 来确定。Fujita 等（1999）指出，这些方程的一般解难以找到，而他们通过数值模拟一个仅含两地区、C 部门在两地区间平均分布的特例，得到了“核心–边缘”空间经济模式的形成机制。

Fujita 等（1999）建立新经济地理学模型的目的是用均衡解的特例来解释“核心–边缘”空间经济模式的形成机制，而由此推导出的均衡状态下的工资方程却被学者们广泛关注和使用。Krugman（1980）在新经济地理学模型建立的基本假设中，假设各地的技术水平 A_j 都相同，且生产者只需要投入一种要素，即劳动，要素禀赋和要素市场出清条件决定每个地区的产出水平 $\bar{m}$ 和支出 E_i，进而决定每个地区的竞争指数 S_i，因此得到的式（3.19）左端即为工资，从而式（3.19）被称为工资方程。实际上，式（3.19）由式（3.18）推导而来，因此 Baldwin 等（2003）更倾向于把式（3.19）称为市场出清条件。

根据 Fujita 等（1999）推导的新经济地理学工资方程的推论，均衡状态下的“核心–边缘”空间经济结构中，边缘地区和核心地区之间有一定的空间距离，导致边缘地区在空间经济关联作用下通常具有较低收入。这种空间经济关联在空间计量经济学中被表达为区域资源利用报酬的空间依赖，在新经济地理学工资方程中可由市场潜力变量的系数来获取。空间经济结构中的边缘地区市场潜力较低，即这些地区对国内主要市场的准入程度较低，在区域资源利用报酬对市场潜力的依赖作用下，边缘地区的收入也处于较低水平。

3.1.5　新经济地理学模型的扩展

Fujita 等（1999）建立新经济地理学模型的目的在于设置经济集聚机制，因而对模型作了大量特定假设，使模型在被用于其他研究目的时不够合适。之后的研究以 Fujita 等（1999）的新经济地理学模型为基准作了大量扩展，其中应用最广的扩展是资本要素的引入。Redding 和 Venables（2004）对新经济地理学模型的扩展中，劳动并非唯一的生产要素，而是作为一种不可流动要素和其他可流动要素一起投入生产，并把研究问题转化为：在 E_i、S_i、消费者和生产者的空间位置外生给定情况下，各地垄断竞争部门的工资是多少？这个问题更类似于在给定的经济地理条件下区域资源利用报酬的空间依赖问题，且在这种假设下式（3.19）左端变成了以劳动为代表的不可流动要素的价格，右端的实际市场潜力 RMP_j 代表外生的经济地理因素，从而使工资方程更适用于区域资源利用报酬空间依赖的实证研究。

Redding 和 Venables（2004）把私人资本 k_j 和劳动 n_j 以规模报酬不变的形式引入 Cobb-Douglas 生产函数，即 $F_j = k_j^{\alpha} n_j^{1-\alpha}$，并设资本的价格为利率 r_j，劳动的价格为工资 ω_j，复合性要素 F_j 的名义价格 $q_j = r_j^{\alpha}\omega_j^{1-\alpha}$，则边际成本 $\mathrm{MC}_j = r_j^{\alpha}\omega_j^{1-\alpha}A_j$。进一步把私人资本 k_j 延伸为可流动要素，而把劳动 n_j 延伸为不可流动要素，同样把两种要素以规模报酬不变的 Cobb-Douglas 形式引入生产函数，则 Redding 和 Venables（2004）定义的不可流动要素的价格为

$$y_j = \left[\frac{\sigma-1}{\sigma}\left(\frac{1}{\overline{m}}\mathrm{RMP}_j\right)^{\frac{1}{\sigma}} r_j^{-\alpha} A_j\right]^{\frac{1}{1-\alpha}} \tag{3.20}$$

如果以劳动来代表不可流动要素，则式(3.20)就是 Redding 和 Venables(2004)意义上的工资方程。如果假设 r_j 是一种可流动生产要素的价格，在各地区间都相等，即 $r_j = r$，式（3.20）就转化成由新经济地理学扩展出的自由资本（footloose capital）模型工资方程（Zeng，2016）。

除自由资本模型之外，现有文献基于不同研究目的和不同假设条件，对新经

济地理学模型进行了多种扩展，从而得到了不同扩展模型下的工资方程。这些扩展多数是以 Fujita 等（1999）的新经济地理学模型为基准，从生产者行为切入，对中间商品、单一生产要素和随时间不变的同质性技术水平的基准假设进行变换。其中，Redding 和 Venables（2004）加入了中间产品和外生技术进步；Head 和 Mayer（2004a）、Faíña 和 López-Rodríguez（2004）、Head 和 Mayer（2006）加入了可流动生产要素并考虑了异质性技术水平；Fingleton（2008）、Fingleton 和 Fischer（2010）、Bruna（2014）加入了人力资本，并考虑了内生的技术进步，在一定意义上把新经济地理学理论和新增长理论进行了融合。表 3.1 以式（3.20）的工资方程为基准形式，总结了一些常见的新经济地理学工资方程的扩展形式。

表 3.1 一些常见的新经济地理学工资方程的扩展形式

研究者	研究时间	α	r_j^α	A_j
Fujita 等	1999	0	1	A
Redding 和 Venables	2004	α	$u_j^\omega P_j^{\alpha-\omega}$	A_t
Head 和 Mayer，Faíña 和 López-Rodríguez	2004	α	r_j^o	A_j
Head 和 Mayer	2006	0	r_j^α	A_j
Fingleton	2008	0	1	$Ae^{(1-\alpha)h_j}$
Fingleton 和 Fischer	2010	0	1	$h_j^{1-\alpha}$
Bruna	2014	α	r_j^α	$Ak_j^\alpha h_j^{1-\alpha}$

注：根据各研究的假设，A 表示各地固定不变的同质性技术水平；A_t 表示各地的同质性技术水平时间序列；u_j 表示中间商品的价格；ω 表示中间商品的产出份额

由表 3.1 可知，现有基于新经济地理学的理论研究通常在生产要素和技术水平等方面对生产函数加以改进，得到新经济地理学工资方程的扩展形式，其重点关注领域在生产者行为。而在中国区域经济战略背景下，政府以基础设施建设为主的公共支出成为区域资源利用报酬增长的重要影响因素，为了在研究中引入对政府部门行为的考量，有必要对生产函数引入基础设施等生产要素以进行相应的改进。

3.2 空间计量经济学

空间计量经济学是一系列空间数据分析技术在经济学领域的应用。部分学者把空间计量经济学归为计量经济学的一个分支，而从起源来讲，空间数据分析技

术起源于地图制图学和测量学，空间计量经济学是空间数据分析和计量经济学的交叉领域。一般来说，计量经济学与其他统计学分支不同，其重点在于实证模型，模型参数通常使用回归分析进行估计。空间计量经济学可看作计量经济学的一种细化，它同样注重实证模型的建立问题，而其实证模型涉及不同单元之间的相互作用，或者说样本数据不是真正独立的。空间计量经济学的理论基础包括空间经济数据、空间权重、空间自相关和空间计量模型。

3.2.1　空间经济数据和空间权重矩阵

对于空间经济现象或空间经济活动涉及的空间单元，一般用两个属性去刻画：一是空间属性，即它们的空间位置和几何形态；二是特征属性，即描述它们的各种定性和定量指标。因此，空间数据通常用带有一个下标的字母表示，在本书中即区域资源利用报酬 y_i，其中 y 即收入的定量指标，反映区域资源利用报酬数据的特征属性；i 即 i 地区地理位置的定性指标，反映区域资源利用报酬数据的空间属性。这两个属性构成了空间经济数据的主要组成部分。其中，空间单元的位置和几何形态的确定涉及可变面元问题（modifiable areal unit problem），即基于某一层面的区域数据得到的研究结论不一定适用于其他层面上，在此不作详细讨论。本书仅基于数据的可得性，确定所研究的数据为省级层面的中国区域资源利用报酬数据，因此每个省（自治区、直辖市）称为一个区域。在计算各区域的位置坐标及区域间的距离时，均以各省级行政中心作为该区域的中心。

空间权重矩阵通过各空间单元间的邻近关系，是一种研究空间范围的空间结构关系的表达。若研究空间范围内有 n 个空间单元，则空间权重矩阵 $\boldsymbol{W}$ 为一个 $n \times n$ 矩阵。$\boldsymbol{W}$ 的元素 w_{ij} 衡量区域间的空间邻近关系，其确定方法分为两类，即基于地理位置和基于社会经济距离来确定。

基于地理位置来确定 w_{ij} 的方法又可分为两类：基于空间相邻关系和基于空间距离关系。由于中国各省级行政区的几何形态严重不规则，在考察区域间相邻关系时使用 Queen 相邻关系，即两个区域有共同边界或共同顶点，则认为它们相邻。此外，通常假设海南省与广东省、广西壮族自治区相邻，以便在使用空间相邻权重时保持海南省在空间上不独立。根据空间相邻关系确定的空间权重矩阵 $\boldsymbol{W}$ 为一个二元矩阵，其元素 w_{ij} 为

$$w_{ij} = \begin{cases} 1, & i\text{与}j\text{相邻且}i \neq j \\ 0, & i\text{与}j\text{不相邻或}i=j \end{cases} \tag{3.21}$$

除了反映空间相邻关系的二元空间相邻矩阵之外，空间权重矩阵还可以根据各区域间的距离来确定。一种方式为根据门槛距离（threshold distance）来确定两

区域的空间权重，即 i 和 j 两区域之间的距离小于门槛距离时，则 $w_{ij}=1$，否则 $w_{ij}=0$。但是，基于门槛距离的空间权重矩阵通常会导致不平衡的空间邻近矩阵结构，在空间单元的面积相差较大的情况下，就会出现一些小的地理单元有许多邻居，而大的地理单元则很少有邻居或没有邻居的情况。基于这个原因，Anselin（2003）提出了一种考虑 K 个最近邻域的空间权重矩阵（K-nearest neighbor spatial weight matrix），即将距离最近的 K 个区域设为自己的邻域。研究者通常根据研究的实际情况确定 K 的大小。当 K 小于最小邻域个数时，各区域的邻域个数相等；当 K 大于最小邻域个数时，各区域的邻域个数不超过 K 个。

研究中通常使用的距离有两种形式：欧氏距离和最短路线距离。欧氏距离指两个区域省级行政中心之间的直线距离。欧氏距离与选定交通运输方法的最短路线距离可基于国家基础地理信息系统的 1∶4 000 000 地形数据库使用 ArcGIS 软件测量得到，或直接使用 Google Earth 软件测量得到。根据相邻关系确定的空间权重矩阵因其对称与测量方法简单而最为常用。此外，使用绝对距离确定的空间权重矩阵的元素 w_{ij} 为

$$w_{ij}=f(d_{ij}) \tag{3.22}$$

式中，f 为减函数，且当 $i=j$ 时，d_{ij} 表示区域内部距离。通常，该函数具有以下形式：

$$w_{ij}=\frac{1}{d_{ij}^{\varpi}} \tag{3.23}$$

式中，ϖ 为外生决定的参数，相关文献中通常考察 $\varpi=1$ 和 $\varpi=2$ 时的情形。此外，f 还有 $\exp(-\varpi d_{ij})$ 和 $\left[1-(d_{ij}/d)^{\varpi}\right]^{\varpi}$（其中 d 为研究范围内区域间距离的最大值）等形式，w_{ij} 的确定方法还有共享边界占总边界的比例等。对空间权重矩阵通常作行标准化处理，使每行元素的和为 1，其中行标准化处理方法为 $w_{ij}^{*}=w_{ij}/\sum_{j=1}^{n}w_{ij}$。这种情况下空间数据之间的特征属性依赖于相对位置或相对距离，而不是绝对位置或绝对距离。

除了使用地理位置设定的空间权重矩阵外，还有包括经济和社会等因素的较为复杂的权重矩阵设定方法，例如，基于通信距离、经济结构相似度距离（张学良，2012）、制度距离（黄新飞等，2013）或文化相似度距离（刘毓芸等，2015）等来确定空间权重矩阵的方法。对于空间权重矩阵的选择，目前研究并没有完善的理论可供参考，但空间权重矩阵的选择会对实证研究结果产生一定影响。本书采用通常做法，使用地理位置设定空间权重矩阵，并在 4.3.1 小节尝试使用不同的空间权重矩阵进行分析，并讨论这些空间权重矩阵的选择对分析结果的影响。

3.2.2　空间自相关和空间依赖

基于 Tobler（1970）提出的地理学第一定律，随着相隔距离的不同，所有空间单元的某属性值之间或多或少都存在着一定的相关性或关联性，在空间数据分析中被称为空间自相关（spatial autocorrelation）。

在实证研究中，空间自相关不会影响推断统计中参数的估计的准确性，但会影响假设检验的结论。具体而言，对于变量之间的关系真实与否，也就是说在判断关系统计量的统计学显著水平时，空间自相关的存在可能导致错误的结论。这是因为，空间自相关实际上等于大量样本数据彼此之间都存在相关性，使用普通最小二乘估计时就会高估变量之间的关系（使实际上不显著的统计量在估计结果中显示为显著）。

在空间数据分析中，空间自相关研究具有较长的历史，其中影响最大的研究是测度空间自相关水平的指标——Moran's I 的引入。由于该统计量具有较好的小样本性质，至今仍被广泛应用。Cliff 和 Ord（1969）通过引入 Moran's I 统计量，建立了空间自相关检验的理论框架，该检验的原假设为 $H_0: \boldsymbol{Y} = \boldsymbol{X\beta} + \boldsymbol{\varepsilon}$，其中 $\boldsymbol{\varepsilon}$ 为服从均值为 0 的正态分布的残差。如果原假设成立，可用普通最小二乘估计法估计模型，得到一个估计残差 $\boldsymbol{e}$，如果怀疑 $\boldsymbol{e}$ 存在空间权重矩阵 $\boldsymbol{W}$ 下的空间自相关，则可以构造一个模型 $\boldsymbol{We} = \boldsymbol{eI}_{\mathbf{M}} + \boldsymbol{o}$，其中 $\boldsymbol{o}$ 为服从均值为 0 的正态分布的残差向量。通过普通最小二乘估计法得到数值 I_M 的估计量，即 Moran（1950）提出的 Moran's I 统计量：

$$I_{\mathrm{M}} = \frac{n\sum_{i=1}^{n}\sum_{j=1}^{n} w_{ij}(e_i - \overline{e})(e_j - \overline{e})}{\left(\sum_{i=1}^{n}\sum_{j=1}^{n} w_{ij}\right)\sum_{i=1}^{n}(e_i - \overline{e})^2} \tag{3.24}$$

其中，I_{M} 为 Moran's I 统计量；w_{ij} 为空间权重；e_i 为 i 维残差估计量；e_i 为 j 维残差估计量；$\overline{e}$ 为残差的均值。如果原假设成立，则有 $E(I_{\mathrm{M}}) = 0$。该检验称为 Moran's I 检验。除残差 $\boldsymbol{e}$ 外，Moran's I 统计量也可用来测度其他变量的空间自相关。Moran's I 的取值范围为 $-1 \leqslant I_{\mathrm{M}} \leqslant 1$，$I_{\mathrm{M}}$ 越接近 1，表示空间数据的空间正相关程度越强，I_{M} 越接近 –1，表示空间数据的空间负相关程度越强，I_{M} 接近 0 则表示空间数据不存在空间自相关。

除 Moran's I 之外，测度空间自相关的方法有许多种，最常被使用的有：Join Count、Geary's C 和 Getis-Ord G 等指标。这些指标及式（3.24）计算的 Moran's I 统计量适用于相关关系相对平稳的空间中，又被称为全域型空间自相关（global spatial autocorrelation）指标。然而现实中的空间相关关系常常是不平稳的，尤其当样本量较大时，空间平稳性就难以保持。全域型空间自相关指标的功能在于判断某现象在空间上是否有聚集特性存在，但其并不能确切地指出聚集在哪些地区。根据 Anselin（1995）提出的空间关联局部指标（local indicators of spatial association，LISA）方法论，区域型空间自相关（local spatial autocorrelation）指标的功能是推算出聚集地（spatial hotspot）的范围，借由统计显著性检验方法，检验聚集空间单元相对于整体研究范围而言其空间自相关是否显著，若显著则该聚集空间单元是某现象空间聚集的地区。根据 LISA 方法论，Moran's I、Join Count、Geary's C 和 Getis-Ord G 等空间自相关指标均有相对应的区域型空间自相关指标，全域型指标的方法应用于识别所有空间单元之间的平均相关程度及显著性，而区域型指标的方法应用于识别随空间位置不同而可能存在的不同空间关联模式。

空间计量经济学中，空间依赖是空间经济联系的表现形式。空间依赖表示邻近区域间同一属性值或不同属性值有相互依赖的倾向，且与区域距离越远的越不依赖。“依赖”表示一个属性值随其邻近区域的同一属性值或不同属性值变化而变化，这个概念和空间计量经济学中的空间相关性又有所区别，空间相关性是指同一属性值在空间上邻近者会比空间距离较远者更为依赖。

空间依赖的特征会因不同时间跟不同地点测量而有所不同。就空间单元而言，无论在地图上哪个地方，该空间依赖的特征都相同时，称为空间依赖的结构稳定（stationary），反之，当空间依赖的结构随着地图上的坐标变化而异时，称为空间依赖的结构不稳定（non-stationary），或者称为空间依赖结构具有异质性。

相对于时间是单一方向的连续，过去的时间会影响未来，但是未来只能影响现在，空间依赖来自两个维度的延伸，当空间依赖结构沿着两轴相同则称之为等向的（isotropic）空间依赖结构，反之则为非等向（non-isotropic/anisotropic）的空间依赖结构。Haining（2003）认为，空间依赖会随空间的不同而有差异，因此空间计量技术需要不同的量化方式，此外，空间依赖的时间变化趋势及政策含义也值得深入探讨。

3.2.3 空间计量模型

如果使用相关指标测得的空间自相关水平为显著，那么在实证研究中就应该对空间自相关问题加以考虑，通常做法是运用 Anselin（1988a）为代表整理出的空间计量经济学模型来估计空间依赖。空间计量模型有多种，最基本的模型有空间滞后模型（spatial lag model）和空间误差模型（spatial error model）两种。

空间滞后模型用来获取被解释变量之间的空间依赖作用，该模型也被称为空

间自回归模型（spatial autoregressive model）。空间滞后模型的矩阵形式为

$$\boldsymbol{y} = \beta_1 \boldsymbol{W}\boldsymbol{y} + \boldsymbol{X}\boldsymbol{\beta} + \boldsymbol{u} \tag{3.25}$$

其中，$\boldsymbol{y}$ 为 $n \times 1$ 被解释变量向量，其中 n 为区域个数；$\boldsymbol{W}$ 为空间权重矩阵，$\boldsymbol{Wy}$ 为被解释变量的空间滞后项，是一内生变量，其系数 β_1 反映了区域间的空间依赖；$\boldsymbol{X}$ 为 $n \times l$ 无空间自相关的解释变量矩阵，包括截距项，其中 l 等于解释变量个数加上 1，$\boldsymbol{X}$ 矩阵的第 1 列全为 1；$\boldsymbol{\beta}$ 为这些解释变量的 $l \times 1$ 系数向量；$\boldsymbol{u}$ 为服从均值为 0 的正态分布的 $n \times 1$ 残差向量。

空间误差模型用来获取除被解释变量之外的误差项之间的空间依赖作用，该模型也被称为空间自相关模型（spatial autocorrelation model）。空间误差模型的矩阵形式为

$$\begin{cases} \boldsymbol{y} = \boldsymbol{X}\boldsymbol{\beta} + \boldsymbol{u} \\ \boldsymbol{u} = \lambda \boldsymbol{W}\boldsymbol{u} + \boldsymbol{\varepsilon} \end{cases} \tag{3.26}$$

其中，$\boldsymbol{\varepsilon}$ 为服从均值为0的正态分布的 $n \times 1$ 残差向量；$\boldsymbol{y}$、$\boldsymbol{X}$ 和 $\boldsymbol{\beta}$ 的设定与式(3.25)中的设定一致。

如果被解释变量之间及误差项之间分别存在空间依赖作用，结合式（3.25）与式（3.26）可得到空间联合模型（general spatial model）。空间联合模型的矩阵形式为

$$\begin{cases} \boldsymbol{y} = \beta_1 \boldsymbol{W}_1 \boldsymbol{y} + \boldsymbol{X}\boldsymbol{\beta} + \boldsymbol{u} \\ \boldsymbol{u} = \lambda \boldsymbol{W}_2 \boldsymbol{u} + \boldsymbol{\varepsilon} \end{cases} \tag{3.27}$$

其中，$\boldsymbol{y}$、$\boldsymbol{X}$、$\boldsymbol{\beta}$ 和 $\boldsymbol{\varepsilon}$ 的设定与式（3.25）中的设定一致。空间权重矩阵 $\boldsymbol{W}_1$ 和 $\boldsymbol{W}_2$ 可以相同，也可以不同。在空间计量经济学模型实证分析中，一般需要先通过 Moran's I 来检验数据间是否存在空间自相关。检验出空间自相关后，可用拉格朗日乘数（Lagrange multiplier，LM）检验和稳健拉格朗日乘数（robust Lagrange multiplier，RLM）检验来选择合适的空间计量模型。被解释变量空间依赖的 LM 检验和 RLM 检验的原假设是式（3.25）中的与矩阵相乘的系数 $\beta_1 = 0$，误差项空间自相关的 LM 检验和 RLM 检验的原假设是式（3.26）中的 $\lambda = 0$。李子奈和叶阿忠（2012）总结了 Burridge（1980）提出的误差项空间自相关的 LM 检验统计量 LM（error）及误差项空间自相关的 RLM 检验统计量 RLM（error）、Anselin（1988b）提出的被解释变量空间依赖的 LM 检验统计量 LM（lag）、Bera 和 Yoon（1992）提出的被解释变量空间依赖的 RLM 检验统计量 RLM（lag），本书限于篇幅不再具体列出。如果以上任何一项检验的 p 值接近 0，则意味着该项检验的统计量是显著的，接受包含空间依赖的备择假设。

根据 Florax 等（2003）的决策规则，如果被解释变量空间依赖的 LM 检验统计量 LM（lag）更加显著，则可以断定空间滞后模型是合适的；如果误差项空间自相关的 LM 检验统计量 LM（error）更加显著，则可以断定空间误差模型是合适的；如果被解释变量空间依赖的 LM 检验和误差项空间自相关的 LM 检验统计量显著性相同，则类似地用 RLM 检验来确定合适的模型形式；如果被解释变量空间依赖的 LM 检验和误差项空间自相关的 LM 检验统计量都不显著，则使用最小二乘估计法就能得到一致估计量；如果被解释变量空间依赖的 LM 检验和误差项空间自相关的 LM 检验统计量都显著，则适用空间联合模型。

3.3 区域资源利用报酬和空间依赖的概念界定

现有研究通常根据研究目的或研究对象的不同来定义区域资源利用报酬。本书基于有利于实证研究结果经济意义解释的角度及有利于实证研究结果获取的角度，从变量形式、指标选取和产业跨度三方面来规范本书所使用的区域资源利用报酬概念。

收入通常包括工资、商业和财产收入、股息、利息和社会福利。在使用新经济地理学模型进行实证研究时，若仅考虑新经济地理学模型设定的生产要素边际产出或边际成本，以工资或工资与利息之和作为区域资源利用报酬的全部组成部分，忽视其他有助于个人整体生活水平的部分，如转移支付和非现金收入（如使用公司宿舍、补贴购物券、食品等），就会增强实证研究中内生性的影响，造成实证结果有偏或存在多种可能的解释，因为这些非要素收入通常和要素收入所依赖的市场潜力是相关的。除模型设定缺乏严谨性之外，3.3.1 小节还讨论了新经济地理学在实证研究上的局限性，以及空间计量经济学在经济意义解释上的局限性。

此外，Kusnic 和 DaVanzo（1980）的研究表明，产业跨度和区域尺度的规范会对变量之间的相关性产生影响，从而也会对实证研究结果产生影响。对来自不同产业层面划分或区域尺度划分的数据进行实证研究时，得到的结果会有差异。一般来说，基于较粗划分的产业（如三大产业）或较大地理单元（如国家统计局网站划分的中国三大经济带）的变量相关性，通常强于基于较细划分的产业（如国家统计局网站的 4 位数国民经济行业分类）或较小地理单元（如地级市）的变量相关性。为使结果便于观察与分析，本书根据国家统计局网站划分的中国三大经济带，对三大产业层面收入数据的空间分布趋势进行讨论，以界定本书中区域资源利用报酬的概念。

3.3.1 两种理论框架的局限性

Fujita 等（1999）创立的新经济地理学理论框架用于实证研究时，存在对以下具体问题处理过于粗糙的缺点：①对垄断竞争部门和完全竞争部门的定义；②对各部门固定投入要素的定义；③生产要素单一化的假设；④合适的样本期及估计技术；⑤在工资方程中可测量变量之间的可估计关系基础上的经济集聚替代来源；⑥在实证研究中确定要素价格和控制变量的技术差异的作用；⑦运输成本随距离变小的衰减参数和衰减形式在市场潜力测度中的作用。

虽然计量经济学相较于其他统计学分支更重视理论模型的建立，且空间计量经济学模型的理论基础为地理学第一定律，即认为各地区的经济变量由于空间位置的邻近受到相邻地区经济变量的影响，但相较于新经济地理学而言，这种理论模型仍缺乏相应的微观经济基础。空间滞后模型类似于时间序列方法中的向量自回归模型，而向量自回归模型由于缺乏经济理论基础，被称为“乏理论”模型。虽然在实证方面应用较广泛且取得了较多的探索性成果，空间计量经济学模型对现实经济中全域的“核心–边缘”空间经济模式及空间依赖来源与内涵仍缺乏解释力。

3.3.2 区域资源利用报酬的变量形式及指标选取

新经济地理学和空间计量经济学理论框架在以上实证方面或理论方面的局限性所引起的问题最常见就是实证回归中被解释变量的形式及指标选取问题。Feldstein（2008）指出，在新经济地理学模型的市场出清条件中，工资等于劳动要素的边际产出，而在所有新经济地理学实证研究中都假设各地区劳动的边际产出相等。此外，新经济地理学工资方程中，常规的被解释变量是垄断竞争部门的名义工资，然而对于该方程解释变量系数意义的解释却频繁涉及区域资源利用报酬或经济活动的空间依赖，而非工资的空间依赖。由于数据缺失，多数实证研究使用人均收入或者劳均产出来表示垄断竞争部门工资，或者作为劳动要素边际产出的代理。

Redding（2013）认为，目前的新经济地理学文献中，工资方程已经被广泛地表达为市场潜力与经济活动空间分布的关系，而不是 Krugman（1991，1992，1993，1997）推导的制造业名义工资方程。因此，部分基于工资方程的实证研究［如 López-Rodríguez 等（2009）、张文武和梁琦（2011）］中，区域人均产业增加值被用作工资的代理变量。López-Rodríguez 和 Faíña（2005）、Breinlich（2006）、陈长石等（2015）认为，相较于区域人均可支配收入，使用区域人均产业增加值作为工资的代理变量更为合适，因为区域人均产业增加值侧重点是经济增长而非生活水平差距，且与市场潜力变量之间不存在系统相关。Hanna（1957）对来自不同统计机构及不同时期的区域资源利用报酬数据来源作了讨论，并未得到一个令人满意的适用于所有区域经济研究的区域资源利用报酬定义，但确定了使用人均收入数据比使用总体收入更有利于实证结果的获取与经济意义的解释。

表 3.2 列出了一些通常被用作工资方程被解释变量的备选变量，并用经过对数处理后的中国 2012 年所有地区的截面数据计算了这些备选变量之间的相关系数。

表 3.2　备选被解释变量之间的相关系数（2012 年）

	GDPp	GVAp	GVAw	WAGEw	GVAwc	WAGEwc	GVAwp	WAGEwp
GDPp	1.00	0.99	0.89	0.81	0.73	0.80	0.76	0.73
GVAp	0.99	1.00	0.89	0.80	0.75	0.81	0.77	0.73
GVAw	0.89	0.89	1.00	0.91	0.80	0.85	0.92	0.87
WAGEw	0.81	0.8	0.91	1.00	0.69	0.86	0.86	0.96
GVAwc	0.73	0.75	0.8	0.69	1.00	0.81	0.58	0.61
WAGEwc	0.80	0.81	0.85	0.86	0.81	1.00	0.67	0.70
GVAwp	0.76	0.77	0.92	0.86	0.58	0.67	1.00	0.89
WAGEwp	0.73	0.73	0.87	0.96	0.61	0.70	0.89	1.00

注：GDPp 表示人均国内生产总值，GVAp 表示人均产业增加值，GVAw 表示劳均产业增加值，WAGEw 表示职工平均工资，GVAwc 表示核心地区劳均产业增加值，WAGEwc 表示核心地区职工平均工资，GVAwp 表示边缘地区劳均产业增加值，WAGEwp 表示边缘地区职工平均工资。核心地区和边缘地区的划分方法在 5.4.1 小节给出

由表 3.2 可知，多数备选被解释变量之间都具有较高的相关程度。但在核心地区和边缘地区之间，备选被解释变量的相关程度较低。Boulhol 和 de Serres（2010）、Carrère 等（2013）的研究认为，发达地区和不发达地区的收入具有不同程度的空间依赖，把两类样本数据混合估计会造成区域资源利用报酬空间依赖的估计偏差。表 3.2 的计算结果支持了该结论。而对于造成这种异质性的原因，现有文献并没有进一步深入探讨。而在本书第 6 章的研究中会看到，区域间全要素生产率的异质性和基础设施边际生产力异质性是造成区域资源利用报酬空间依赖异质性的主要原因。由此可知，在估计区域资源利用报酬空间依赖时，应把核心地区和边缘地区加以区分。而表 3.2 中，相较于 WAGEwc 和 WAGEwp 的相关系数，GVAwc 和 GVAwp 的相关系数更低，因此，使用区域人均产业增加值更有助于获取核心地区和边缘地区收入空间依赖的异质性。

此外，新经济地理学工资方程中，解释变量市场潜力的结构为各地区收入的加权和。因此，区域人均产业增加值与市场潜力变量之间的关系更类似于空间计量经济学中被解释变量与其空间滞后的关系。因此，从有利于两种理论相结合时实证结果经济意义解释的角度来讲，应使用区域人均产业增加值作为被解释变量。

3.3.3　区域资源利用报酬的产业部门跨度规范

由于新经济地理学理论假设较为松散，对垄断竞争部门 M 的定义由原始的制造业部门发展到非农产业部门、服务业部门和“现代”部门，在理论研究中并无一个统一的规范，而实证研究通常也根据自身研究需要来设定 M 部门的产业范围。本书假设理论模型中的经济体只包含一个 M 部门，实证研究中需要从产业跨度对该部门进行规范。本书研究对象为中国区域资源利用报酬的空间依赖及其时变趋势，因此以更有利于空间依赖及其时变趋势的侦测与获取为目的，结合中国经济的实际情况，从三大产业层面来界定区域资源利用报酬的范畴。

从样本数据角度来看，样本数据必须在时间维度上有一定的变异性且无异常值出现，以有利于实证研究结果的获取。为缩小中国改革开放以来形成的东、西部地区经济差距，政府自 1999 年开始陆续实施了西部大开发、东北振兴和中部崛起等区域经济战略，并在 2013 年提出“丝绸之路经济带”对外经济战略构想，以带动中国中西部地区的经济发展。在这些区域经济战略开始实施后，中国的区域资源利用报酬空间结构在 21 世纪初期开始出现明显转变，主要特征是东部地区收入份额由上升转为下降，中部和西部地区的收入份额由下降转为上升，这提供了全部产业的收入数据在时间维度上的变异性。但 Fujita 等（1999）推导的新经济地理学工资方程中，被解释变量是制造业的名义工资，因此实证研究是否需要对第一产业和第三产业数据进行剔除有待探讨。

Fujita 等（1999）建立新经济地理学模型时假设完全竞争部门为农业部门，但同时说明没有必要拘泥于“农业”的字面含义，制造业部门是不完全竞争的，而且具有收益递增的特征，因此把农业部门看成从事制造业之外生产活动的完全竞争部门。范剑勇（2006）、刘修岩等（2007）、谢长青和范剑勇（2012）基于工资方程的实证研究中，出于对新经济地理学模型原始意涵的实证检验目的及数据可获得性，选取非农产业（包含第二产业和第三产业）的平均工资作为工资方程被解释变量。目前的新经济地理学文献中，由于研究问题的需要，通常使用工资方程解释区域资源利用报酬或经济活动的空间分布结构与空间依赖，因此工资方程已经被广泛地表达为市场潜力与各行业经济活动或收入的空间分布的关系。

在本书所考察的样本期 1996～2015 年内，中国的区域资源利用报酬具有较大的时间上的变异性。中国国家统计局网站的中国东部、中部和西部分区方式在中国经济分区体系发展过程中相对稳定，因而以这个划分方案进行统计和分析的数据较为详细。以地区生产总值代表区域资源利用报酬，按照国家统计局网站划分的中国东部、中部和西部三大地带生产总值份额在样本期内的变化如图3.1所示。

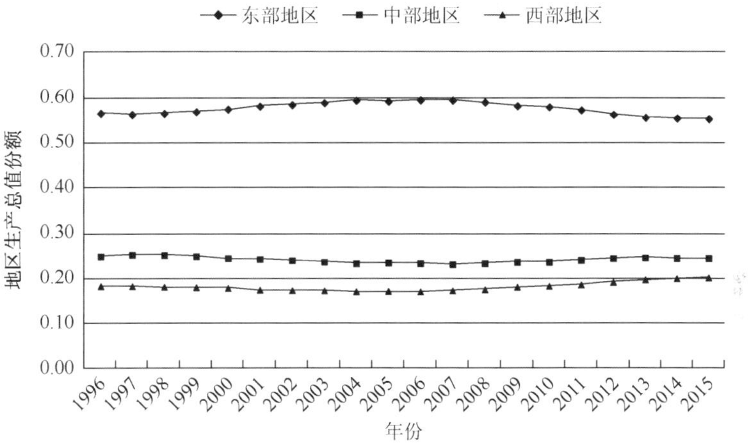

图3.1 1996～2015年中国三大地带生产总值份额演变

由图3.1可以看出，2007年之前，东部地区生产总值份额处于上升趋势，占全国产业份额保持在50%以上，反映出东部地区在改革开放以来形成的中心经济区地位；中部地区在2007年之前的生产总值份额在25%上下浮动且有下降趋势，反映出中部地区和西部地区在改革开放以来形成的次中心经济区或边缘经济区地位。这种空间经济格局在2007年开始转变。2007年之后，东部地区生产总值份额逐年下降；中部地区和西部地区生产总值份额逐年上升。虽然东部地区的中心地位和中西部地区的边缘地位没有改变，但是各地区生产总值份额的变化表明，区域经济战略引导下的空间经济联系已经发生改变，空间经济结构发展方向在2007年出现了转折。

区域生产总值份额虽然可在一定程度上反映空间经济结构，但是以其作为指标对中国区域资源利用报酬空间分布结构及空间依赖变化进行描述时，结果较为笼统，且受到多种因素的干扰。这可以从产业层面上的产值占GDP的比重和大地理范围的生产要素可流动性来解释。1996～2015年三大产业增加值占GDP的比重如图3.2所示。

根据图3.2可知，中国第一产业占GDP的比重长年处于20%以下且逐年下降。中国第一产业占GDP的比重历年来都比较小，且由于第一产业的生产要素如土

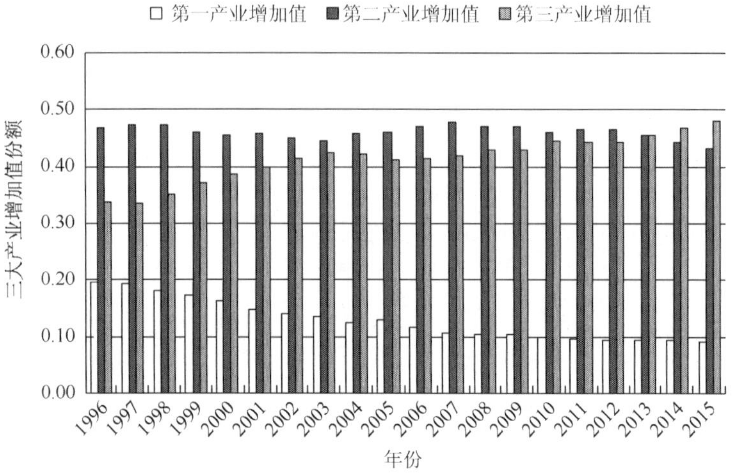

图 3.2　1996～2015 年中国三大产业增加值占 GDP 比重

地、气候和环境等具有在经济区域之间不可流动的自然属性，理论上难以发生大地理范围的生产要素流动。但是中国区域经济战略对中西部地区产生基础设施投资的倾斜，会降低包括第一产业在内的各种产品运输成本，提高其产品对其他地区的贸易量，提高本地区收入。此外，Fujita 等（1999）对新经济地理学工资方程加入农业运输成本后，得到空间经济“核心–边缘”分布模式的推论，与只考虑制造业运输成本时的结论基本一致。因此，选取区域资源利用报酬指标时需要考虑的问题是，加入对第一产业的考量，对于区域资源利用报酬空间依赖研究来说有没有意义？是否徒增研究的干扰因素？

为考察中国第一产业的空间分布结构变化的实际情况，本书计算了 1996～2015 年三大经济地带第一产业增加值份额，得到其在此期间的变化趋势，如图 3.3 所示。

由图 3.3 可以看出，1996～2015 年西部地区第一产业增加值份额的上升趋势和东部地区第一产业增加值份额的下降趋势较为明显，表明三大经济地带第一产业增加值份额有向中部地区第一产业增加值份额收敛的倾向。这种收敛倾向表明样本期内第一产业的空间分布结构发生了明显变化，且不与三大产业生产总值的空间分布结构变化相矛盾。Fujita 等（1999）在新经济地理学模型中的生产函数假设中，将劳动作为单一生产要素，这与中国第一产业属于劳动密集型的事实相符。基于以上分析，在研究区域资源利用报酬的空间依赖时，不可省略对第一产业增加值的考量。

因为第二产业的主要生产要素如资本、技术等具有空间流动性或扩散性，具备产业空间转移或扩散的基本条件，所以第二产业增加值较第一产业增加值更容

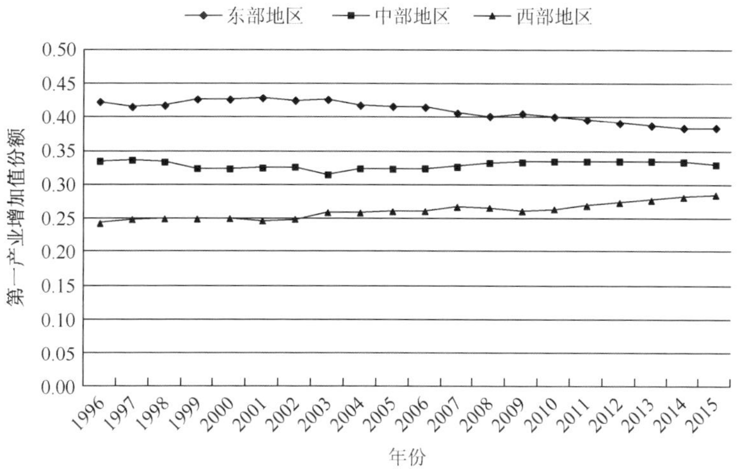

图 3.3 1996～2015 年中国三大经济地带第一产业增加值份额

易发生空间分布趋势的变动。且根据范剑勇（2006）的研究可知，20 世纪 90 年代中前期以来，中国产业结构出现第二产业份额居高不下、非农产业（特别是第二产业）向东部沿海地区集聚的特征。Fujita 等（1999）提出的新经济地理学模型中的制造业部门为垄断竞争部门，符合中国第二产业的特征，新经济地理学工资方程描述的就是制造业部门或垄断竞争部门的工资。因此，三大产业生产总值的空间份额变化主要发生在第二产业增加值。

第三产业在中国发展起步较晚，发展程度尚且较低，虽然近年来中国第三产业份额迅速上升，且于 2012 年开始高于第二产业份额，但其主要在第二产业的基础上发展，且其行业市场主要集中在第二产业较发达的地区，因此其往往随第二产业的空间转移或扩散而发生空间转移或扩散。基于以上分析，中国三大产业中，第二产业增加值和第三产业增加值的空间份额最具备随时间变化的条件与可能。

此外，从图 3.2 显示的三大产业比重来看，第二产业增加值和第三产业增加值占 GDP 的比重均远高于第一产业占 GDP 的比重，因此，如果第三产业的空间分布发生变化，其对三大产业生产总值的空间分布必将产生重大影响。基于上述第二产业和第三产业生产要素流动的条件及其产业增加值占 GDP 的比重的考量，对第二产业和第三产业的空间份额变化情况分别进行考察，如图 3.4、图 3.5 所示。

通过比较图 3.4、图 3.5 可知，第二产业增加值份额变化能够更为清晰地反映中国空间经济结构变化。东部地区第二产业增加值份额在 2004 年之前呈现缓慢上升趋势，在 2004 年之后转为快速下降趋势。中部地区和西部地区第二产业增加值份额在2004年之前呈现缓慢下降趋势，在2004年之后呈现快速上升趋势。这个转折时间点与范剑勇和李方文（2011）基于更小尺度的区域划分方法对中国制造业的空间份额变化研究结论一致。

图3.4虽然排除了第一产业和第三产业的干扰，使得产业增加值的空间份额变化更为明显，但是由图3.5可知，第三产业的空间结构转折点在2010年，滞后于第二产业的空间结构转折点6年，证实了第三产业随第二产业转移的经验性推

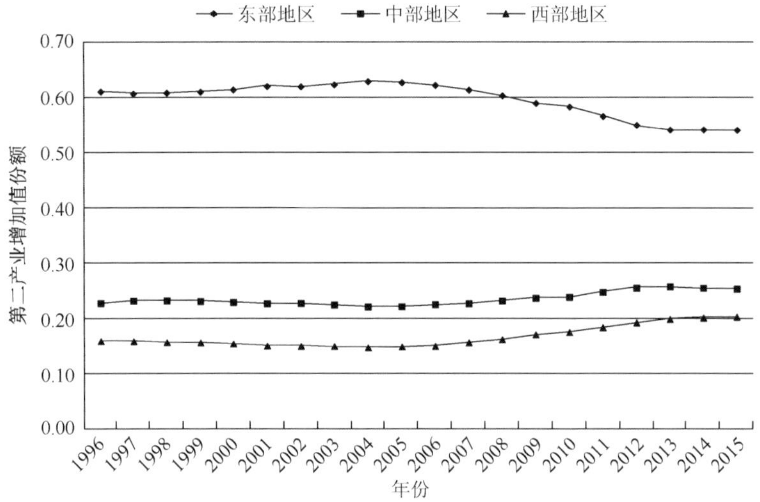

图3.4　1996～2015年中国三大地带第二产业增加值份额

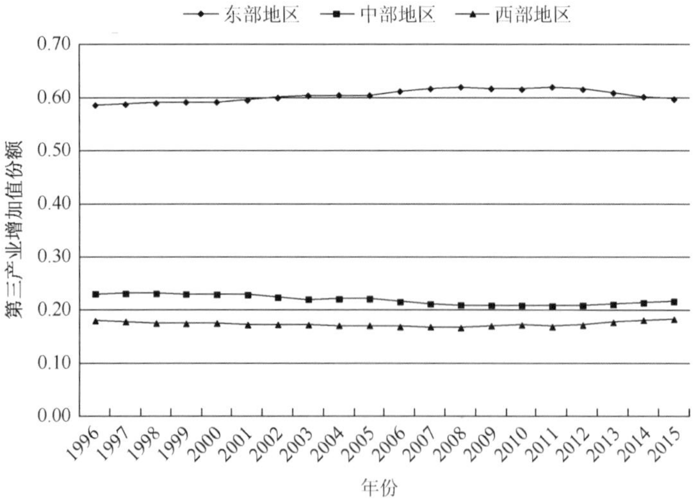

图3.5　1996～2015年中国三大地带第三产业增加值份额

断，并且在一定程度上解释了图 3.1 中以区域生产总值份额衡量的区域资源利用报酬空间结构转折时间点滞后于以第二产业增加值份额衡量的区域资源利用报酬空间结构转折时间点 3 年的原因。因此，在研究中国区域资源利用报酬空间依赖的变化趋势时，为了系统地考察转折发生的时间点，对第三产业增加值的份额亦不可省略。

基于对以上三大产业增加值空间分布变化实际数据的观察可知，中国产业增加值空间份额变化的主要推动力量和特征体现是第二产业的空间结构变化，第二产业的空间结构变化对第三产业的空间结构变化具有带动作用，因此第三产业的空间结构变化滞后于第二产业的空间结构变化。第一产业空间结构变化最不明显，但其产业增加值具有在三大经济地带间收敛的趋势，对区域资源利用报酬空间依赖的影响不可忽略。因此，根据以上区域资源利用报酬指标与产业跨度的选取结果，在接下来的研究中，选取各区域三大产业增加值之和的人均水平作为被解释变量区域资源利用报酬的代理，该指标等于生产法计算的区域人均生产总值。而为了避免过度脱离新经济地理学工资方程中劳动收入的概念，本书研究对象使用区域资源利用报酬的名称，而未使用区域经济的名称。

3.3.4 空间依赖的内涵与规范

根据 3.2.2 小节可知，空间依赖的名称起源于空间计量经济学。在空间滞后模型中，区域资源利用报酬被表达为其空间滞后项的线性函数，因此由空间计量模型获取的区域资源利用报酬空间依赖是区域资源利用报酬空间滞后项的系数。而在新经济地理学工资方程中，区域资源利用报酬被表达为市场潜力的指数形式的函数，因此新经济地理学中的区域资源利用报酬空间依赖并非区域资源利用报酬和市场潜力的直接关系，而是区域资源利用报酬对市场潜力的弹性。由于区域资源利用报酬空间滞后项和市场潜力的基本形式都是邻近地区的收入用空间邻近关系作为权重的加权和，两者对于一个地区经济地理因素的反映形式具有相似性。

除了表达式的形式之外，区域资源利用报酬空间滞后项和市场潜力的不同之处主要在于是否具有坚实的微观理论基础。空间计量经济学以 Tobler（1970）提出的地理学第一定律为理论基础，未明确空间滞后项系数的经济意义，因此相关文献根据不同的研究目的又把空间滞后模型中的被解释变量空间滞后项系数称为空间溢出。而新经济地理学在微观假设下用一般均衡框架推导出市场潜力表达式，市场潜力的各组成部分及其指数具有相应微观经济内涵，其中市场潜力的指数为商品替代弹性的倒数，而商品替代弹性的倒数不仅直接反映区域资源利用报酬空间依赖，还从另一方面通过贸易成本成为市场潜力中空间权重的组成部分。在实证研究中，为了使模型简化为线性形式，商品替代弹性通过贸易成本对空间权重产生的影响通常被省略。

根据以上分析，本书把区域资源利用的空间依赖定义为区域资源利用报酬对市场潜力的弹性，以便于从理论方面对中国区域资源利用空间依赖的变化原因与机制进行研究。此外，实证研究中市场潜力和空间滞后项作为解释变量的区别会在 4.3 节中进行比较分析。

第 4 章　中国区域资源利用空间依赖的再检验

4.1　理 论 背 景

跨区域贸易使不同区域之间的经济活动存在空间联系，从而使它们的观测值呈现相关性。空间依赖是一种进一步度量这种空间相关性的方法与指标。基于新经济地理学理论的研究验证了这种空间依赖在区域资源利用报酬中的存在，另一部分基于空间计量经济学的研究得到的结论与该结论具有一致性，而空间计量经济学处理方法由于摆脱了微观理论束缚而更易于空间依赖的侦测与获取。但是，空间计量经济学在获取这种空间依赖时缺乏微观理论支撑，在模型假设和变量构造方面与新经济地理学模型存在一定差别。因此，基于这两种不同的理论对区域资源利用的空间依赖的侦测及获取有何差别，以及这种差别对计量结果分析会产生什么影响，都是值得深入探讨的问题。

4.1.1　区域资源利用空间依赖的两种获取路径研究回顾

现有文献中有两条获取区域资源利用空间依赖的研究路径。第一条研究路径是使用新经济地理学工资方程来获取空间依赖。新经济地理学模型具有坚实的微观基础，用工资方程反映了区域经济活动通过关联效应和因果循环过程不断集聚形成的“核心–边缘”空间经济模式中，区域资源利用报酬与经济地理因素的正相关关系。通过对工资方程中的关键变量市场潜力的测算，以及对工资方程的估计，能够获取空间经济结构的“核心–边缘”模式，以及区域资源利用报酬对反映经济地理因素的市场准入变量的依赖。

根据新经济地理学工资方程的预测，区域资源利用报酬和该区域对其他区域市场的准入程度正相关。这种影响区域资源利用报酬的作用是新经济地理学理论中对空间依赖的表述。新经济地理学称这种市场准入程度为市场潜力，用其他区域资源利用报酬的一个加权和来表示，其用到的权重从空间维度进行确定，与双边贸易成本负相关，且距离通常用来作为贸易成本的代理变量。Redding 和 Rossi-Hansberg（2016）认为，这类实证研究通常更关注的是区域资源利用报酬空间分布模式的形成机制，区域资源利用报酬空间依赖只是推导这种空间分布模式形成机制研究的一个中间结论。

第二条研究路径是使用空间滞后模型来获取空间依赖，即使用空间计量经济学技术来估计一个包含被解释变量空间滞后项的方程。这类研究所用到的模型和新经济地理学工资方程具有相似性。在空间计量经济学中，空间依赖可以看作一个内生变量空间滞后项的系数，而 Mion（2004）认为，对这个空间滞后的内生变量的描述，恰好符合了新经济地理学中市场潜力变量的特征，因为工资方程右边市场潜力变量的衡量与工资方程左边的被解释变量密切相关。空间计量经济学对空间依赖的表述较为明确，且有系统的侦测与获取方法，但缺乏如新经济地理学工资方程一样坚实的微观理论基础。

Niebuhr（2006）、Fingleton 和 Fischer（2010）通过空间滞后模型的估计，得到欧洲地区或其中个别国家的区域资源利用报酬存在空间依赖的证据。如同前文分析，这类研究注重空间依赖存在的实证检验结果，因此并没有对这种空间依赖的经济意义进行深层次的解释，也没有对区域资源利用报酬的空间分布模式进一步探讨。在相关的实证研究文献中，Blonigen 等（2007）、Blanco（2012）的研究区分了空间计量经济学和新经济地理学中两种不同形式的空间依赖，但是未能讨论这种区分的特殊意义。

4.1.2 两种路径对比与整合的意义

本章的工作可看作对空间计量经济学中和新经济地理学中空间依赖的对比与整合。其中，对比的具体做法是基于中国省级层面数据，使用不同的空间权重构造被解释变量的空间滞后项，和 Harris（1954）所指出的市场潜力作对比。使用 Harris 指出的市场潜力作为新经济地理学市场潜力和空间计量经济学中的空间滞后项作对比，意义在于 Harris 对市场潜力的定义与其他实证研究文献对市场潜力的定义［如 Redding 和 Venables（2004）、Hanson（2005）、Niebuhr（2006）等的实证研究中对市场潜力的定义］及空间计量经济学对空间滞后项的定义在实证研究方面具有类似的功能，而 Harris 所指出的市场潜力构造简单，容易测算。把两种理论中的空间依赖整合的意义在于，空间计量经济学对误差项空间自相关的考虑修正了新经济地理学工资方程的部分局限性，使用整合的模型进行估计，可以同时纳入新经济地理学和空间计量经济学对空间依赖考量的不同方面，避免了单一使用新经济地理学模型时实证结果的有偏和非有效，又避免了单一使用空间计量经济模型时微观理论基础的欠缺。

此外，本章还讨论了两种理论模型中不同的技术处理细节，区域内部市场在工资方程估计过程中的影响，以及使用标准化距离来测算空间自相关的效果。最后，本章考察了同时考虑被解释变量和误差项空间依赖对新经济地理学工资方程估计结果的影响。实证结果显示，对整合的模型进行估计能同时获取全域和区域两种不同类型的空间依赖，但是该结论只在特定条件下成立，结论的成立条件涉及解释变量是否包含本地市场及指标数据的处理方法。

4.1.3 需要解决的问题

在空间计量经济学文献中，对模型的估计通常需要消除误差项空间自相关的影响。对此，值得探讨的问题是：①新经济地理学实证研究中，工资方程的误差项是否也存在空间自相关？②新经济地理学实证研究中，市场潜力能否被空间滞后模型中的空间滞后项所替代？③如果市场潜力是一种不同类型的空间滞后项，在一个方程中同时考虑市场潜力与误差项这两种类型的空间依赖，会对估计结果产生什么影响？

本章考察了一种新的工资方程的表达式，在这个表达式中，市场潜力与误差项这两种类型的空间趋势被加以区分。一方面，新经济地理学中的“核心-边缘”空间经济模式在地理统计学中被视为全域空间趋势，其中变量的值系统地随地理空间坐标变化而变化，新经济地理学的市场潜力所研究的正是这种全域的空间趋势。另一方面，空间计量经济学的大多数技术是为研究短距离或局域空间趋势设计的。本章研究了把两种类型的空间趋势都纳入考量时，对工资方程的估计结果出现的特征。

4.2 实证模型的构建

4.2.1 Harris 的市场潜力模型

根据 Harris（1954）的模型的设定，一个地区 i 的市场潜力定义为所有可以与 i 地发生贸易的地区 j 的市场规模 M_j 的加权平均和，其中权重是 j 地到 i 地距离 d_{ij} 的倒数。当空间观测样本单元是面状区域而不是点状区域时，距离 d_{ij} 为各地区 j 的几何中心或经济中心到 i 地对应的几何中心或经济中心的距离，距离 d_{ii} 为地区 i 的内部距离，其测量方法在本章 4.3 节将会讨论。因此，考虑地区 i 以外 $R-1$ 个可以与 i 地发生贸易的地区 j，Harris 所指出的 i 地市场潜力 HMP_i 可以分解为内部市场潜力 IMP_i 和外部市场潜力 EMP_i 两个部分：

$$\mathrm{HMP}_i=\sum_{j=1}^{R}\frac{M_j}{d_{ij}}=\frac{M_j}{d_{ii}}+\sum_{j\neq i}^{R-1}\frac{M_j}{d_{ij}}=\mathrm{IMP}_i+\mathrm{EMP}_i \tag{4.1}$$

其中，EMP_i 的构建和表达是现有研究中解释变量构建的主要关注点，因为 EMP_i 对区域资源利用报酬的影响反映的是区域间的收入依赖。对于 EMP_i 另有其他多种命名，如 Head 和 Mayer（2006）提出的“非本地市场潜力”、Blonigen 等（2007）提出的“周边市场潜力”和 Brakman 等（2009b）提出的“外部市场潜力”等。Harris 所指的市场潜力多年来被广泛应用于区域经济研究，主要原因是它开创了一条实证研究路径来检验 Tobler（1970）提出的地理学第一定律：“每一件事物都与其他事物相关，距离越近这种相关的影响越大。”

4.2.2　Krugman 工资方程

Krugman（1993）的一般均衡设定为 Harris 所指的市场潜力概念提供了理论基础。根据 Krugman（1993）在一般均衡设定下推导的工资方程，各地区的收入随着该地区市场潜力的上升而增加。随后的研究将该工资方程基准形式进一步优化和延伸，出现了多种工资方程的形式。本章将最初由 Krugman（1993）推导得出的工资方程形式作为实证模型的基准形式。

Krugman（1993）推导的工资方程中，均衡状态下 i 地区的名义工资 y_i 可用该地区出售到所有 R 个地区的包含两种要素的差异化产品收入之和来表示。其中，一种要素是 j 地区对 i 地区差异化产品的需求，表示为 j 地区的总需求量 $\mu_j E_j$ 除以一个反映 j 地价格指数的因子 $G_j^{1-\sigma}$ 的商，其中 E_j 为 j 地区的总支出；另一种要素是 i 地区销售到 j 地区的差异化产品的贸易成本，用运输成本 T_{ij} 的 $(1-\sigma)$ 次幂来表示，其中 σ 为反映产品差异化程度的产品替代弹性。市场均衡状态下的工资方程为

$$y_i = \left(\sum_{j=1}^{R} T_{ij}^{1-\sigma} \frac{E_j}{G_j^{1-\sigma}} \right)^{\frac{1}{\sigma}} = (\mathrm{RMP}_i)^{\frac{1}{\sigma}} \tag{4.2}$$

Redding 和 Venables（2004）把式（4.2）括号内的部分称为市场潜力，以保持 Harris（1954）、Krugman（1993）和 Fujita 等（1999）的传统，而 Head 和 Mayer（2006）称之为实际市场潜力（RMP），以强调价格指数 $G_i = \sum_{j=1}^{R} T_{ij}^{1-\sigma} n_i p_i^{1-\sigma}$ 的重要性，其中 n_i 是产品的种类数，p_i 是每种产品的价格。

相对于实际市场潜力，Head 和 Mayer（2006）把 $\sum_{j=1}^{R} T_{ij}^{1-\sigma} E_j$ 命名为名义市场潜力（NMP），名义市场潜力表达式中各地价格指数相同，可以看作 $G_j^{1-\sigma} = G = 1$。当 $T_{ij}^{1-\sigma} = T_{ij}^{-1}$ 时，名义市场潜力表达式等同于 Harris（1954）使用的市场潜力表达式 $\mathrm{HMP}_i = \sum_{j=1}^{R} T_{ij}^{-1} E_j$，其中总支出 E_j 衡量市场规模 M_j，运输成本 T_{ij} 用距离 d_{ij} 衡量。

实际上，贸易量对空间距离的弹性为–1 是 Head 和 Mayer（2014）等相关贸易引力模型研究文献中得到的一个稳健的实证研究结果。

RMP_i 和 HMP_i 的主要区别在于 HMP_i 中没有用价格指数 G_i 来校正。Combes 等（2008）认为，HMP_i 是 RMP_i 的一个粗略表达。然而在实证研究中，Breinlich（2006）、Head 和 Mayer（2006）分别基于这两种市场潜力定义的研究却得到相近的结果。因此，基于计算简便性和数据可得性，本章使用 HMP_i 作为实证研究中的解释变量。对工资方程［式（4.2）］取对数，用 HMP_i 作为 RMP_i 的代理变量，得到可用于实证分析的截面数据回归模型：

$$\ln y_i = C + \beta \ln \mathrm{HMP}_i + u_i \tag{4.3}$$

式（4.3）中的 u_i 项包含了省略的变量及模型假设外的影响因素，若在普通最小二乘估计中假设其服从正态分布，则可以通过选择合适的被解释变量指标选择，使其等价于空间滞后模型［式（3.25）］。然而，在 4.4 节的分析中会看到，使用中国的区域资源利用报酬数据对式（4.3）进行普通最小二乘估计，估计结果中的残差项 u_i 具有空间自相关。根据 LeSage 和 Pace（2009），忽略误差项中的空间自相关（如果存在的话），会造成解释变量系数的估计量是有偏和非有效的。

4.2.3　空间联合模型

经济活动的空间联系包括多个方面，新经济地理学中区域资源利用报酬和市场潜力的关系未必能获取所有这些方面的空间联系。新经济地理学强调的空间趋势是一种全域的“极化”现象，这种空间趋势指的是“长距离”或“大地理范围”的空间结构发展趋势。相对而言，空间计量经济学强调的空间趋势是一种局域的空间“匀化”现象。4.3 节使用市场潜力获取到的空间数据的“核心–边缘”模式正是一种长距离的空间趋势。Bivand 和 Brunstad（2006）指出，即使一个平缓的短距离空间趋势，在 Moran’s I 检验中也能表现出明显的空间相关性，而错误设定的模型不能获取这种空间趋势。

Moran’s I 检验和 Lagrange 乘数检验可以侦测出空间计量模型是否存在模型误设。空间计量模型中，模型误设最主要的原因是省略了相关解释变量，等于把相关解释变量纳入了误差项。加入生产性公共支出和私人部门投资等控制变量可以减轻模型误设的影响，但不能消除这种影响。4.3 节的分析中将会看到，对式（4.3）进行普通最小二乘估计，并对估计结果中的残差进行 Moran’s I 检验，结果仍显示出存在空间自相关。因此，本书将实证研究模型设定为

$$\begin{cases} \boldsymbol{y} = \beta_1 \mathbf{HMP} + \boldsymbol{X\beta} + \boldsymbol{u} \\ \boldsymbol{u} = \lambda \boldsymbol{W u} + \boldsymbol{\varepsilon} \end{cases} \tag{4.4}$$

其中，$\boldsymbol{y}$ 为 $n\times1$ 被解释变量向量，其中 n 为区域个数；**HMP** 为 $n\times1$ 市场潜力向量；$\boldsymbol{X}$ 为生产性公共支出、私人部门投资两个控制变量和截距项的 $n\times3$ 解释变量矩阵，包括截距项；$\boldsymbol{\beta}$ 为解释变量的 3×1 系数向量；$\boldsymbol{u}$ 为存在空间自相关的 $n\times1$ 残差向量；$\boldsymbol{\varepsilon}$ 为服从均值为 0 的正态分布的 $n\times1$ 残差向量。

4.2.4　实证模型的规范

确定实证模型为空间联合模型［式（4.4）］后，需要构建式（4.4）中的空间权重矩阵 $\boldsymbol{W}$。空间权重矩阵 $\boldsymbol{W}$ 的构建方式也有很多种，其选取是否合理，会影响到其对样本数据相互依赖作用刻画的准确性。矩阵 $\boldsymbol{W}$ 的元素 w_{ij} 表示相邻关系时，通常情况下需要用所有区域对应 i 地区的权重之和进行行标准化，使每一行的权重之和为 1。行标准化的优点在于可以将变量 y 的空间滞后项表示为相邻地区 y 变量的加权平均值。

Griffith（1996）指出，根据空间计量经济学中的简约规则，当试图获取未知的空间依赖时，不可在空间权重矩阵 $\boldsymbol{W}$ 上强加一个结构。此外，在获取局域空间趋势的研究中，限制邻域的标准所起的作用较大。具有 5 个邻域的矩阵足以检验每个区域及其周围区域之间可能的平均相互依赖作用，并且足以用于区分被解释变量和误差项空间趋势。根据 LeSage 和 Pace（2012）的分析，这种检验和区分的结果在使用多于 5 个或少于 5 个最近邻域的空间权重矩阵时具有一定的稳健性。因此，本章在对中国空间经济数据进行研究时，设海南省与广东省、广西壮族自治区相邻（下同），则各省级行政区的相邻区域在 2～8 个，且使用的基准空间权重矩阵是 5 个最近邻域的标准化最短公路距离倒数权重矩阵。

Anselin（1988a）指出，当空间权重矩阵 $\boldsymbol{W}$ 的元素 w_{ij} 用距离倒数表示时，对 $\boldsymbol{W}$ 进行每行之和为 1 的行标准化会对权重的经济意义解释造成干扰。而市场潜力是一种反映市场准入程度的指标，构建该指标需要考虑用区域间的实际距离作为运输成本的代理变量。此外，在式（4.1）中，Harris 所指出的市场潜力的外部市场潜力部分使用的是未标准化的距离倒数空间权重矩阵。市场潜力和使用其他空间权重矩阵构造的空间滞后变量之间的具体差异会在 4.3.1 小节中得到分析。

由于市场潜力可以被视为被解释变量的空间滞后项，空间联合模型［式（4.4）］在包含工资方程和市场潜力的情况下会因内生性造成最小二乘估计结果是有偏的，各变量的弹性应该通过空间滞后模型变量的总效应估计方法来估计。内生性问题的解决方法对估计结果产生重要影响，因此，在下面章节计算空间滞后模型的总效应时，同样应考虑市场潜力等空间滞后项的内生性。为消除内生性问题的影响，相关新经济地理学实证研究通常使用工具变量法、极大似然估计法或其他广义最小二乘估计法、广义距估计法对工资方程进行估计。本书各章的实证分析中，对空间滞后项的内生性问题，不是按以往文献的处理方法经验性地解决，而是针对各章所使用的数据特征重新讨论估计方法，以便研究重点聚焦于由这些空间滞后项获取的不同类型的空间依赖。

另一个计算市场潜力过程中的实际问题是，如何衡量某个区域的内部距离 d_{ii}，以计算式（4.1）中区域市场潜力的内部市场潜力部分 IMP_i。标准方法假设区域是面积为 area_i 的圆形，则区域的半径为 $r_i=\sqrt{\text{area}_i/\pi}$。Keeble 等（1982）对内部距离的计算方法为 $d_{ii}=1/3\cdot r_i\approx 0.188\sqrt{\text{area}_i}$，以衡量经济中心周围可能的内部经济活动。这种方法和剑桥计量经济学会（Cambridge Econometrics，2014）采用区域半径的 40%的处理方法类似。Breinlich（2006）、Head 和 Mayer（2006）的研究认为，如果不考虑 HMP_i 的内部市场潜力部分，会低估首都和一些直辖市等经济总量较大区域的市场准入程度，造成较大的测量误差。如果把 HMP_i 的内部市场潜力部分 IMP_i 包含进来，就又会加重市场潜力引发的内生性问题。与使用半径的 1/3 作为区域内部距离的做法相比，部分研究使用半径的 2/3 作为区域内部距离的处理方法增加了内部市场的权重，有助于区分分别使用 HMP_i 和 EMP_i 时所得到结果的差异，因此本书对内部距离的计算采用区域半径的 2/3 作为区域内部距离的处理方法。

模型的实证分析使用的是中国省级层面数据，时间跨度为 1996～2015 年。与 Redding 和 Venables（2004）、Brakman 等（2009a）的做法一致，本章中区域资源利用报酬或工资方程中的工资用人均产业增加值来反映，因为该指标更有利于实证研究结果的获取与经济意义的解释（参见 3.3 节的分析）。根据 Bai 等（2012）、韩峰和柯善咨（2012）、张方和陈凯（2016），由于中国地区间尚未形成技术外部性，人力资本及其空间滞后项等控制变量在中国工资方程的估计结果中并不显著，本章的实证模型中只包含实物资本控制变量。由于已有研究对永续盘存法初始资本规模及各地区资本折旧率的确定缺乏统一理论基础，且不同的设定造成永续盘存法计算出的资本存量出入较大，本书不使用永续盘存法计算各地区资本存量，而采用生产性公共支出和私人部门投资作为控制变量。已有研究多数按照严成樑和龚六堂（2009）的划分标准，认为生产性公共支出包括财政支出中的基本建设支出、教育支出和科研支出，但由于《中国统计年鉴》2007 年前后统计口径变动，2007 年后的财政统计拆分了“基本建设支出”指标并合并到其他指标，所以本书使用国有及国有控股企业固定资产投资作为生产性公共支出的指标，并使用私营企业和个体企业固定资产投资之和作为私人部门投资的指标。

4.3　不同解释变量的区别与规范：市场潜力和其他空间滞后变量

由于使用不同的解释变量会对估计结果产生不同影响，在使用空间计量模型进行回归之前，有必要强调市场潜力和空间计量经济学中其他类型的空间滞后变量的区别。

4.3.1　不同空间滞后权重对解释变量构建的影响

虽然 3.3.2 小节确定了被解释变量区域资源利用报酬的衡量指标为区域人均产业增加值，但作为解释变量的市场潜力及区域资源利用报酬的空间滞后项在实证模型中的处理方法仍会对实证结果产生影响。解释变量处理方法的关键在于市场潜力变量的构建。新经济地理学中的市场潜力变量通过所有样本区域资源利用报酬的加权和来构建，当加总所有样本区域的收入时，市场潜力变量值得到平滑。因此，当市场潜力作为回归模型中的解释变量时，其边际效应在邻近区域之间是相似的，从而整合了小地理范围内具有空间自相关的残差。平滑的程度取决于构建市场潜力时使用的空间权重矩阵，而平滑的结果影响到残差空间自相关的程度和对全域空间趋势的表现。图 4.1～图 4.3 显示了这种效应在新经济地理学中的市场潜力和在空间计量经济学中其他类型的空间滞后变量中的不同。

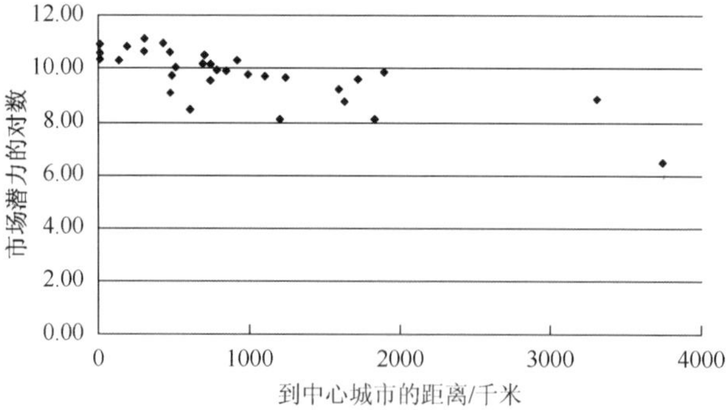

图 4.1　使用绝对距离倒数权重矩阵构建的市场潜力

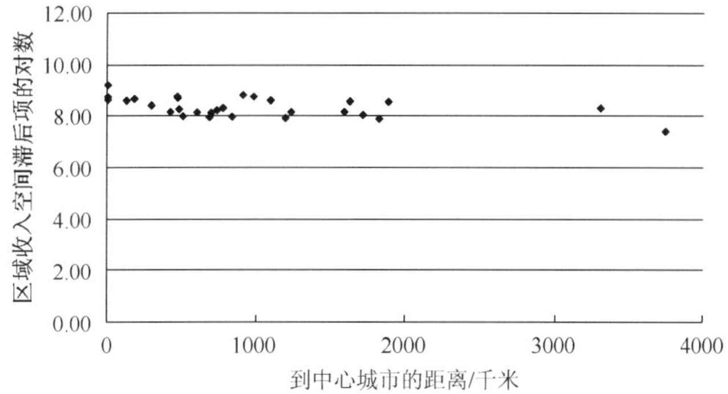

图 4.2　使用标准化最短公路距离倒数权重矩阵构建的空间滞后项

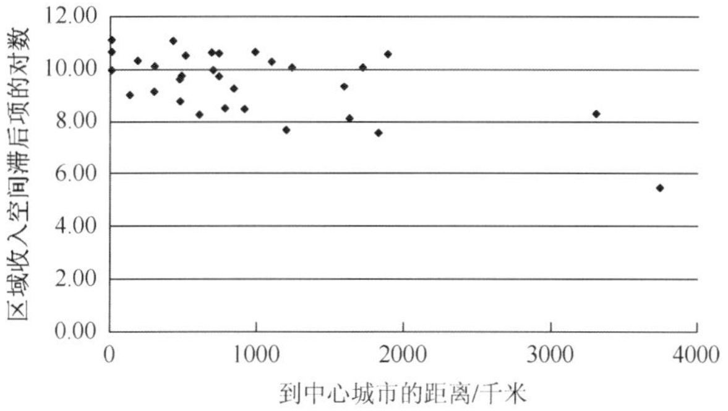

图 4.3　使用标准化包含到 5 个最近邻域最短公路距离倒数权重矩阵构建的空间滞后项

参考 Zhao 等（2009）的处理方法，以各地省会或直辖市到东部地区 3 个中心城市（北京、上海或广州）中最近一个的距离作为横轴坐标，以使用不同空间权重矩阵构建的市场潜力和空间滞后项的对数作为纵轴坐标，图 4.1～图 4.3 显示出用不同标准化权重矩阵衡量市场潜力和空间滞后变量时，市场潜力和空间滞后变量的对数值具有不同的变异性。

图 4.1 中的市场潜力呈现自东向西平缓下降的空间趋势。以绝对距离倒数为权重，通过对样本内所有区域观测值进行加总，使市场潜力变量能反映出中国区域经济活动自东向西的“核心-边缘”结构，其中绝对距离倒数的权重构建方法使具有市场潜力最大值的区域位于中国东部。用这种权重矩阵构建的市场潜力变量普遍应用于新经济地理学实证文献中，如 Redding 和 Venables（2004）、Hanson（2005）、Niebuhr（2006）等。然而，这种加总效应使市场潜力的空间自相关程度高于区域资源利用报酬。

对样本内所有区域观测值进行加总，从而对变量值产生的平滑效应，可以从图 4.2 中明显观察出。图 4.2 使用的是标准化距离倒数空间权重矩阵。不同于直接用绝对距离倒数作为空间权重，所有标准化距离倒数空间权重之和为 1，因而和图 4.1 相比，变量值在纵轴上的分散程度降低，即降低了数据的变异性，不能反映出中国区域经济活动的“核心-边缘”结构。同时，使用该权重矩阵构建的空间滞后项，不包含地理距离的折扣因子，失去了市场准入的经济学意义，用于实证研究时会增加估计结果的解释难度。

图 4.3 显示的是仅考虑 5 个最近的邻域时，使用标准化公路距离倒数的权重矩阵构建的空间滞后变量值。基于简约性原则，以及为获取小地理范围的空间趋势，空间计量经济学模型通常限制邻域的选择标准。在仅考虑 5 个最近的邻域的情况下，空间滞后变量对数值在空间维度上显示出较高的分散程度，与图 4.2 比较可知，在这类空间滞后变量的构建中，距离倒数矩阵的标准化并未起到重要作用。实际上，图 4.3 中的空间滞后变量对数值散点图与使用标准化包含 5 个最近邻域的二元邻接矩阵时的空间滞后变量的散点图相似，因而本书未显示使用二元邻接矩阵作为空间权重矩阵构建的空间滞后变量的散点图。两种空间权重矩阵构建出空间滞后变量值相似的原因是考虑的邻域个数减少到最近的 5 个，接近中国各省级行政区的相邻区域在 2～8 个的实际情况。然而，如果使用二元邻接矩阵，在估计空间模型时图 4.3 中可能导致自相关的一些异常值会消失。

4.3.2 “对数值的空间滞后项”与“空间滞后项的对数值”问题

在构造解释变量时，除了空间权重的选择之外，新经济地理学的市场潜力变量和空间计量经济学中的空间滞后变量在指标选择与处理方式上还有一些不同。一方面，在工资方程的理论框架下，市场潜力可以看作区域总收入的空间滞后项，而空间滞后模型中的空间滞后变量是区域人均收入的空间滞后项。而从已有实证研究文献来看，使用区域人均收入的实证结果普遍比使用区域总收入的实证结果更为显著，且 3.3.2 小节的分析结果也显示出使用区域人均收入的合理性。另一方面是“对数值的空间滞后项”与“空间滞后项的对数值”问题。工资方程实证研究中，市场潜力需要作对数处理，所以显示为空间滞后项的对数值。而空间计量经济学对空间权重 $\boldsymbol{W}$ 的构建适用于它在回归模型中作为滞后乘子的情况，因此空间计量模型中的空间滞后变量显示为对数值的空间滞后项。

为了说明空间滞后项的对数值或者对数值的空间滞后项在实证研究中的差别，并同时验证使用区域人均收入与使用区域总收入的差别，用 y 表示区域人均收入，Y 表示区域总收入，w_1 表示考虑所有区域绝对距离倒数权重矩阵的元素，w_2 表示考虑所有区域标准化最短公路距离倒数权重矩阵的元素，w_3 表示使用标准化包含到 5 个最近邻域最短公路距离倒数权重矩阵的元素，计算这些备选解释变量之间及其与被解释变量之间的相关系数，如表 4.1 所示。

表 4.1　备选解释变量之间及其与被解释变量之间的相关系数（2012 年）

	$\ln y$	lnHMP	lnEMP	$\ln w_1 y$	$\ln w_2 y$	$\ln w_3 y$	$w_1 \ln y$	$w_2 \ln y$	$w_3 \ln y$	$w_3 \ln Y$
变量	区域人均收入的对数	市场潜力的对数	外部市场潜力的对数	区域人均收入空间滞后项的对数			区域人均收入对数的空间滞后项			区域总收入对数的空间滞后项
邻域		所有区域	所有区域	所有区域	所有区域	5 个最近邻域	所有区域	所有区域	5 个最近邻域	5 个最近邻域
权重		绝对距离倒数	绝对距离倒数	绝对距离倒数	标准化最短公路距离倒数	标准化最短公路距离倒数	绝对距离倒数	标准化最短公路距离倒数	标准化最短公路距离倒数	标准化最短公路距离倒数
$\ln y$	1.00	0.54	0.47	0.29	0.25	0.22	0.47	0.61	0.69	0.33
lnHMP	0.54	1.00	0.96	0.64	0.50	0.47	0.93	0.65	0.53	0.59
lnEMP	0.47	0.96	1.00	0.67	0.54	0.52	0.97	0.70	0.57	0.63
$\ln w_1 y$	0.29	0.64	0.67	1.00	0.77	0.71	0.54	0.59	0.45	0.72
$\ln w_2 y$	0.25	0.50	0.54	0.77	1.00	0.78	0.39	0.47	0.46	0.92
$\ln w_3 y$	0.22	0.47	0.52	0.71	0.78	1.00	0.37	0.43	0.44	0.93
$w_1 \ln y$	0.47	0.93	0.97	0.54	0.39	0.37	1.00	0.67	0.54	0.48
$w_2 \ln y$	0.61	0.65	0.70	0.59	0.47	0.43	0.67	1.00	0.91	0.53
$w_3 \ln y$	0.69	0.53	0.57	0.45	0.46	0.44	0.54	0.91	1.00	0.51
$w_3 \ln Y$	0.33	0.59	0.63	0.72	0.92	0.93	0.48	0.53	0.51	1.00

表 4.1 中，$\ln y$ 为工资方程的被解释变量，ln HMP 和 ln EMP 为工资方程的解释变量，分别为市场潜力和外部市场潜力的对数。$\ln w_2 y$ 和 $\ln w_3 y$ 是用不同空间权重矩阵构建的区域资源利用报酬空间滞后项的对数，用以和 $\ln w_1 y$ 作对比。通过比较 $\ln w_1 y$、$\ln w_2 y$ 和 $\ln w_3 y$ 可发现这三列相关系数值接近，再次证实了 3.5.1 小节中标准化有限邻域空间距离倒数矩阵所起作用有限的结论。

$w_1 \ln y$、$w_2 \ln y$ 和 $w_3 \ln y$ 是不同类型的区域人均收入对数值的空间滞后项，$\ln w_1 y$、$\ln w_2 y$、$\ln w_3 y$ 和 $w_1 \ln y$、$w_2 \ln y$、$w_3 \ln y$ 的对比解决了本书中的“对数值的空间滞后项”与“空间滞后项的对数值”问题。相较于空间滞后项的对数值，空间滞后模型使用的对数值的空间滞后项与被解释变量 $\ln y$ 更相关。而比较 $w_3 \ln y$、$w_3 \ln Y$ 和 $\ln y$ 的相关系数可知，使用区域人均收入比使用区域总收入效果更好。由于 $w_3 \ln y$ 和 $\ln y$ 的相关系数相对较大，$w_3 \ln y$ 将被选作实证模型中的空间滞后项。

外部市场潜力的对数 ln EMP 和被解释变量 $\ln y$ 的相关系数为 0.47，当邻域个数降为 5 个且进行标准化后，该相关系数降到 0.22。外部市场潜力的对数与用绝对距离倒数构建的区域人均收入滞后项的对数获取的信息相同，因此 ln EMP 和 $w_1 \ln y$ 的相关系数高达 0.97。比较 $w_1 \ln y$ 和 $w_3 \ln y$ 发现，在使用 5 个最近邻域的标准化最短公路距离倒数权重矩阵代替所有邻域的绝对距离倒数权重矩阵后，解释变量与被解释变量的相关系数从 0.47 上升到 0.69。$w_3 \ln y$ 和 ln EMP 的相关系数仍高达 0.57，与 ln HMP 的相关系数仍高达 0.53，这说明在空间滞后模型中同时使用被解释变量的空间滞后项和市场潜力变量可能产生多重共线性问题，因此在获取数据的空间依赖证据时，需尽量避免同一模型中出现这两类变量，而在本章研究中的做法是分别使用被解释变量的空间滞后项和市场潜力变量对空间联合模型进行估计。

4.4 中国的空间经济模式及空间自相关检验

现有研究表明，中国区域收入的空间分布呈现出一种新经济地理学意义上的“核心-边缘”模式，其中东部地区是这种模式中的核心地区，中部地区和西部地区是这种模式中的边缘地区，相对于核心地区，边缘地区具有较低的区域收入。根据新经济地理学工资方程反映的关系，区域收入主要取决于市场潜力。表 4.2 显示了 2012 年中国 31 个省级行政区（不包括港澳台地区）的市场潜力 HMP_i 的对数。从表 4.2 可以看出，市场潜力较高的山东、江苏、浙江和广东都位于东部地区，而市场潜力较低的宁夏、青海和西藏都位于西部地区。

表 4.2 2012 年中国 31 个省区市市场潜力对数

省区市	市场潜力对数	省区市	市场潜力对数
北京	11.046 19	湖北	10.246 64
天津	11.168 81	湖南	10.061 53
河北	10.207 09	广东	10.669 76
山西	10.074 56	广西	9.967 956
内蒙古	10.706 1	海南	10.110 07
辽宁	10.667 61	重庆	10.335 88
吉林	10.381 65	四川	9.919 241
黑龙江	10.174 57	贵州	9.554 573
上海	11.045 25	云南	9.653 45
江苏	10.841 58	西藏	9.751 478
浙江	10.777 96	陕西	10.243 5
安徽	9.978 051	甘肃	9.639 323
福建	10.604 79	青海	9.913 277
江西	9.977 317	宁夏	10.122 03
山东	10.561 16	新疆	10.063 28
河南	10.050 2		

由于表 4.2 不能直观体现出中国区域市场潜力的空间分布趋势，接下来使用全域多项式插值法，拟合市场潜力对于地理坐标的函数，进行趋势面分析。全域多项式插值法拟合的函数所定义的空间趋势面是平滑的，从而消除了区域的异质性尺寸与几何形态带来的视觉扭曲，可以更明确地显示市场潜力的全域空间分布趋势。其中，地理坐标选取各省级行政中心的坐标，多项式的阶数选取二阶。由全域多项式插值法拟合的市场潜力趋势面如图 4.4 所示。

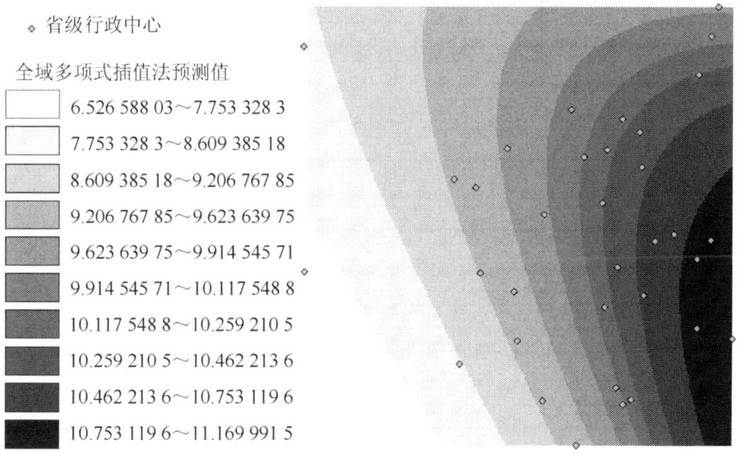

图 4.4　2012 年中国区域市场潜力趋势面分析

由图 4.4 可知，中国区域市场潜力的空间分布呈现自东向西梯级递减的结构，进一步明确了中国区域市场潜力的空间分布服从以东部地区为核心的“核心-边缘”模式，然而这种空间特征并不是无偏和有效的。普通最小二乘估计只能获取零均值的残差序列，不能解决残差的空间自相关问题。表 4.3 显示了 2012 年中国 31 个省级行政区的收入对市场潜力最小二乘估计的残差。其中，负残差值表示市场潜力对区域收入预测过低，正残差值表示市场潜力对区域收入预测过高。

表 4.3　中国 31 个省区市收入对市场潜力回归的残差（2012 年）

省区市	收入对市场潜力回归的残差	省区市	收入对市场潜力回归的残差
北京	–0.478 18	湖北	–0.442 66
天津	0.419 755	湖南	–0.499 76
河北	–0.781 77	广东	–0.740 94
山西	–0.213 98	广西	–0.063 32
内蒙古	0.736 399	海南	0.644 224
辽宁	0.132 307	重庆	0.305 399
吉林	0.277 855	四川	–0.461 74

续表

省区市	收入对市场潜力回归的残差	省区市	收入对市场潜力回归的残差
黑龙江	0.000 472	贵州	–0.134 62
上海	–0.189 56	云南	–0.084 25
江苏	–0.677 85	西藏	2.460 913
浙江	–0.470 52	陕西	0.260 022
安徽	–0.954 36	甘肃	0.459 276
福建	0.290 894	青海	1.735 699
江西	–0.303 31	宁夏	1.681 673
山东	–0.764 86	新疆	0.793 071
河南	–0.717 71		

根据表 4.3 可知，工资方程的残差在空间上发生聚类。空间上的聚类是指当市场潜力对一个区域收入的预测过低（或过高）时，它对该区域的邻近区域收入也有过低（或过高）的预测。由表 4.3 可知，市场潜力对东部地区收入预测普遍偏低，而对西部地区收入预测普遍偏高。偏高预测值在某些研究区域中发生聚类，而偏低预测值在其他研究区域中发生聚类，可以视为残差存在正向的空间自相关。

根据 3.2.1 小节的分析，通过计算市场潜力及普通最小二乘估计残差的 Moran's I 统计量，可检验市场潜力及残差的空间自相关，结果如表 4.4 所示。根据表 4.4 的计算结果，市场潜力、外部市场潜力及区域收入对这两个变量分别进行最小二乘回归的残差的 Moran's I 统计量的 p 值均为 0，因此，对于市场潜力、外部市场潜力及以两者作为解释变量的最小二乘估计残差，都拒绝不存在空间自相关的假设。

表 4.4　变量（对数值）及普通最小二乘估计残差的空间自相关检验（2012 年）

	Moran's I 统计量	p 值
区域收入	0.3315	0.0000
市场潜力	0.5836	0.0000
外部市场潜力	0.4942	0.0000
对市场潜力回归的残差	0.3910	0.0000
对外部市场潜力回归的残差	0.3727	0.0000

注：根据中国 31 个省级行政区 2012 年的截面数据计算得出。Moran's I 检验使用行标准化的 5 个最近邻域的最短公路距离倒数矩阵

综上可知，用区域收入对市场潜力变量回归来获取中国区域收入的空间依赖，会由残差的空间自相关造成估计结果有偏和不一致，违反了最小二乘估计法的经典假设，因此，需要在考虑残差的空间自相关的情况下结合空间计量方法来对中国区域收入空间依赖进行估计。

4.5　计量结果与稳健性检验

对于中国区域资源利用报酬的空间依赖，本书在同时考虑经济活动其他方面的空间自相关的情况下进行检验，做法是在空间联合模型中引入市场潜力变量，考察估计结果中其参数估计量的显著性。

4.5.1　普通最小二乘估计结果

首先，对式（4.3）进行普通最小二乘估计，结果如表 4.5 所示。由于存在空间自相关及内生性问题，普通最小二乘估计结果不能得到准确的检验结论，不能证明中国区域资源利用报酬存在空间依赖，但从普通最小二乘回归结果中仍可得到以下两个结论：第一，外部市场潜力 EMP、生产性公共支出 K 和私人部门投资 G 变量能解释区域人均收入总变异的一半以上。相较第（3）列和第（4）列而言，当第（1）列和第（2）列使用包含内部市场潜力 HMP 的解释变量时，可决系数并无较大改进，这与 4.3.2 小节的相关系数分析结果一致。第二，Moran's I 统计量的 p 值显示，所有模型的残差存在空间自相关，这与 4.4 节的分析结果一致。

表 4.5　普通最小二乘估计结果（2012 年）

	HMP 单变量回归（1）	HMP、K、G 多变量回归（2）	EMP 单变量回归（3）	EMP、K、G 多变量回归（4）
c	3.27^{***} （0.05）	3.54^{*} （0.02）	3.49^{***} （0.39）	6.23 （1.34）
lnHMP	0.87^{***} （0.03）	0.79^{***} （0.00）		
lnEMP			0.74^{***} （0.00）	0.66^{*} （0.09）
ln$K$		0.07 （0.45）		0.13 （0.63）
ln$G$		0.18^{**} （0.03）		0.24^{**} （0.00）
可决系数	0.41	0.58	0.33	0.54
调整的可决系数	0.41	0.57	0.33	0.53
F 值	102.63	135.64	67.93	115.30
Moran's I 统计量的 p 值	0.00	0.00	0.00	0.00
残差的 Moran's I 统计量	0.54	0.49	0.58	0.35

注：括号内为标准差。被解释变量为 ln$Y$

***、**、*分别表示在 1%、5%和 10%的水平上显著

4.5.2　LM 检验和 RLM 检验

为了纠正普通最小二乘估计不能克服的空间自相关，需要用空间计量模型来进行回归。在此之前，根据 3.2.3 小节的介绍，需要通过 Florax 等（2003）或李子奈和叶阿忠（2012）提出的 LM 检验和 RLM 检验及决策规则来选择合适的空间计量模型。被解释变量空间依赖的 LM 检验、残差空间自相关的 LM 检验、被解释变量空间依赖的 RLM 检验及残差空间自相关的 RLM 检验等四项检验结果在表 4.6 中列出。

表 4.6　LM 检验和 RLM 检验结果（2012 年）

	市场潜力		外部市场潜力	
	有控制变量	无控制变量	有控制变量	无控制变量
控制变量	是	否	是	否
LM（lag）	6.97*** (0.01)	1.62** (0.01)	17.46*** (0.19)	5.23*** (0.02)
RLM（lag）	3.33*** (0.03)	15.154** (2.01)	19.80** (0.38)	6.25** (0.04)
LM（error）	16.68*** (0.90)	10.09*** (0.16)	17.82*** (3.63)	3.42** (0.01)
RLM（error）	25.05*** (1.30)	13.04*** (0.79)	18.85*** (2.10)	5.68** (0.32)

注：该表是针对表 4.5 估计结果残差的检验结果。括号内为标准差

***、**分别表示在 1%、5%的水平上显著

根据表 4.6 的检验结果，空间自回归效应和残差空间自相关效应的 LM、RLM 检验统计量都显著，表明模型中同时存在被解释变量的空间滞后和误差项的空间自相关，因此适用 4.2.3 小节提出的空间联合模型。

4.5.3　极大似然估计结果

在确定以市场潜力代替空间滞后项的空间联合模型为适用的空间计量模型之后，采用极大似然估计方法进行模型估计。另外，从空间计量模型的作用来看，空间滞后模型在和工资方程的对比方面更有优势。基于以上原因，表 4.7 列出了空间滞后模型和空间联合模型两种空间计量模型的极大似然估计结果。

表 4.7　极大似然估计结果（2012 年）

	空间滞后模型		空间联合模型					
	（1）	（2）	（3）	（4）	（5）	（6）	（7）	（8）
c	3.27*** （0.19）	9.54* （1.35）	13.49** （2.10）	6.23*** （0.06）	5.21*** （0.27）	7.55*** （1.03）	5.38*** （0.36）	5.09*** （0.11）
w_3u			0.28** （0.02）	0.39*** （0.00）	0.90*** （0.24）	0.84*** （0.40）	0.78** （0.21）	0.80** （0.17）
$w_3\ln y$	0.50*** （0.07）	0.36** （0.10）	0.80*** （0.00）	0.54*** （0.00）				
lnHMP					0.41** （0.09）	0.34** （0.05）		
lnEMP							0.55*** （0.03）	0.49*** （0.10）
$\ln K$		0.19* （0.06）		0.33* （0.10）		0.07 （0.36）		0.03 （0.95）
$\ln G$		0.18*** （0.00）		0.24*** （0.01）		0.04* （0.00）		0.15** （0.02）
AIC 值	−10.33	−13.64	−7.93	15.29	7.30	44.43	−6.61	14.63
RLM（error）检验的 p 值	0.27	0.00	0.22	0.15	0.47	0.61	0.41	0.49
残差方差	0.28	0.31	0.24	0.33	0.52	0.63	0.74	0.50
Moran's I 统计量的 p 值	0.00	0.00	0.00	0.00	0.70	0.65	0.81	0.73
残差的 Moran's I 统计量	0.39	0.33	0.07	0.03	0.13	0.19	0.07	0.00

注：被解释变量为 $\ln y$。括号内为标准差。表中 AIC 为赤池信息量准则，即 Akaike information criterion，简称 AIC，是衡量统计模型拟合优良性的一种标准，是由日本统计学家赤池弘次创立和发展的。赤池信息量准则建立在熵的概念基础上，可以权衡所估计模型的复杂度和此模型拟合数据的优良性

***、**、*分别表示在 1%、5%和 10%的水平上显著

此外，市场潜力作为工资方程的自变量，可视为区域资源利用报酬的空间滞后项，根据 LeSage 和 Pace（2009）提出的空间滞后模型处理方法，市场潜力的影响需要通过效应分解来评估。表 4.8 给出了空间联合模型中变量的直接效应、间接效应和总效应。需要说明的是，鉴于本章使用的空间计量模型所考察的并非人均收入和市场潜力的直接关系，所有参数估计值都是弹性的估计值。

表 4.8　空间滞后模型中变量的效应分解（2012 年）

模型	变量	直接效应	间接效应	总效应
（1）	$w_3\ln y$	0.12	0.39	0.51
（2）	$w_3\ln y$	0.20	0.47	0.67
	$\ln K$	0.15	0.18	0.33
	$\ln G$	0.29	0.52	0.81

续表

模型	变量	直接效应	间接效应	总效应
（3）	$w_3\ln y$	0.13	0.22	0.35
（4）	$w_3\ln y$	0.11	0.13	0.24
	$\ln K$	0.05	0.10	0.15
	$\ln G$	0.35	0.56	0.91

注：此表列出的是表 4.7 中模型解释变量的效应分解

鉴于本章的研究目的是检验中国区域资源利用报酬空间依赖是否存在，此处实证检验的结果分析应聚焦于参数估计值的显著性，而非参数估计值本身的大小。市场潜力在所有模型的估计结果中都对区域资源利用报酬有显著的正向影响，外部市场潜力在个别模型估计结果中的显著性相对较弱，但大都在 5%的水平上显著。需要注意的是，当使用政府支出作为控制变量时，表 4.5 中两种市场潜力变量系数的最小二乘估计值接近表 4.7 空间滞后模型中空间滞后变量系数的估计值。表 4.8 中对空间滞后模型中各变量总效应的估计接近表 4.7 中空间滞后模型的系数估计值，且效应分解表明各变量的间接效应大于直接效应。

4.5.4　稳健性检验

对于表 4.7 的估计结果的稳健性，本章进行了两项检验：第一，保持 2012 年截面数据不变，使用考虑 5 个最近邻域的标准化二元邻接权重矩阵，重新构造解释变量，得到不同的样本观测值，并重新对空间滞后模型和空间联合模型进行了极大似然估计，估计结果如表 4.9 所示；第二，保持变量构造方法不变，使用 2014 年的中国区域经济截面数据重新计算了所有指标，得到不同的样本观测值，并重新对空间滞后模型和空间联合模型进行了极大似然估计，估计结果如表 4.10 所示。

表 4.9　稳健性检验结果一（2012 年）

	空间滞后模型		空间联合模型					
	（1）	（2）	（3）	（4）	（5）	（6）	（7）	（8）
c	13.10***	22.03***	16.07***	8.87***	8.69**	7.61**	9.43***	9.21***
	（0.49）	（1.75）	（0.47）	（0.43）	（0.62）	（0.16）	（0.51）	（0.56）
w_3u			0.52**	0.39***	0.63***	0.48**	0.82*	0.31**
			（0.09）	（0.00）	（0.04）	（0.00）	（0.34）	（0.01）
$w_3\ln y$	0.36**	0.32*	0.31*	0.73***				
	（0.00）	（0.06）	（0.09）	（0.14）				

续表

	空间滞后模型		空间联合模型					
	(1)	(2)	(3)	(4)	(5)	(6)	(7)	(8)
lnHMP					0.46* (0.11)	0.28* (0.08)		
lnEMP							0.29 (0.32)	0.18 (0.28)
ln*K*		0.09 (0.34)		0.04 (0.45)		0.17 (0.99)		0.10 (0.92)
ln*G*		0.16* (0.03)		0.21** (0.00)		0.04 (0.02)		0.15* (0.03)
AIC 值	−19.35	55.62	6.98	−12.27	5.30	14.48	11.63	17.61
RLM（error）检验的 *p* 值	0.07	0.16	0.03	0.05	0.50	0.63	0.44	0.53
残差方差	0.29	0.33	0.21	0.33	0.49	0.66	0.76	0.53
Moran's I 统计量的 *p* 值	0.01	0.05	0.00	0.02	0.72	0.64	0.80	0.77
残差的 Moran's I 统计量	0.40	0.34	0.04	0.06	0.10	0.08	0.01	0.02

注：被解释变量为 ln *y* 。括号内为标准差

***、**、*分别表示在 1%、5%和 10%的水平上显著

表 4.10　稳健性检验结果二（2014 年）

	空间滞后模型		空间联合模型					
	(1)	(2)	(3)	(4)	(5)	(6)	(7)	(8)
c	5.10*** (0.31)	12.13*** (0.43)	16.59** (1.31)	11.18*** (1.30)	6.98** (0.35)	8.32* (0.20)	7.99** (0.81)	8.50** (1.47)
w_3u			0.20** (0.02)	0.33*** (0.00)	0.75** (0.05)	0.44* (0.03)	0.47** (0.18)	0.39* (0.38)
$w_3\ln y$	0.39*** (0.09)	0.44** (0.10)	0.51* (0.24)	0.47** (0.20)				
lnHMP					0.26* (0.03)	0.83** (0.15)		
lnEMP							0.51* (0.04)	0.42* (0.14)
ln*K*		0.35*** (0.01)		0.30* (0.07)		0.06 (0.72)		0.14 (1.20)
ln*G*		0.30*** (0.00)		0.26*** (0.04)		0.06* (0.00)		0.12** (0.04)
AIC 值	8.34	55.66	−6.97	10.33	9.28	18.47	−10.58	58.64

续表

	空间滞后模型		空间联合模型					
	（1）	（2）	（3）	（4）	（5）	（6）	（7）	（8）
RLM（error）检验的 p 值	0.20	0.01	0.25	0.19	0.12	0.53	0.30	0.53
残差方差	0.28	0.36	0.26	0.30	0.52	0.68	0.79	0.49
Moran's I 统计量的 p 值	0.01	0.01	0.01	0.03	0.21	0.29	0.32	0.65
残差的 Moran's I 统计量	0.36	0.37	0.01	0.03	0.08	0.12	0.02	0.09

注：被解释变量为 $\ln y$ 。括号内为标准差

***、**、*分别表示在 1%、5%和 10%的水平上显著

由表 4.9 中的稳健性检验结果可知，外部市场潜力系数估计值的显著性对空间权重矩阵构造方法的变化较为敏感。表 4.7 模型（8）中外部市场潜力系数估计值是显著的，而在表 4.9 中改变解释变量构造方法后的外部市场潜力系数估计值并不显著。由表 4.10 的稳健性检验结果可知，以 2014 年的中国区域经济数据计算出的观测值为样本，使外部市场潜力系数估计值的显著水平由表 4.7 中的 1%减弱至 10%，但估计结果仍是显著的，因此使用 2014 年的数据作为样本未影响到表 4.7 估计结果的稳健性。

由于市场潜力不同于解释变量的空间滞后项，对单纯使用市场潜力变量的工资方程进行检验时引出了误差项的空间自相关问题，该问题不仅对估计结果的性质产生影响，还对空间滞后模型的效应评估产生影响。此外，由于内生性问题，考虑内部市场潜力时 RLM（error）检验的 p 值会降低。通过稳健性检验可知，当使用空间计量技术估计新经济地理学工资方程时，其实证检验的结果受一些技术细节的影响，其中使用外部市场潜力的估计结果对空间权重矩阵 $\boldsymbol{W}$ 的选择较为敏感。

第5章　中国区域资源利用空间依赖的变化趋势

5.1　理 论 背 景

根据新经济地理学工资方程的推论，空间经济结构中的边缘地区和核心地区之间有一定的空间距离，导致边缘地区在劣势的经济地理因素制约作用下通常具有较低收入，而这种经济地理因素的制约作用在空间计量经济学中被表达为空间依赖，可由空间滞后变量或工资方程中的市场潜力变量来获取。空间经济结构中边缘地区收入较低引起的区域发展不平衡问题引起了学者的广泛关注。政府为促进区域协调发展，通常采取向较低收入地区倾斜的区域经济政策，这些政策对区域协调发展的作用效果值得深入分析。

5.1.1　“距离的诅咒”的提出及其在中国现实经济中的发展

由新经济地理学一般均衡框架得出的边缘地区收入较低的推论，与 Clark 等（1969）、Keeble 等（1982）、Faíña 和 López-Rodríguez（2006）对欧洲经济活动空间分布的考察结果相一致。多数基于中国经济数据的实证研究得出了相同或相近的结论，例如，范剑勇和张雁（2009）基于新经济地理学工资方程的实证研究认为，中国的区域资源利用报酬差距同样可归因于各地区对外部市场的准入程度即市场潜力的差距；张秀生和陈慧女（2008）、王培暄（2012）基于不同理论的实证研究同样认为，经济地理或区位因素是造成当前中国东部与中西部经济差距的主要因素之一。Fingleton 和 Mccann（2007）、Linders 等（2008）、Disdier 和 Head（2008）基于欧洲经济数据的实证研究发现，这种经济地理因素对区域资源利用报酬的影响随着区域间交通设施的进步反而不断增强。Boulhol 和 de Serres（2010）最先把这种经济地理因素对区域资源利用报酬的影响不断增强的现象称为“距离的诅咒”。

“距离的诅咒”问题产生于新经济地理学的“核心-边缘”空间经济模式之中。许政等（2010）的研究指出，这种“核心-边缘”空间经济模式和中国区域资源利用报酬自东向西梯级递减的分布模式是一致的。中国中西部地区相对较低的收入和这些地区经济地理上的边缘性也是一致的，而目前尚无研究检验“距离的诅咒”现象是否同样存在于中国。然而，在过去十几年间，中国政府实施了西部大开发、中部崛起和东北振兴等经济战略，加强了中西部地区的基础设施建设，在一定程度上改变了中西部地区收入对经济地理因素的依赖，进而会对全国所有地区收入的空间依赖产生影响。本章基于新经济地理学工资方程，计算了 1996～2015 年市场潜力对中国区域资源利用报酬的截面效应，分析了近 20 年来中国区域资源利用报酬空间依赖的变化趋势，发现中国区域经济战略的实施背景与区域资源利用报酬空间依赖出现的转折在时间上具有一致性，为中国区域经济战略对“距离的诅咒”的削弱作用提供了证据。

5.1.2 相关实证研究路径的回顾

关于区域资源利用报酬空间依赖的变化，以往文献中存在三条主要的实证研究路径。首先，以往的新经济地理学文献在区域资源利用报酬空间依赖变化研究上取得了有限的进展。Redding（2013）认为基于新经济地理学的实证研究在区域资源利用报酬空间依赖存在性的验证上取得了一定成功，如 Redding 和 Schott（2003）、Redding 和 Venables（2004），这类文献在新经济地理学研究框架内分析了边缘性对区域资源利用报酬的影响。其中一部分研究如López-Rodríguez和Faíña（2006）、Breinlich（2006）、刘修岩等（2007）等估计了不同时期同一研究样本区域的工资方程，而忽视了工资方程截面数据估计结果在时间维度上的变化，也未对估计结果进行敏感性分析。

其次，大量基于空间计量经济学的研究检验了中国区域经济增长的趋同或收敛，如林毅夫和刘明兴（2003）、彭国华（2005）、邹薇和周浩（2007）、覃成林和张伟丽（2009）、史修松和赵曙东（2011）、何雄浪等（2013）、朱国忠等（2014）、杨朝峰等（2015）的研究。国外方面，Monfort（2008）、Borsi 和 Metiu（2013）研究了欧洲地区的经济趋同。这类研究以新古典增长理论或新增长理论为基础，通过实证分析得到区域经济趋同的证据，认为区域经济增长模式和区域的初始收入水平相关。虽然区域经济总量或增长率的趋同不能反映区域资源利用报酬空间依赖的变化趋势，但是如果考虑经济地理因素与区域的初始收入水平之间的相关性，这类研究结论就和“距离的诅咒”密不可分。

最后一条实证研究路径是对“距离之谜”和“距离的诅咒”的研究。在贸易全球化的背景下，尽管运输成本在不断减小，而多数贸易方面的实证研究得到的结果发现贸易量对距离的弹性没有随时间的推移而减小，Disdier 和 Head（2008）称之为“距离之谜”。相关文献对此有不同的解释，但到目前还没有一个广为接受的答案。“距离之谜”是关于距离对贸易量的影响的预测，而“距离的诅咒”是以贸易为基础关于市场潜力对收入的影响的预测。当使用贸易引力模型中的变量形式构造市场潜力变量时［如 Redding 和 Venables（2004）的研究中使用的变量构造方法］，“距离的诅咒”就等价于“距离之谜”。Breinlich（2006）、Head 和 Mayer（2006）的研究表明，在对欧洲地区的工资方程的估计中，使用贸易引力模型中的变量形式构造市场潜力变量和使用 Harris（1954）提出的更简单的方法构造市场潜力变量能得到相似的结果。本书使用 Harris（1954）提出的市场潜力变量构造方法，逐年估计了 1996～2015 年中国的截面工资方程，避免了由“距离之谜”产生的经济意义解释问题。

5.1.3　需要解决的问题

Harris 所指出的市场潜力可看作用距离倒数加权的各地区收入的空间滞后项。假定各期市场潜力变量的构造方式一致，则各期不同的市场潜力系数估计值可看作区域资源利用报酬空间依赖的变化标志，对于边缘地区来说，这些随时间变化的系数估计值可直接用于对“距离的诅咒”变化的分析。

然而，使用 Harris 所指的市场潜力对新经济地理学工资方程的实证研究具有一定的局限性：新经济地理学用距离作为贸易成本的代理变量，但是距离有多种不同意义的测量，Rodríguez-Pose（2010）的研究表明，所有基于距离测量对工资方程进行实证估计的结果都会受到距离测量方法的影响。此外，相对于其他地区经济活动对本地收入的影响，一个地区内部的经济活动在更大程度上影响本地收入，而加入对区域内部经济活动的考虑，会进一步增加模型的内生性问题。这些问题在很大程度上被先前的文献忽视，且超出了新经济地理学领域的研究视角。

据此，本章分析了包含与不包含内部市场潜力及是否使用工具变量的情况下，不同形式的工资方程估计结果的稳健性。设定一个考虑生产性公共支出与私人部门投资因素两个控制变量的基准形式的工资方程，分别使用极大似然估计法和工具变量两阶段最小二乘法估计中国区域资源利用报酬的空间依赖。包含控制变量的基准形式的工资方程有以下优点：①包含控制变量可以获取一部分中国区域经济战略的外生影响；②包含控制变量是一种量化空间依赖的谨慎做法；③包含控制变量可以提高模型估计结果的稳健性。虽然 Breinlich（2006）、Boulhol 等（2008）的研究表明，包含控制变量时估计的区域资源利用报酬空间依赖显著性降低，但是本书通过对该基准形式工资方程的估计，仍得到中国区域资源利用报酬空间依赖的显著结果，并发现了中国区域资源利用报酬对市场潜力的弹性在样本期内增长趋势减缓并出现转折的证据。然而，由第 4 章的分析可知，该结果对解释变量构造形式及估计方法较为敏感。

5.2 模型设定

5.2.1 理论模型

新经济地理学工资方程把区域资源利用报酬表示为该地区市场潜力的函数。根据 Head 和 Mayer（2006）推导的工资方程，均衡状态下 i 地区的名义工资 y_i 是该地区出售到所有 R 个地区的包含两种要素的商品的加权和的函数。其中一种要素反映 j 地区（$j=1,2,\cdots,R$）对 i 地区生产的商品的需求，用 j 地区用于消费制造业商品的总支出 $\mu_j E_j$ 除以一个 j 地区竞争水平因子 $S_j^{1-\sigma}$ 的商来表示，其中 σ 为反映产品差异化程度的产品替代弹性，μ_j 为制造业商品的支出份额；另一种要素确定了 i 地区商品销售到 j 地区的贸易成本，用 i 地区到 j 地区运输成本 T_{ij} 的 $(1-\sigma)$ 次幂来表示。均衡状态下的工资方程为

$$y_i=\left(\sum_{j=1}^{R}T_{ij}^{1-\sigma}\frac{\mu_j E_j}{S_j^{1-\sigma}}\right)^{\frac{1}{\sigma}}=(\mathrm{RMP}_i)^{\frac{1}{\sigma}} \tag{5.1}$$

Head 和 Mayer（2006）把式（5.1）括号内的部分称为实际市场潜力。Krugman（1992，1993）强调了实际市场潜力的表达式和 Harris（1954）提出的市场潜力测量公式 $\mathrm{HMP}_i=\sum_{j=1}^{R}T_{ij}^{-1}E_j$ 的相似性。Harris（1954）提出的市场潜力测量公式中，E_j 通常用来衡量 j 地区的市场规模。根据 Combes 等（2008）总结的处理方法，为了使 RMP_i 转化为 HMP_i，有必要假设各地区的制造业产品支出份额相等，即 $\mu_j=\mu=1$，Fujita 等（1999）亦采用了同样的处理方法；根据 Head 和 Mayer（2014）等的相关贸易引力模型研究文献中得到的稳健的实证研究结果，还需假设 $T_{ij}^{1-\sigma}=T_{ij}^{-1}$，且用地理距离代理贸易成本，即 $T_{ij}=d_{ij}$；此外，HMP_i 区别于 RMP_i 之处还在于缺少了竞争水平因子 $S_j^{1-\sigma}$，由于各地的竞争水平不可直接测量，在此假设 $S_j=S=1$。在上述假设下，HMP_i 等价于 RMP_i。

5.2.2 实证模型

Head 和 Mayer（2006）在工资方程标准形式［式（5.1）］的基础上，通过引入私人部门投资控制变量，对工资方程进行了扩展。本书参考其做法把政府生产性公共支出也引入了工资方程。引入私人部门投资和生产性公共支出两个控制变

量，并加入所考察的变量之外其他外生冲击的截面工资方程为

$$y_{it}=\beta_0+\beta_t+\beta_{1t}\mathrm{RMP}_{it}+\beta_{2t}G_{it}+\beta_{3t}K_{it}+u_{it} \tag{5.2}$$

其中，时期$t=1,2,\cdots,T$；地区$i=1,2,\cdots,R$；控制变量K_{it}为私人部门投资，可被认为是外生的区域技术水平差异的代理；G_{it}为生产性公共支出，可被认为是政府区域经济政策的外生影响的代理。式（5.2）包含一个截距项β_t，假设该截距项在各地区都相同，而在各时期不同。β_0是各期所有地区受到的共同冲击，u_{it}收集了省略变量和模型假设之外的冲击。所有变量都经过对数处理。为了研究各解释变量的系数随时间的变化趋势，用截面数据对工资方程估计T次，可得到RMP_{it}变量系数β_{1t}的时间序列。

用每个时期的截面数据对工资方程进行普通最小二乘估计时，需假设u_{it}不存在空间自相关。而根据 4.4 节的分析可知，该假设在中国现实经济中并不成立。因此，在下文的实证研究中，使用式（5.2）与空间误差模型联立的空间联合模型进行估计，假设以u_{it}为元素的$R\times T$矩阵$\boldsymbol{u}=\boldsymbol{Wu\lambda}+\boldsymbol{\varepsilon}$，其中$\boldsymbol{\lambda}$为$T\times 1$系数向量，以消除误差项存在的空间自相关。在模型的回归估计过程中，使用的是变量的对数形式，因此系数估计结果表达的是弹性的经济意义。

理论上，市场潜力变量的内生性与估计结果的准确性密切相关。如果构造市场潜力变量时包含了本地区的商品需求市场，即内部市场潜力，内生性问题就会变得更加严重。如果该问题的影响大到一定程度，对中国区域资源利用报酬空间依赖随时间变化趋势的获取会产生错误结论。根据 Kelejian 和 Prucha（1998）提出的解决空间计量模型解决内生性问题的广义最小二乘估计方法，在估计截面空间滞后模型时，可以用不同时期的解释变量作为被解释变量空间滞后项的工具变量。因此，为解决内生性问题，本书针对样本期内中国的经济数据使用工具变量法进行估计，并用标准空间计量模型的极大似然估计法、包含和不包含内部市场潜力的估计来分析估计结果的稳健性。

5.3　数据来源与处理

本章使用的数据来源为历年《中国统计年鉴》、各省（自治区、直辖市）统计年鉴及中国统计局网站，时间跨度为 1996～2015 年，地区范围为中国 31 个省级行政区。为了提高区域资源利用报酬对市场潜力弹性估计结果的稳健性，在工资方程的回归过程中加入生产性公共支出和私人部门投资因素两个控制变量，其衡量指标与 4.2.4 小节一致。

5.3.1　市场潜力变量的选择

现有研究中对于市场潜力的测度方法有两种。Harris（1954）定义市场潜力为绝对距离倒数 $1/d_{ij}$ 作为权重对样本范围内所有区域资源利用报酬的加权和。Redding 和 Venables（2004）用进口商固定效应作为不可观测的竞争水平因子 $S_j^{1-\sigma}$ 的代理，构造了实际市场潜力变量，其中进口商固定效应用双边贸易引力方程估计得到。在市场潜力随时间变化的趋势研究中，基于以下四个原因，本章采用了 Harris（1954）构造的市场潜力变量作为 Redding 和 Venables（2004）构造的实际市场潜力变量的代理变量。

（1）Harris 所指出的市场潜力在不同时期和区域都保持相同的权重赋予方法，而使用 Redding 和 Venables（2004）构造的实际市场潜力带来了一些估计结果可比性上的难度。Boulhol 和 de Serres（2010）指出，Redding 和 Venables（2004）构造实际市场潜力时使用的地区竞争水平因子造成了不同时期、不同地区的市场潜力权重赋予方法均不相同，且实际市场潜力构造过程中，对区域资源利用报酬的测度方法和 Breinlich（2006）的做法有较大出入。因为这些因素可能导致不同时期的市场潜力的定义及权重赋予方法不同，所以这些问题在比较不同时期市场潜力系数估计值时将对结果产生关键影响。

（2）Redding 和 Venables（2004）的处理方法是基于地区间的贸易数据，如果对区域资源利用报酬数据使用该处理方法就暗含了两方面的缺陷。一方面，对不同时期工资方程的估计要解决的是新经济地理理论中的“距离的诅咒”问题，若采用 Redding 和 Venables（2004）的处理方法容易和贸易理论中的“距离之谜”相混淆。Disdier 和 Head（2008）认为，“距离之谜”指全球化过程中地区间贸易量对距离的非减弹性，大量贸易方面的文献致力于该问题的模型化与解决，因此，对结果解释的多样性容易造成对本书所研究的区域资源利用报酬空间依赖变化的偏离，而 Harris（1954）提出的简单的测度方法能对本章研究对象提供有用的初步观察。另一方面，当使用区域数据进行计量时，Redding 和 Venables（2004）的处理方法只针对区域间的贸易数据，而缺少区域内部贸易数据。Breinlich（2006）、Head 和 Mayer（2006）认为，针对区域内部贸易数据的缺失，需要额外的简化假设。

（3）尽管 Redding 和 Venables（2004）把距离作为反映贸易成本的指标，但是其实际市场潜力构造过程中距离所表达的意义仍不明晰。Linders 等（2008）认为距离可用来反映非贸易相关的壁垒，Rodríguez-Pose（2010）认为距离还可用来反映区域的空间位置特征和区域间的互相作用程度，此外，Yotov（2012）还把距离作为相对贸易成本的代理变量。即使在使用贸易数据进行计量时，基于距离构造的市场潜力来估计工资方程的结果解释仍会受这些因素的影响。而 Harris（1954）的处理方法使研究目的明确地聚焦在相对空间位置对区域资源利用报酬的直接影响上。

（4）Harris 所指的市场潜力在构造形式上比其他任何文献中的市场潜力形式都简单，而在实证中使用这些不同形式的市场潜力通常得到一致的结果。Breinlich（2006）、Head 和 Mayer（2006）在比较 Harris（1954）、Redding 和 Venables（2004）提出的两种不同的市场潜力测度方法时，发现使用两者得到的实证结果具有一致性。

5.3.2　内部市场潜力的处理

所有构造市场潜力的实证研究都必须处理区域内部市场潜力的问题。本章按照常用的处理方法，把区域内部市场潜力定义为本地市场规模与区域内部距离之商。计算区域内部距离的标准方法是假设区域是面积为 area_i 的圆形，则区域的半径为 $r_i=\sqrt{\text{area}_i/\pi}$。Keeble 等（1982）对区域内部距离的计算的方法中，令 $d_{ii}=1/3\cdot r_i\approx 0.188\sqrt{\text{area}_i}$，以衡量区域内部经济活动发生在该区域地理中心的周边范围，这种方法和剑桥计量经济学会（Cambridge Econometrics，2014）采用区域半径的 0.4 倍的处理方法类似。

由所有 31 个区域的样本数据计算结果可知，内部市场潜力平均占市场潜力的份额为 40.79%，然而该数值受首都或直辖市等一些经济规模较大而面积较小的区域影响，例如，在 2012 年，北京、上海和天津等地的内部市场潜力占市场潜力的份额均在 60%以上。因此，一个更好地衡量内部市场潜力占市场潜力份额的统计量是中位数。经计算可知，当参考 Keeble 等（1982）使用区域半径的 1/3 作为区域内部距离时，混合数据样本的内部市场潜力占市场潜力的份额的中位数为 20.94%；而当使用区域半径的 2/3 作为区域内部距离时，该中位数为 27.42%。由此可知，Keeble 等（1982）的处理方法使内部市场潜力和外部市场潜力有更低的分化程度。

另外，在测量市场潜力时，内部市场潜力的存在不但带来难以处理的内生性问题，而且增加了区域资源利用报酬对内部市场潜力依赖的经济学意义解释难度。然而，省略内部市场潜力则会因降低一些本地市场规模较大地区的准入程度而引起较大的测量误差。根据 Breinlich（2006）、Head 和 Mayer（2006）的稳健性分析结果来看，使用区域半径的 1/3 作为区域内部距离，得到的计量结果置信区间范围更广。基于以上两方面的原因，本书不延续 Keeble 等（1982）和剑桥计量经济学会（Cambridge Econometrics，2014）的处理方法，而使用区域半径的 2/3 来计算区域内部距离。

5.4 描述性统计与区域资源利用的“核心-边缘”空间模式

5.4.1 描述性统计

“距离的诅咒”主要针对处于经济地理意义上边缘地区的经济发展落后问题提出。将中国 31 个省级行政区按照经济发展水平和地理位置两种原则分别划分为两种类型：一方面，按照 2012 年区域人均产业增加值高于或低于当年全国人均产业增加值，把样本区域划分为较发达地区和较不发达地区；另一方面，计算各地省会或直辖市到东部地区三个中心城市（北京、上海和广州）中最近一个的距离作为该地距中心城市的距离，按照各地距中心城市的距离大于或小于所有地区该距离的平均值，把样本区域划分为核心地区和边缘地区。表 5.1 显示了基于 1996～2015 年混合数据计算的这四种类型区域的部分描述性统计量。

表 5.1　主要变量的描述性统计

描述性统计量	所有地区	较发达地区	较不发达地区	核心地区	边缘地区
人均产业增加值/元	24 611	30 264	18 956	27 397	21 824
市场潜力均值	20 390	25 051	15 727	27 287	13 491
外部市场潜力均值	17 170	20 122	14 217	22 806	11 532
内部市场潜力比重/%	27.42	56.68	10.52	49.42	4.60
生产性公共支出均值/亿元	1 557.56	1 830.75	1 177.42	2 151.08	1 274.93
私人部门投资均值/亿元	1 725.92	2 183.61	744.57	2 925.49	1 564.86
区域收入年均增长率/%	12.86	12.04	13.57	12.18	14.29

根据以上划分标准，吉林、黑龙江、重庆、四川、贵州、云南、西藏、陕西、甘肃、青海、宁夏、新疆等 12 个边缘地区全部属于较不发达地区。正如新经济地理学工资方程所预测的情况，表 5.1 的数据显示出中国边缘地区的区域资源利用报酬低于核心地区的收入。1996～2015 年，较不发达地区收入年均增长率高于较发达地区收入的年均增长率，意味着中国区域经济存在绝对收敛。边缘地区收入年均增长率高于核心地区收入的年均增长率，初步表明边缘地区有脱离“距离的诅咒”的倾向。

5.4.2 中国区域收入的“核心-边缘”空间模式

根据 5.1 节的分析，产生“距离的诅咒”问题的空间经济模式，和中国区域收入自东向西的“核心-边缘”空间分布模式是一致的。表 5.2 显示了 2012 年中国区域收入的对数。

表 5.2　中国各区域收入对数（2012 年）

省区市	区域收入对数	省区市	区域收入对数
北京	10.393 53	湖北	10.360 06
天津	10.354 38	湖南	10.211 81
河北	10.690 01	广东	10.957 29
山西	10.094 44	广西	9.596 834
内蒙古	9.778 633	海南	8.503 846
辽宁	10.225 94	重庆	9.647 564
吉林	9.821 057	四川	10.137 95
黑龙江	9.705 543	贵州	9.124 303
上海	10.627 84	云南	9.275 902
江苏	11.169 99	西藏	6.526 588
浙江	10.879 15	陕西	9.757 939
安徽	10.663 91	甘肃	8.797 039
福建	9.961 008	青海	8.153 681
江西	9.991 434	宁夏	8.141 383
山东	10.998 22	新疆	8.892 951
河南	10.551 61		

由表 5.2 可知，区域收入较高的地区主要位于东部沿海和南部沿海等核心地区。核心地区之外，高收入区域只有一个，即内蒙古。区域收入较低的省区市则全部位于边缘地区。因此，表 5.2 显示出中国区域收入的空间分布呈现出新经济地理学意义上的“核心-边缘”模式。而给定市场潜力是区域收入的加权和，4.4 节中各地的市场潜力显示出更为集中的分布，从而表现出更清晰的“核心-边缘”结构；同时，表 5.1 中边缘地区的市场潜力均值仅接近核心地区市场潜力均值的一半，该差距远大于边缘地区与核心地区人均收入的差距。这两种特征说明市场潜力可作为获取中国区域收入“核心-边缘”模式的一种程式化路径。显然，区域市场潜力差距与区域收入差距可以数理替代。

用区域人均产业增加值对数来反映待考察的工资方程中的被解释变量区域收

入，同时以各地省会或直辖市到东部地区三个中心城市（北京、上海和广州）中最近一个的距离作为横轴，图 5.1 显示了使用 2012 年截面数据描绘的区域收入的空间分布。

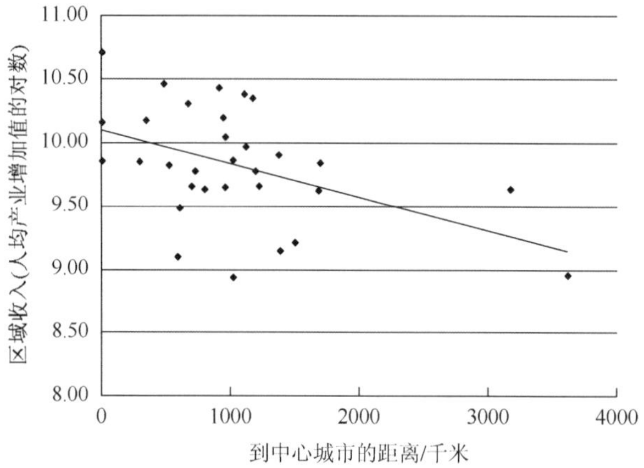

图 5.1　区域收入（2012 年）和各地到中心城市的距离

图 5.1 中的回归线向右下方倾斜，表明经济地理意义上的核心地区具有较高的区域收入，而经济地理意义上的边缘地区具有较低的区域收入。由图 5.1 可知，中国空间经济的“核心-边缘”结构和地理上的“东-中西”结构或“沿海-内地”结构具有一致性。

5.5 基 准 回 归

5.5.1 混合最小二乘回归

表 5.3 列出了使用混合数据对式（5.2）进行回归的结果。每个系数估计值后都显示了两种标准差：由普通最小二乘估计得到的标准差（上方）及考虑任意形式的自相关和异方差的聚类修正标准差（下方）。模型（1）～模型（3）的估计结果显示，生产性公共支出、私人部门投资和市场潜力分别独自作为解释变量时，模型的调整可决系数分别为 0.63、0.38 和 0.52。当市场潜力单独作为解释变量时，区域资源利用报酬对市场潜力的弹性为 0.42；当加入控制变量时，该弹性下降到 0.25～0.38。模型（7）的估计结果的标准差显示，当加入地区虚拟变量时，私人部门投资变量失去显著性，这说明私人部门投资的影响在部分程度上

是地区特征造成的，而市场潜力的系数估计值对地区虚拟变量并不敏感。尽管如此，为提高结果的稳健性，在下文的地区分类的基准回归中，仍加入了私人部门投资控制变量。

表 5.3　基准混合数据普通最小二乘估计（1996～2015 年）

	（1）	（2）	（3）	（4）	（5）	（6）	（7）
截距	12.49 （0.04）*** （0.12）	16.82 （0.04）*** （0.02）	6.45 （0.08）** （0.32）	7.29 （0.03）*** （0.09）	9.41 （0.03）*** （0.29）	5.02 （0.02）* （0.18）	−3.74 （0.71） （1.40）
市场潜力			0.42 （0.01）*** （0.05）***	0.28 （0.00）*** （0.03）***	0.26 （0.00）*** （0.03）***	0.25 （0.00）*** （0.03）***	0.38 （0.01）*** （0.05）**
生产性公共支出	0.51 （0.01）*** （0.04）***			0.41 （0.01）*** （0.03）***	0.27 （0.01）*** （0.03）***	0.27 （0.01）*** （0.03）***	0.36 （0.01）*** （0.06）**
私人部门投资		0.23 （0.06）** （0.14）*			0.16 （0.10） （0.33）	0.17 （0.05）* （0.28）	0.09 （0.04）* （0.16）
年份虚拟变量	否	否	否	是	是	是	是
地区虚拟变量	否	否	否	否	否	否	是
可决系数	0.63	0.39	053	0.70	0.73	0.72	0.83
调整可决系数	0.63	0.38	0.52	0.69	0.73	0.72	0.82
误差平方和	78.53	235.35	188.26	66.38	52.39	50.38	20.20
样本数	620	620	620	620	620	558	620

注：被解释变量为区域人均产业增加值。上方括号内和下方括号内分别为普通最小二乘估计标准差和聚类修正标准差

***、**、*分别表示在 1%、5%和 10%的水平上显著

表 5.3 中，与模型（5）不同的是，模型（6）参考 Redding 和 Venables（2004）使用滞后解释变量的做法，使用市场潜力的 2 期滞后值作为解释变量来减轻内生性问题。结果显示，在损失 1996 年和 1997 年数据的情况下，系数估计值和显著性未发生较大变化，原因在于混合数据估计中每年的截面数据都具有相似的结构。下文将在不考虑内部市场潜力的情况下对模型（6）的估计结果进行稳健性检验。

表 5.4 显示了分地区类型的混合数据的回归结果，该结果和使用所有地区样本混合数据的回归结果有几处不同，如核心地区的私人部门投资系数估计值在该结果中都不显著。此外，根据聚类修正标准差可知，核心地区市场潜力系数估计

值不显著，可能的原因是按上文标准划分的核心地区包含了河北、山西、安徽、江西、河南、湖北、广西和海南等较不发达地区。其余三个类型地区的回归中，区域资源利用报酬对市场潜力的弹性在 0.37～0.71。

表 5.4　地区分类的混合数据普通最小二乘估计（1996～2015 年）

	较发达地区	较不发达地区	核心地区	边缘地区
截距	3.21 （0.11）*** （0.40）***	1.08 （0.17）*** （0.69）**	2.65 （0.03）*** （1.74）	1.79 （0.01）*** （0.03）***
市场潜力	0.48 （0.01）*** （0.04）*	0.37 （0.01）*** （0.03）**	0.31 （0.04）** （0.07）	0.71 （0.01）*** （0.03）***
生产性公共支出	0.49 （0.01）*** （0.05）***	0.54 （0.02）*** （0.06）***	0.67 （0.01）*** （0.05）***	0.58 （0.01）*** （0.04）***
私人部门投资	0.18 （0.07） （0.09）	0.08 （0.11） （0.42）	0.04 （0.09） （0.34）	0.03 （0.21） （0.74）
可决系数	0.65	0.77	0.78	0.84
调整可决系数	0.64	0.76	0.77	0.83
误差平方和	23.58	24.93	20.67	30.64
样本数	200	420	380	240

注：被解释变量为区域人均产业增加值。上方括号内和下方括号内分别为普通最小二乘估计标准差和聚类修正标准差

***、**、*分别表示在 1%、5%和 10%的水平上显著

5.5.2　工具变量回归

根据第 4 章的分析，由于普通最小二乘估计结果的残差存在空间自相关，不符合普通最小二乘估计的基本假设，同时市场潜力变量引起的内生性问题导致普通最小二乘估计结果有偏。在估计 1996～2015 年市场潜力历年的截面弹性之前，以 2012 年的数据为例使用空间联合模型和工具变量估计法解决以上两个问题。

表 5.5 和表 5.6 显示了基于 2012 年的数据的式（5.2）的普通最小二乘估计结果、空间联合模型的极大似然估计结果，以及使用 2010 年的市场潜力、到中心城市的距离和区域面积三个工具变量的两阶段最小二乘估计结果。表 5.5 的估计中使用市场潜力作为解释变量，而表 5.6 的估计中使用外部市场潜力作为解释变量。

表 5.5　使用市场潜力变量的估计结果（2012 年）

	普通最小二乘估计	极大似然估计	第一阶段估计			第二阶段估计		
	（1）	（2）	（3）	（4）	（5）	（6）	（7）	（8）
截距	1.99 （0.50）	7.55* （1.03）	1.94** （0.15）	2.06*** （0.05）	2.64* （1.36）	0.92 （0.54）	1.06* （0.25）	0.91 （0.56）
生产性公共支出	0.18** （0.03）	0.04* （0.00）	−0.06** （0.01）	0.20*** （0.07）	0.48** （0.10）	0.71** （0.04）	0.74*** （0.01）	0.71*** （0.01）
私人部门投资	0.07 （0.45）	0.09* （0.06）	0.10 （0.52）	0.22** （0.02）	0.16* （0.09）	0.19 （0.38）	0.11 （0.27）	0.54 （0.51）
市场潜力	0.79*** （0.00）	0.44* （0.15）				0.65*** （0.03）	0.62** （0.09）	0.54* （0.10）
误差项的空间滞后		0.84*** （0.00）				0.62* （0.10）	0.70** （0.04）	0.54 （0.23）
2010 年市场潜力			0.92*** （0.07）					
距中心城市的距离				−1.65*** （0.06）				
区域面积					−0.42* （0.10）			
可决系数	0.58		0.51	0.70	0.31	0.62	0.81	0.44
残差的 Moran's I	0.49	0.19						
弱工具变量检验 p 值						0.00	0.00	0.00
Durbin-Wu-Hausman 检验 p 值						0.00	0.07	0.93

注：被解释变量为区域人均产业增加值。括号内为标准差

***、**、*分别表示在 1%、5%和 10%的水平上显著

表 5.6　使用外部市场潜力变量的估计结果（2012 年）

	普通最小二乘估计	极大似然估计	第一阶段估计			第二阶段估计		
	（1）	（2）	（3）	（4）	（5）	（6）	（7）	（8）
截距	6.23 （1.34）	5.09*** （0.11）	1.13*** （0.18）	1.95*** （0.04）	2.55 （1.39）	0.89 （0.57）	0.95 （0.55）	0.72 （0.62）
生产性公共支出	0.24** （0.00）	0.15** （0.02）	−0.06*** （0.05）	−0.12* （0.05）	0.43** （0.11）	0.74*** （0.04）	0.75*** （0.05）	0.70*** （0.05）
私人部门投资	0.13 （0.63）	0.03 （0.95）	0.05 （0.42）	0.11 （0.14）	0.02 （0.10）	0.15 （0.39）	0.06 （0.19）	0.21 （0.42）
外部市场潜力	0.66*** （0.09）	0.50*** （0.03）				0.45* （0.13）	0.64* （0.13）	0.48** （0.06）

续表

	普通最小二乘估计	极大似然估计	第一阶段估计			第二阶段估计		
	（1）	（2）	（3）	（4）	（5）	（6）	（7）	（8）
误差项的空间滞后		0.80** （0.17）				0.70** （0.07）	0.58** （0.03）	0.75 （0.23）
2010 年市场潜力			0.99*** （0.05）					
距中心城市的距离				−1.52*** （0.04）				
区域面积					−0.08* （0.03）			
可决系数	0.54		0.74	0.50	0.51	0.62	0.61	0.44
残差的 Moran's I	0.35	0.00						
弱工具变量检验 p 值						0.00	0.00	0.00
Durbin-Wu-Hausman 检验 p 值						0.05	0.10	0.33

注：被解释变量为区域人均产业增加值。括号内为标准差

***、**、*分别表示在 1%、5%和 10%的水平上显著

表 5.5 和表 5.6 中模型（1）的残差的 Moran's I 统计量显著，表明普通最小二乘估计的残差项存在空间自相关。根据 4.5.2 小节给出的 LM 检验和 RLM 检验结果，空间联合模型是较合适的实证模型。比较表 5.6 模型（1）和模型（2）发现，普通最小二乘估计结果和空间联合模型极大似然估计结果中，外部市场潜力的系数估计值较为接近，分别为 0.66 和 0.50，而使用市场潜力进行空间滞后模型估计的系数估计值相差较远，说明不考虑内部市场潜力可减轻内生性影响。此外，经计算空间滞后模型中外部市场潜力的总效应为 0.67，与表 5.6 第（2）列的外部市场潜力系数估计值 0.50 较为接近。

根据 5.2.2 小节的讨论，内部市场潜力会带来较严重的内生性问题。但是在省略了内部市场潜力之后，和空间滞后模型中的空间滞后项类似，外部市场潜力仍具有一定程度的内生性，因此表 5.6 同样给出了两阶段工具变量回归结果。工具变量回归中所用到的工具变量为 2010 年市场潜力、距中心城市的距离和区域面积，其中，2010 年市场潜力使用的是滞后 2 期的市场潜力值，而距中心城市的距离和区域面积使用地理测量数据，第（3）、（4）、（5）列分别为对应第（6）、（7）、（8）列的第一阶段回归结果。

以上三种工具变量存在一定的缺点：第一，从长期看，市场潜力变量的二阶滞后值并未完全排除内生性的可能；第二，距中心城市的距离隐含地确定了中国区域经济的“核心-边缘”空间结构；第三，理论上，区域面积工具变量的使用能够潜在地从市场潜力中消除内部市场潜力部分的影响。表 5.5 第（5）列显示了区

域面积和市场潜力的负相关关系，虽然可以解释为区域面积较大地区的区域内部距离较大而降低了内部市场潜力和总市场潜力，但是表 5.6 第（5）列使用外部市场潜力的回归结果仍显示出负相关关系，这可能是由于一些地理上的边缘地区通常面积较大且具有较低的外部市场潜力（表 5.1）。尽管存在这些缺点，弱工具变量检验结果表明这些工具变量并非弱工具变量，因此该方法仍可作为解决市场潜力内生性问题的一种方法。Durbin-Wu-Hausman 检验结果表明，使用 2010 年市场潜力或距中心城市的距离作为工具变量并未消除市场潜力的内生性，而使用区域面积作为工具变量可以消除市场潜力的内生性。

表 5.5 第（1）、（2）、（6）、（7）、（8）列的市场潜力系数估计值较为接近，都在 0.44～0.79。由于外部市场潜力在一定程度上消除了内生性，表 5.6 第（1）列中外部市场潜力系数的普通最小二乘估计结果和极大似然估计结果、工具变量估计结果亦基本一致。因此，分析结果并未显示市场潜力变量或外部市场潜力变量存在能引起普通最小二乘估计结果偏差的强内生性证据。此外，当空间联合模型剔除内部市场潜力但包含控制变量时，外部市场潜力的系数估计结果的显著性并未发生较大变化。因此，本章研究在估计区域资源利用报酬对市场潜力历年的截面弹性时，采用包含内部市场潜力的市场潜力变量作为解释变量，并且采用外部市场潜力变量作为解释变量检验该估计结果的稳健性。

5.6　中国区域资源利用报酬空间依赖变化趋势测度

5.6.1　中国区域资源利用报酬历年 Moran's I 的计算

区域资源利用报酬空间依赖产生的基础是区域之间的经济联系，可用空间自相关指标进行初步检验。空间自相关指标有全域和区域两种。全域空间自相关描述的是样本空间范围内所有单元的整体空间关系。由于本章关注的产生“距离的诅咒”问题的“核心-边缘”模式属于全域空间分布模式，在这种情况下，样本空间范围内空间自相关的局部空间变异不是我们主要关注的问题，所以这里只计算并显示了反映区域资源利用报酬空间自相关的全域 Moran's I 统计量，时间跨度为 1996～2015 年，如图 5.2 所示。

由图 5.2 可以看出，中国区域资源利用报酬的空间自相关在 2004 年之前处于缓慢增强阶段，在 2004 年之后处于快速减弱阶段。通过空间自相关的变化趋势分析可知，中国区域资源利用报酬的空间联系在 2004 年发生了转折。根据 3.3.3 小节的分析，该转折点与中国产业份额空间结构变化趋势的转折点在时间上重合，比西部大开发开始实施的时间点 1999 年滞后了 5 年，由此可初步判定，中国区域经济战略对区域资源利用报酬的空间联系产生了一定作用。

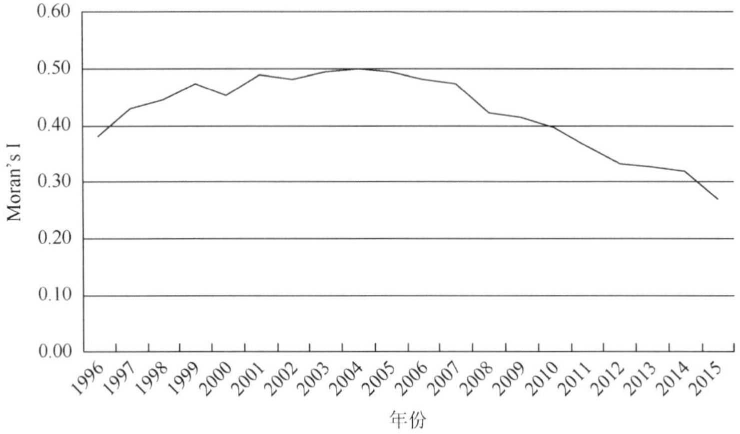

图 5.2　1996～2015 年中国区域资源利用报酬 Moran's I 值变化

5.6.2　中国区域资源利用报酬对市场潜力历年截面弹性的估计

如果实证模型中内生性的可能影响不随时间变化，则区域资源利用报酬对市场潜力截面弹性随时间发生的任何变化，都将归因于市场潜力的相对重要性的变化，即区域资源利用报酬空间依赖的变化。在此前提下，以区域面积作为工具变量，对不同年份的截面工资方程进行两阶段最小二乘估计，得到历年市场潜力的截面弹性估计值。图 5.3 显示了所有地区和按经济发展水平分类的 1996～2015 年中国区域资源利用报酬对市场潜力截面弹性估计值的变化趋势。

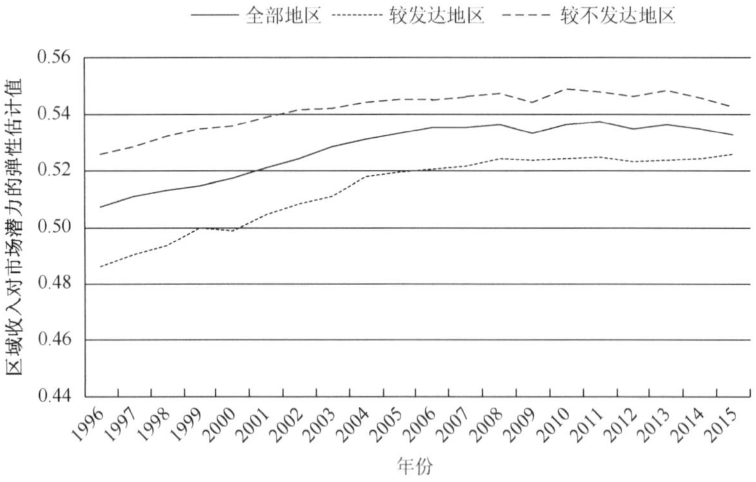

图 5.3　1996～2015 年中国区域资源利用报酬对市场潜力的弹性变化（按经济发展水平分类）

从图 5.3 可以看出，中国区域资源利用报酬对市场潜力的弹性在 2006 年之前处于上升阶段，而在 2006 年之后趋于平缓，且个别年份出现下降。该转折点出现在西部大开发战略实施 7 年之后，与中部崛起战略开始实施的时间点基本重合，接近图 5.2 中 Moran's I 值的转折点，验证了空间自相关变化趋势分析的结论，说明中国区域资源利用报酬空间依赖的增强趋势在区域经济战略实施期间开始消失。

图 5.3 中较不发达地区的收入市场潜力弹性值高于较发达地区的收入市场潜力弹性值，反映出较不发达地区的空间依赖强于较发达地区的空间依赖，这意味着经济地理因素对较不发达地区收入的作用强于经济地理因素对较发达地区收入的作用。此外，较发达地区和较不发达地区收入对市场潜力的弹性值具有收敛的倾向，说明较发达地区和较不发达地区之间的收入空间依赖正在加强，这种效应抵消了一部分全部地区收入空间依赖的减弱作用，因此全部地区收入空间依赖在转折点后基本保持平缓。

为更直接地观察经济地理意义上的边缘性对边缘地区收入的影响，图 5.4 显示了按地理位置分类的 1996～2015 年中国区域资源利用报酬对市场潜力的截面弹性估计值变化趋势。

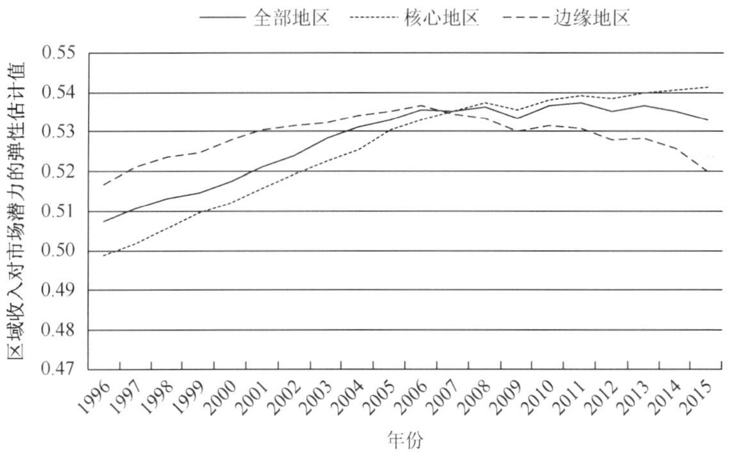

图 5.4　1996～2015 年中国区域资源利用报酬对市场潜力的弹性变化（按地理位置分类）

观察图 5.4 可以得到三个结果：①除了 2009 年和 2012 年之外，核心地区的收入市场潜力弹性在样本期内一直处于上升趋势；②2006 年之前，边缘地区的收入市场潜力弹性处于上升趋势，且高于核心地区的收入市场潜力弹性；③2006 年之后，边缘地区的收入市场潜力弹性在多数年份处于下降趋势，且从 2007 年开始低于核心地区的收入市场潜力弹性。结果①和结果②与相关贸易理论研究得到的贸易量对距离的非减弹性结论一致，结果③说明，经济地理意义上的边缘性对边缘地区收入的作用从 2006 年后开始减弱，中国的区域经济战略使边缘地区开始脱离“距离的诅咒”。

理论上，以交通基础设施建设为主的区域经济战略会加强区域间的经济联系和依赖。而图 5.2 显示，中国所有地区间的空间经济联系在区域经济战略实施 4 年后由增强趋势转为减弱趋势。进一步的空间依赖变化分析表明，中国较发达地区与较不发达地区的收入空间依赖随着区域经济战略的实施出现趋同，而边缘地区收入空间依赖随着区域经济战略的实施出现减弱趋势。因此，区域经济战略的作用实际上是减弱了边缘地区收入对其边缘性的依赖，而使较不发达地区和较发达地区的收入从空间依赖层面上趋同，所以并不与理论相矛盾。

综上，通过估计 1996～2005 年中国区域资源利用报酬对市场潜力的空间依赖，可得到边缘性对中国边缘地区收入的影响由强转弱，以及经济地理因素对中国所有地区收入的平均影响由强转弱的结论。该结论和表 5.1 中区域资源利用报酬年均增长率数据的初步分析结论是一致的。中国的区域经济战略开始实施前，区域资源利用报酬对市场潜力的空间依赖一直处于增强趋势；而区域资源利用报酬空间依赖的转折点处于中国区域经济战略开始实施数年之后，因此可以初步推断，在中国的区域经济战略的作用下，中国边缘地区正在缓慢脱离“距离的诅咒”。

5.6.3　稳健性检验

为检验上述结论的稳健性，结合 5.5.2 小节的分析，用外部市场潜力代替市场潜力作为解释变量，使用区域面积作为工具变量的两阶段最小二乘法，估计 1996～2015 年中国区域资源利用报酬对外部市场潜力历年的截面弹性，得到该估计值的变化趋势，结果如图 5.5 所示。

图 5.5 中，中国区域资源利用报酬对外部市场潜力的弹性估计值在 2006 年之前保持上升趋势，和图 5.3、图 5.4 中收入市场潜力弹性估计值 2006 年之前的上升趋势一致，但表现更为明显。2006 年之后，区域资源利用报酬外部市场潜力弹性估计值的上升趋势消失，除个别年份外，都呈现出较图 5.3 和图 5.4 中所有地区收入市场潜力弹性估计值更为明显的下降趋势。这种结果产生的原因可能是外部市场潜力变量剔除了市场潜力中内部市场潜力产生的内生性。该结果表明，中国区域经济战略实施后，所有地区收入空间依赖由增强趋势转为减弱趋势的结论是稳健的。

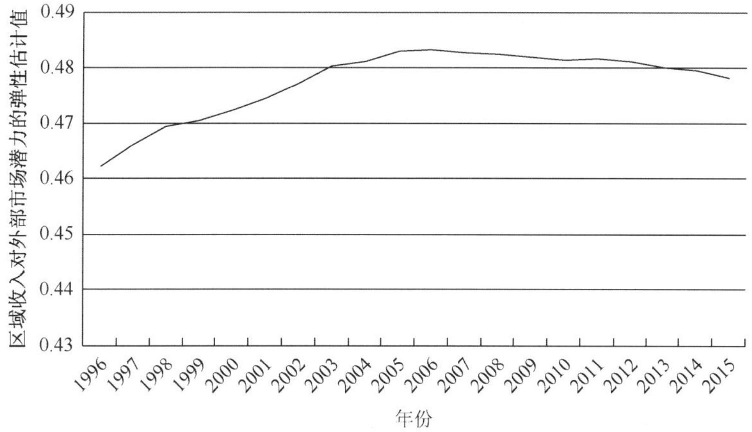

图 5.5　1996～2015 年中国区域资源利用报酬对外部市场潜力的弹性变化

第6章　生产性公共支出与区域资源利用空间依赖变化

6.1　理论背景

从第5章基于1996～2015年中国区域经济数据的回归分析结果来看，除了市场潜力以外，作为控制变量的生产性公共支出的弹性估计值也在多数估计结果中显著。在第5章结论中，样本期内中国区域资源利用报酬空间依赖在区域经济战略实施后出现由强转弱的趋势，边缘地区正逐渐脱离“距离的诅咒”。中国区域资源利用报酬空间依赖发生转折的时间点相较于区域经济战略开始实施的时间点有所滞后，但从长期来看，中国区域资源利用报酬空间依赖的转折与区域经济战略的背景在时间上具有一致性，因此本章从中国区域经济战略背景出发来分析中国区域资源利用报酬空间依赖的变化原因。

6.1.1　中国的倾斜性区域经济政策与区域资源利用报酬空间依赖

改革开放以来，中国在取得巨大经济成就的同时，形成了以东部地区为核心的“核心-边缘”空间经济结构，且核心地区与边缘地区收入差距不断拉大。为缩小这种区域资源利用报酬差距，政府自1999年开始陆续实施了西部大开发、东北振兴和中部崛起等区域经济战略，并在2013年提出“丝绸之路经济带”对外经济战略构想，以带动中国中西部地区的经济发展。在以上区域经济战略背景下，政府的区域发展协调政策主要体现为以基础设施建设为主的生产性公共支出向边缘地区的倾斜。经计算，1996～2015年，中国东部地区、中部地区和西部地区实际公共支出年均增长率分别为15.59%、16.09%和17.12%，呈现自东向西依次递增的趋势。

相较于具有区域倾斜性的公共支出政策而言，中国的区域税收优惠政策未明显表现出对边缘地区的倾斜。马拴友和于红霞（2003）基于1994～2001年的数据计算指出，无论从狭义或广义的税负来看，西部地区的税负都重于中部地区。洪俊杰等（2014）的实证研究认为，中国区域经济战略并未给予中部和西部等边缘地区足够的税收优势。经计算，1996～2015年，中国东部地区、中部地区和西部地区税收占GDP的比重的年均增长率分别为2.58%、4.22%和3.69%，中部和西部地区的税负年均增长率高于东部地区，中国区域税收政策向有利于核心地区的方向发展，并不利于区域经济的协调发展。因此，在研究中国区域资源利用报酬空间依赖由强转弱的变化原因时，不考察区域经济战略中的税收优惠政策，而把关注点聚焦在向边缘地区倾斜的公共支出政策。

自 Aschauer（1988）的开创性研究以来，公共支出的宏观经济效应一直被学术界广泛关注。Aschauer（1988）发现公共支出对经济增长有显著负向影响，为解释这一现象，他将公共支出按功能划分为生产性公共支出和消费性公共支出，其中生产性公共支出的功能主要是基础设施建设。随后学者们又结合所观察到的区域基础设施禀赋差异，从区域维度分析公共支出对经济的冲击（Zhang and Zou，2001；Narayan et al.，2008；Sacchi and Salotti，2016）。多数文献对包含基础设施要素的生产函数进行估计，然而这种方法只能测出区域资源利用报酬对本地生产性公共支出的弹性，即生产性公共支出对本地区域资源利用报酬的直接作用。

6.1.2　引入生产性公共支出时需要考虑的问题

政府的生产性公共支出通过建设基础设施，在为本地生产者提供生产性服务的同时，也为与其发生贸易的邻近地区的生产者提供生产性服务，因此生产性公共支出也通过空间外部性影响其他地区的收入。这种空间外部性通过生产者获得的生产性服务作用于产出，再通过区域内贸易和区域间贸易作用于区域资源利用报酬，因此体现为一种货币外部性。Boarnet（1998）认为，这种空间外部性对经济的冲击尤为显著，甚至超过了直接冲击。然而，生产性公共支出的空间外部性作用长期被忽视。基于以上分析，本章从区域资源利用报酬受到的本地区生产性公共支出的直接作用和邻近地区生产性公共支出的空间外部性出发，分析中国区域经济战略实施期间区域资源利用报酬空间依赖的变化原因。

为了检验邻近地区生产性公共支出对本地收入的作用，现有研究通常把各地区的基础设施以一定的空间权重加总，以此作为基础设施生产要素的空间滞后变量来估计生产函数或成本函数，以检验一个地区的收入是否受其他地区基础设施外部性的影响，如 Bai 等（2012）、张光南等（2013）。这种处理方法检验出的依赖作用基于这样一种事实：公路、铁路和通信设施等基础设施及有网络结构特点，可以加强区域间的经济联系，因此生产性公共支出会通过技术外部性影响到其所属区域之外生产者的全要素生产率。但是，生产性公共支出还会通过优化区域投资与就业环境、提高区域开放程度和竞争力等，产生一些非技术外部性。估计生产函数或成本函数的方法不能捕捉到这种非技术外部性，而本书在一般均衡框架下对改进的新经济地理学模型进行模拟分析，可以获取包含这种非技术外部性的空间效应。

向生产函数中引入生产性公共支出，所引发的一个问题是其对私人投资的拥挤效应。吴洪鹏和刘璐（2007）、刘忠敏等（2009）、陈时兴（2012）通过实证研究认为公共投资对私人投资不存在挤出效应；Alberto 和 Chiara（2012）从微观层面的理论分析认为公共投资挤入了私人投资。此外，刘卓珺和于长革（2006）、沙治慧（2012）、杨飞虎（2014）认为公共投资对私人投资的挤出程度取决于公共投资规模的最优点，这个公共投资规模的最优点取决于经济发展水平、生产结构的多样性和基础设施的完善程度。由于现有研究对生产性公共支出对私人投资的作用尚无定论，在模型设定中假设私人投资对生产性公共支出具有一定的拥挤效应，而不考虑生产性公共支出对私人投资的拥挤效应。

6.1.3　新经济地理学模型与政府行为

宏观经济研究文献中，使用一般均衡分析的传统由来已久。随着 Fujita 等（1999）的新经济地理理论提出，距离作为空间因素被纳入一般均衡的框架，增强了一般均衡理论对区域经济问题的解释能力。然而在新经济地理学模型中，空间因素的作用机制是通过运输成本对商品价格产生影响，进而影响市场潜力和区域资源利用报酬，缺少了传统的一般均衡分析中对政府主体行为的考察，不适用于中国区域经济战略的背景下生产性公共支出对区域资源利用报酬空间依赖变化影响的研究。

为考察中国现实经济中以基础设施为主的区域生产性公共支出的影响，需要在 3.1.2 小节新经济地理学的生产函数中引入基础设施，并对邻近地区基础设施的空间外部性及私人投资对基础设施的拥挤效应加以考虑。引入基础设施后，需要相应地引入基础设施投资主体即政府的行为。此外，为和 3.1.4 小节中多数新经济地理学的模型扩展保持一致，本章在新经济地理学生产函数中引入私人投资要素，这意味着消费者的支出中有一部分用于投资，因此还需要对消费者行为作出相应调整。

综上，本章拟使用基于动态优化的宏观经济分析框架，在新经济地理学一般均衡框架中由生产者和消费者构成的两部门经济假设基础上引入政府部门，构建一个多地区动态一般均衡模型，模拟分析区域生产性公共支出倾斜对区域资源利用报酬空间依赖的影响。该模型中，消费者具有无限寿命；政府部门通过对消费支出、劳动收入和资本收入征税来实现财政收入，并且使用生产性公共支出，为所有生产者提供有拥挤成本的基础设施；一个地区的基础设施可以影响所有地区的技术水平，这种外部性随着区域间的距离衰减。使用 Kehoe 等（1992）提出的包含扭曲的伪社会计划者问题求解该动态一般均衡模型，根据中国区域经济数据及相关估计量对模型校准，之后进行数值模拟以解释先前的理论分析结果并进行经验分析。

6.2　一个改进的新经济地理学模型

考虑一个包含 N 个地区的经济体，每个地区都由具有无限寿命和相同偏好的家庭组成，第 i 个地区的人口占总人口的比重为 l_i，不失一般性，把总人口标准化为一个单位，即 $\sum_{i=1}^{N} l_i = 1$。每个地区存在大量垄断竞争生产者，生产一种可跨区域贸易的异质性商品，并不断积累资本。地区间异质性技术水平 A_i 的提高可以提高商品差异化水平，从而提高消费者对商品的偏好，即降低商品替代弹性 σ。存在全国性的统一资本市场，资本可在地区间自由流动。存在一个中央政府，通过生产性支出建设基础设施，来提供生产性服务。

6.2.1　生产者行为

根据 Redding 和 Venables（2004）的模型设定，假设 3.1.3 小节生产函数中的复合性要素投入 F_i 包括固定替代弹性的私人资本和劳动两种生产要素，则一个位于 i 地区的生产者生产函数形式为

$$m_{it} = A_{it} k_{it}^{\alpha} n_{it}^{1-\alpha} \tag{6.1}$$

其中，A_{it} 为区域间异质性的技术水平，反映复合性要素 F_i 的边际产出；k_{it} 为 i 地区的平均私人资本存量；n_{it} 为 i 地区的平均劳动时间。生产者盈利或亏损时可以自由进入或退出，因此，从长期来看，生产者的利润为零。在出厂价格 p_{it} 给定的情况下，根据利润最大化的条件，资本和劳动力的要素价格分别等于各自的边际产出价值，由此可以得到 i 地区的生产要素价格为

$$r_{it} = \alpha p_{it} A_{it} k_{it}^{\alpha-1} n_{it}^{1-\alpha} - \delta \tag{6.2}$$

$$\omega_{it} = (1-\alpha) p_{it} A_{it} k_{it}^{\alpha} n_{it}^{-\alpha} \tag{6.3}$$

其中，r_{it} 和 ω_{it} 分别为 i 地区的利率和工资，分别代表 i 地区的资本收入和劳动收入；δ 为私人资本的折旧率。假设商品运输成本为 3.1.2 小节定义的冰山运输成本形式，商品由 i 地运输到 j 地后的价格为 $p_{ijt} = p_{it} T_{ij}$。根据 3.1.2 小节的推导，零利润条件下所有地区消费者对 i 地生产的商品有效需求由式（3.9）给出，由式（3.9）可推得 i 地生产者面临的反需求函数。零利润条件下 i 地区生产者的定价当且仅当满足下面的反需求函数条件时才能达到收支平衡：

$$p_{it} = \left[\frac{1}{\bar{m}_{it}} \sum_{j=1}^{n} \frac{E_{jt} T_{ji}^{1-\sigma_t}}{S_{jt}} \right]^{\frac{1}{\sigma_t}} = \left(\frac{1}{\bar{m}_{it}} \mathrm{RMP}_{it} \right)^{\frac{1}{\sigma_t}} \tag{6.4}$$

其中，E_{jt} 为 j 地区 t 期的消费支出。Fujia 等（1999）在对模型进行标准化处理时，选取了合适的计量单位使模型得到简化。用 A_t 表示全国的总体技术水平，参考 Fujia 等（1999）的标准化处理方法，选择合适的计量单位使 $1/\sigma_t = 1 - 1/A_t$，以保证 σ_t 随 A_t 的提高而降低。假设 A_{it} 和 A_t 分别完全取决于生产者从政府提供的基础设施 I_{it} 和 I_t 得到的生产性服务，并选取合适的计量单位使 $A_{it} = I_{it}$ 和 $1/\sigma_t = 1 - 1/I_t$，则运输成本 $T_{ji}^{1-\sigma_t}$ 随 I_t 的增大而降低。由于跨区域贸易的存在，i 地区的厂商不仅从本地基础设施获得生产性服务，还从与其发生贸易的其他地区基础设施获得生产性服务。受拥挤成本限制，基础设施不是纯公共物品，根据 Fisher 和 Turnovsky（1998），假设厂商获得的生产性服务随着私人资本存量的增长而减少。全国总体基础设施提供的生产性服务对厂商来说是外生的，具体形式为

$$I_t = \prod_{i \neq 1}^{N} \left[\frac{I_{it}}{d_{ij}(l_i k_{it})^{\nu}} \right]^{\zeta} = A_t \tag{6.5}$$

其中，I_t 为 t 期全国总体基础设施存量；ζ 为反映基础设施外部性的参数；ν 为拥挤成本参数。

6.2.2 政府行为

政府对消费征税的税率为 τ_E，对劳动收入征税的税率为 τ_n，对资本收入征税的税率为 τ_k，用于支付生产性公共支出 G_t 和消费性公共支出 X_t。同时，参考 Marrero 和 Novales（2007）的设定，政府在 t 期对各地区每个家庭征收税率为 τ_t 的定量税以调节预算平衡，使得在公共支出政策调整情况下每期的财政赤字仍保持为零，以便在模拟公共支出政策调整时隔离税收扭曲的影响。财政收支满足如下的预算平衡方程：

$$X_t + G_t = \sum_{i=1}^{N} l_i (\tau_E E_{it} + \tau_n \omega_{it} n_{it} + \tau_k r_t k_{it} + \tau_t) \tag{6.6}$$

其中，r_t 为国内统一资本市场的利率。假设生产性公共支出、消费性公共支出分别与总收入成固定比例 φ 和 η，可表示为

$$G_t = \varphi \sum_{i=1}^{N} (l_i p_{it} m_{it}), \quad X_t = \eta \sum_{i=1}^{N} (l_i p_{it} m_{it}) \tag{6.7}$$

设 i 地区生产性公共支出占区域资源利用报酬的比重为 φ_i，g_{it} 为 i 地区 t 期的生产性公共支出，由上述设定可知 $g_{it} = \varphi_i \sum_{i=1}^{N} (l_i p_{it} m_{it})$ 且 $\sum_{i=1}^{N} \varphi_i = \varphi$。假设消费性公

共支出不直接参与生产，而生产性公共支出以基础设施的形式积累。用ζ表示基础设施的折旧率，则i地区的基础设施积累方程为

$$I_{i(t+1)} = G_{it} + (1-\zeta)I_{it} \tag{6.8}$$

6.2.3 消费者行为

通过引入闲暇时间和跨期效用，对消费者效用函数［式（3.1）］加以改进。假设i地区消费者每期的收入用于消费E_{it}和储蓄s_{it}，并且拥有 1 单位的时间禀赋可在劳动和闲暇之间分配。代表性消费者的效用函数为

$$\begin{aligned} U_i &= \sum_{t=0}^{\infty} \rho_t u(E_{it}, 1-n_{it}) \\ &= \sum_{t=0}^{\infty} \rho_t \frac{\left[E_{it}^{1-\theta}(1-n_{it})^{\theta}\right]^{1-\iota} - 1}{1-\sigma} \end{aligned} \tag{6.9}$$

其中，n_{it}为单位时间 1 分配给劳动的比例；$\rho_t \in (0,1)$为主观贴现率；θ为闲暇的消费份额；ι为跨期替代弹性的倒数；E_{it}为 3.1.2 小节消费者用于购买 M 部门商品的支出约束E_i在t期的值。代表性生产者达到收支平衡的预算约束条件为

$$(1-\tau_n)\omega_{it} n_{it} + \left[1+(1-\tau_k)r_t\right]k_{it} - \tau_t = (1+\tau_E)E_{it} + s_{i(t+1)} \tag{6.10}$$

家庭效用最大化问题的一阶条件为

$$\frac{u_2(E_{it}, 1-n_{it})}{u_1(E_{it}, 1-n_{it})} = \frac{(1-\tau_n)\omega_{it}}{1+\tau_E} \tag{6.11}$$

$$\frac{u_1(E_{it}, 1-n_{it})}{u_1(E_{i(t+1)}, 1-n_{i(t+1)})} = \rho_t\left[1+(1-\tau_k)r_{t+1}\right] \tag{6.12}$$

横截性条件为

$$\lim_{t\to\infty} H_t s_{it} = 0 \tag{6.13}$$

式（6.9）～式（6.13）构成了该代表性消费者效用最大化问题的最优性条件。其中H_t是预算约束对应的 Hamilton 乘子，u_1和u_2分别代表消费和闲暇的边际效用。

6.2.4 均衡条件

假设全国具有统一的资本市场，资本可自由流动，因此均衡状态下资本市场有$\sum_{i=1}^{N} l_i s_{it} = \sum_{i=1}^{N} l_i k_{it}$。生产者的产出既能用于消费和储蓄，又能用于私人投资和政府公共支出，因此在垄断竞争均衡中存在以下市场出清条件：

$$\sum_{i=1}^{N}\pi_i\left[E_{it}+k_{i(t+1)}-(1-\delta)k_{it}\right]=(1-\eta-\varphi)\sum_{i=1}^{N}(\pi_i p_{it}m_{it}) \tag{6.14}$$

给定初始私人资本存量k_0、初始基础设施存量I_0，财政政策组合$\{\varphi,\eta,\tau_E,\tau_w,\tau_k,\tau_t\}$下的垄断竞争均衡定义为要素价格$\{\omega_{it},r_{it}\}_{i=1}^{N}$和财富分配$\{E_{it},n_{it},k_{it}\}_{i=1}^{N}$的时间路径，且满足生产者利润最大化条件[式(6.2)～式(6.5)]、政府预算平衡约束[式(6.6)～式(6.8)]、家庭效用最大化条件［式（6.9）～式（6.13)］，以及市场出清条件［式（6.14)］。

6.2.5　求解过程

模型中的各地私人资本存量和基础设施存量分布是一个状态变量，因此其初始分布决定了均衡增长路径。由于无法从现有统计数据得到这种初始分布状态，本书用 Kehoe 等（1992）提出的包含税收扭曲的伪社会计划者问题来求解均衡。该问题为

$$\max\ \sum_{i=1}^{N}\lambda_i\sum_{t=0}^{\infty}\rho_t u(E_{it},1-n_{it})-\sum_{i=1}^{N}l_i(z_{it}E_{it}+n_{it}s_{it}+e_{it}k_{it}) \tag{6.15}$$

$$\text{s.t.}\ \sum_{i=1}^{N}\pi_i\left[E_{it}+k_{i(t+1)}-(1-\delta)k_{it}\right]=(1-\eta-\varphi)\sum_{i=1}^{N}(\pi_i p_{it}m_{it})$$

其中，z_{it}和e_{it}为反映i地区税收扭曲的变量；λ_i为给i地区代表性消费者的福利权重，$\sum_{i=1}^{N}\lambda_i=1$。设$\kappa_t$为伪社会计划者问题［式（6.15)］对应的 Lagrange 乘子，则该问题的一阶条件为

$$\lambda_i u_1(E_{it},1-n_{it})=l_i(\kappa_t+z_{it}) \tag{6.16}$$

$$\lambda_i u_2(E_{it},1-n_{it})=l_i\left[\kappa_t(1-\alpha)\left(\frac{p_{it}m_{it}}{n_{it}}\right)-s_{it}\right] \tag{6.17}$$

$$\kappa_t=\rho_t\left\{\kappa_{t+1}\left[1+\alpha\left(\frac{p_{i(t+1)}m_{i(t+1)}}{k_{i(t+1)}}\right)-\delta\right]-e_{it}\right\} \tag{6.18}$$

为了描述经济的均衡增长路径，需在该问题一阶条件的基础上，加上政府预算平衡约束［式（6.6）～式（6.8)］，以及以下附加条件：

$$z_{it}=\tau_c\kappa_t \tag{6.19}$$

$$s_{it}=\tau_y\kappa_t(1-\alpha)\left(\frac{p_{it}m_{it}}{n_{it}}\right) \tag{6.20}$$

$$e_{it} = \tau_k \kappa_{t+1} \left[1 + \alpha \left(\frac{p_{i(t+1)} m_{i(t+1)}}{k_{i(t+1)}} \right) - \delta \right] \tag{6.21}$$

根据以上一阶条件、附加条件和政府预算平衡约束条件[式(6.6)～式(6.8)]，可求解 6.2.4 小节定义的垄断竞争均衡。当经济收敛于均衡增长路径时，消费以固定速率增长，而私人投资、基础设施、劳动时间、私人资本产出比保持不变。为降低区域经济分析的维度，把经济体看作由两个地区组成：分析的目标地区记为参照区 1；除了地区 1 以外的其他地区加总记为外部区 2。用这种方法把各地区依次设为参照区。参照区和外部区的划分对应了 4.2.1 小节内部市场潜力与外部市场潜力的划分。

6.3　模 型 校 准

为了模拟向边缘地区倾斜的生产性公共支出政策对中国区域资源利用报酬空间依赖产生的冲击，首先基于中国年度区域经济数据对模型进行校准。校准过程中所使用的数据来源为历年《中国统计年鉴》《中国财政年鉴》及中国统计局网站，时间跨度为 1996～2015 年，地区范围为中国 31 个省级行政区。

6.3.1　区域间同质性参数校准

表 6.1 汇总了各地区同质性参数的设定值。参考白重恩等（2008）对私人资本产出份额的计算方法，在考虑政府收入即间接税的条件下，用总利润与固定资产折旧之和占 GDP 的比重，计算出中国私人资本产出份额α为 0.4093，处于陈晓玲和连玉君（2013）的分省区计算结果区间内及杨汝岱（2015）的分行业计算结果区间内；相应的劳动产出份额$(1-\alpha)$为 0.5907，处于蒋为和黄玖立（2014）的分年度计算结果区间内。根据多数同类研究的估算（严成樑和崔小勇，2012；饶晓辉和刘芳，2014），对私人资本折旧率δ和基础设施折旧率μ取值 0.1000。基础设施的外部性参数ζ、拥挤成本ν不能从原始数据直接计算得出，可通过生产函数的估计得出。距离d_{ij}取两地省会或直辖市之间的欧式距离，把式（6.5）代入式（6.1），作对数处理，使用 1996～2015 年中国 31 个省级行政区的数据进行高斯混合模型估计，可得到ζ和ν的估计值，估计结果接近现有同类文献的研究结果（张光南等，2013）。

表 6.1 区域间同质性参数校准表

参数	符号	基准值
家庭		
主观贴现率	ρ	0.9823
闲暇的消费份额	θ	0.5092
跨期替代弹性	ι	0.3156
生产者		
私人资本产出份额	α	0.4093
基础设施的溢出参数	ζ	0.0280
基础设施的拥挤成本	ν	0.0732
私人资本折旧率	δ	0.1000
基础设施折旧率	μ	0.1000
政府		
消费性公共支出占全国收入的比重	η	0.1473
生产性公共支出占全国收入的比重	φ	0.0359
消费税率	τ_E	0.1302
劳动收入税率	τ_y	0.0434
资本收入税率	τ_k	0.2366

根据顾六宝和肖红叶（2004）的测算结果，消费跨期替代弹性的倒数取值3.1690。ρ 和 θ 的取值根据均衡增长路径下消费者问题的一阶条件［式（6.9）、式（6.11）和式（6.12）］计算得到。用 Mendoza 等（1994）的平均税率法测算中国消费支出、劳动收入和资本收入的有效税率，结果分别为 0.1302、0.0434 和 0.2366，与现有同类文献的测算结果基本一致（刘溶沧和马拴友，2002；王蓓和崔治文，2012；梁红梅和张卫峰，2014；吕冰洋和陈志刚，2015）。

6.3.2 区域间异质性参数校准

根据 6.2.5 小节的说明，依次把研究范围内的中国 31 个地区作为参照区来考虑。人口比例 l_i 使用年末常住人口数据来计算。用试错法设定各地的福利权重 λ_i，使得伪社会计划者问题的均衡解中各地人均消费等于现实数据。参数 φ_1 由政府对各地区生产性公共支出占全国收入现值的比重计算得出，反映了生产性公共支出的区域分布。表 6.2 汇总了各地区异质性参数的设定值。

表 6.2　区域间异质性参数校准表

地区	$y_1/(l_1y)$	$E_1/(l_1E)$	l_1	φ_1	λ_1
北京	2.5058	2.7008	0.0131	0.0014	0.0694
天津	2.1426	1.7607	0.0090	0.0008	0.0492
河北	0.8703	0.7407	0.0534	0.0012	0.0263
山西	0.7523	0.7108	0.0262	0.0008	0.0241
内蒙古	1.1598	1.0172	0.0186	0.0011	0.0358
辽宁	1.2491	1.1290	0.0328	0.0015	0.0357
吉林	0.9052	0.8956	0.0208	0.0007	0.0289
黑龙江	0.8660	0.8922	0.0292	0.0009	0.0286
上海	2.6906	2.6997	0.0156	0.0029	0.0730
江苏	1.5131	1.2947	0.0587	0.0023	0.0427
浙江	1.5815	1.5009	0.0392	0.0018	0.0497
安徽	0.5907	0.6470	0.0466	0.0012	0.0256
福建	1.2082	1.1335	0.0276	0.0009	0.0389
江西	0.6126	0.6235	0.0333	0.0007	0.0243
山东	1.1960	1.0070	0.0716	0.0018	0.0290
河南	0.6919	0.6726	0.0724	0.0017	0.0242
湖北	0.7889	0.8113	0.0437	0.0009	0.0284
湖南	0.6887	0.7578	0.0500	0.0010	0.0290
广东	1.4119	1.4153	0.0740	0.0032	0.0421
广西	0.5682	0.6523	0.0364	0.0010	0.0229
海南	0.7307	0.7371	0.0065	0.0002	0.0272
重庆	0.8113	0.8170	0.0219	0.0007	0.0304
四川	0.6092	0.6696	0.0622	0.0014	0.0269
贵州	0.3791	0.5334	0.0279	0.0007	0.0202
云南	0.5054	0.6480	0.0344	0.0011	0.0215
西藏	0.5483	0.7303	0.0022	0.0004	0.0157
陕西	0.7338	0.7435	0.0283	0.0010	0.0269
甘肃	0.4884	0.5883	0.0195	0.0007	0.0216
青海	0.6811	0.8043	0.0042	0.0003	0.0278
宁夏	0.7248	0.8293	0.0047	0.0003	0.0273
新疆	0.7945	0.8366	0.0159	0.0008	0.0268

注：外部区生产性公共支出占全国收入的比重的计算方法为 $\varphi_2=\varphi-\varphi_1$

表 6.2 第 2 列显示了参照区人均收入与全国人均收入平均值之比，可以观察到，上海、北京、天津、浙江、江苏、广东、辽宁、福建、山东和内蒙古的人均产出均高于各地人均产出平均值，这 10 个地区即 5.4.1 小节划分的较发达地区，而其他地区为较不发达地区。根据第 5 章到中心城市的距离标准划分的吉林、黑龙江、重庆、四川、贵州、云南、西藏、陕西、甘肃、青海、宁夏、新疆等边缘地区全部属于较不发达地区。由表 6.2 第 5 列可知，当前除四川、安徽、河南、河北外，区域生产性公共支出高于全国平均水平的地区皆为较发达地区。

6.4 数值模拟

为考察生产性公共支出的区域倾斜政策对区域资源利用报酬空间依赖的影响，结合中国的现实经济背景，通过数值模拟分析新增生产性公共支出向一个地区倾斜对该区域资源利用报酬空间依赖的冲击。假设经济体初始状态为现实财政政策下的垄断竞争均衡，政府未事先宣布特定的区域发展政策。具体对以下三种政策情形进行模拟：①预算平衡条件下，新增生产性公共支出以现有的比例分布在各地区；②预算平衡条件下，新增生产性公共支出增长完全分布在参照区；③在生产性公共支出规模保持不变的情况下，政府对生产性公共支出的区域分布进行调整。如果参照区收入增长大于外部区收入增长，则参照区的外部市场潜力比重减小，本地市场规模扩大，区域资源利用报酬空间依赖相应减弱。对情形①的模拟可获取现有分布形式下生产性公共支出的边际效应，对情形②的模拟可获取生产性公共支出的外部性；对情形③的模拟可进一步验证这种外部性的存在并验证其对区域资源利用报酬空间依赖的影响。

6.4.1 生产性公共支出的边际效应

依次把各省（自治区、直辖市）作为参照区进行考察，政府增加全国生产性公共支出的比重 φ，增长量占全国收入现值的 0.01%，且这种增长以现有的区域分布状态分布在参照区和外部区，计算各地区收入的变化，模拟结果如表 6.3 所示。由表 6.3 可知，参照区和外部区的收入都有一定程度的增长，而只有较发达地区收入的空间依赖减弱，其他包含所有边缘地区的较不发达地区收入空间依赖增强。例如，全国生产性公共支出增长量占全国收入现值的 0.01%且这种增长以现有的区域分布状态分布在各地区时，江苏省收入增长量占全国收入现值的 0.0436%，其他地区收入增长量占全国收入现值的 0.0384%，而江苏省的区域资源利用报酬空间依赖减弱。

表6.3 各地生产性公共支出同时增长对区域资源利用报酬空间依赖的冲击

参照区	参照区收入变化（占全国收入现值的比重）/%	外部区收入变化（占全国收入现值的比重）/%	参照区收入空间依赖变化（“+”为增强，“–”为减弱）
北京	0.0616	0.0445	–
天津	0.0618	0.0451	–
河北	0.0277	0.0435	+
山西	0.0259	0.0469	+
内蒙古	0.0399	0.0396	–
辽宁	0.0454	0.0370	–
吉林	0.0282	0.0464	+
黑龙江	0.0265	0.0394	+
上海	0.0674	0.0326	–
江苏	0.0436	0.0384	–
浙江	0.0495	0.0374	–
安徽	0.0245	0.0387	+
福建	0.0456	0.0371	–
江西	0.0218	0.0465	+
山东	0.0416	0.0344	–
河南	0.0273	0.0419	+
湖北	0.0244	0.0382	+
湖南	0.0234	0.0454	+
广东	0.0445	0.0401	–
广西	0.0251	0.0383	+
海南	0.0230	0.0463	+
重庆	0.0265	0.0389	+
四川	0.0222	0.0485	+
贵州	0.0193	0.0443	+
云南	0.0218	0.0392	+
西藏	0.0277	0.0416	+
陕西	0.0278	0.0428	+
甘肃	0.0227	0.0457	+
青海	0.0256	0.0458	+
宁夏	0.0303	0.0400	+
新疆	0.0274	0.0391	+

对表 6.3 中参照区和外部区的收入变化作比较会发现：如果参照区是 5.4.1 小节定义的较发达地区，则参照区的收入增长大于外部区的收入增长，因此，新增生产性公共支出如果按现有空间分布比例保持不变，会增强较不发达地区收入的空间依赖，加深“距离的诅咒”对其收入的影响。对该结果的经济学解释并非在于各地区的发达程度，而是在于内部市场潜力与外部市场潜力各自占的比重，因为内部市场潜力与外部市场潜力两种因素共同决定了生产性公共支出对区域资源利用报酬空间依赖的冲击。例如，河北省的生产性公共支出比例虽然较高，但是其内部市场潜力的比重较小，后者成为生产性公共支出增长对河北省区域资源利用报酬空间依赖增强的主要原因。而天津市较大的内部市场潜力比重解释了该地区为何在较低的生产性公共支出比例情况下区域资源利用报酬空间依赖减弱。保持各地生产性公共支出现有比重不变的情形下，所有 21 个较不发达地区收入空间依赖增强的模拟结果，符合 5.6.2 小节区域经济战略实施之前及实施初期中国区域资源利用报酬空间依赖的增强趋势。

6.4.2　生产性公共支出的空间外部性

根据 6.2.1 小节的设定，政策倾斜的作用机制有两种，分别为本地生产性公共支出的边际效应和其他地区生产性公共支出的外部性。接下来通过计算外部性来分解生产性公共支出的总效应，具体处理方法是保持外部区生产性公共支出不变，计算参照区生产性公共支出增长的外部性作用。设政府增加生产性公共支出的比例 φ，增长量占全国收入现值的 0.01%，且这种增长量以现有的空间比例只分布在参照区，外部区的生产性公共支出增长量为 0。新的均衡路径下区域资源利用报酬和区域资源利用报酬空间依赖变化模拟结果如表 6.4 所示。

表 6.4　参照区生产性公共支出增长对区域资源利用报酬空间依赖的冲击

参照区	参照区收入变化（占全国收入现值的比重）/%	外部区收入变化（占全国收入现值的比重）/%	参照区收入空间依赖变化（“+”为增强，“–”为减弱）
北京	0.0624	0.0359	–
天津	0.0633	0.0329	–
河北	0.0296	0.0322	+
山西	0.0264	0.0337	+
内蒙古	0.0410	0.0302	–
辽宁	0.0381	0.0323	–
吉林	0.0285	0.0313	+
黑龙江	0.0266	0.0294	+

续表

参照区	参照区收入变化（占全国收入现值的比重）/%	外部区收入变化（占全国收入现值的比重）/%	参照区收入空间依赖变化（“+”为增强，“–”为减弱）
上海	0.0975	0.0249	–
江苏	0.0439	0.0340	–
浙江	0.0498	0.0337	–
安徽	0.0253	0.0308	+
福建	0.0376	0.0324	–
江西	0.0222	0.0317	+
山东	0.0356	0.0374	+
河南	0.0287	0.0304	+
湖北	0.0255	0.0333	+
湖南	0.0248	0.0354	+
广东	0.0455	0.0298	–
广西	0.0252	0.0332	+
海南	0.0247	0.0322	+
重庆	0.0269	0.0294	+
四川	0.0225	0.0326	+
贵州	0.0203	0.0393	+
云南	0.0221	0.0394	+
西藏	0.0293	0.0380	+
陕西	0.0284	0.0319	+
甘肃	0.0234	0.0301	+
青海	0.0268	0.0333	+
宁夏	0.0321	0.0320	–
新疆	0.0287	0.0353	+

从表 6.4 第 2 列可以看出，参照区的收入会随着本地区生产性公共支出的增长而增长，这是生产性公共支出的边际效应。同时可以观察到，在初始较发达的地区，区域资源利用报酬的增长幅度更大，且区域资源利用报酬空间依赖减弱。该结果再次证明了 6.4.1 小节的结论，同样可用各地内部市场潜力和外部市场潜力的比重来解释。而与表 6.3 模拟结果不同的是，宁夏等极少数较不发达地区出现本地收入增长大于外部区收入增长且区域资源利用报酬空间依赖减弱的结果，这意味着生产性公共支出的相对倾斜减弱了部分边缘地区收入的空间依赖。

表 6.4 第 2 列和第 3 列显示了参照区生产性公共支出增长对外部区收入的影响，即区域生产性公共支出的空间外部性。由表 6.4 第 3 列的结果可知，增加每个地区的生产性公共支出，对相应的外部区收入均会造成正向的影响。这意味着政府增加任何地区的生产性支出，都会带动全国收入的增长。对该情形的模拟结果说明，参照区的生产性公共支出增加会带动其他地区技术水平的增长，从而对外部区收入形成正外部性。然而此结果只能说明，一个地区的生产性公共支出增加，对加总的外部区收入产生正外部性，不能排除其对外部区内个别地区的收入产生负外部性的可能。

为全面描述生产性公共支出的空间外部性，需要分析外部区生产性公共支出的增加对参照区收入的影响。通过比较表 6.3 第 2 列和表 6.4 第 2 列结果可知，表 6.4 第 2 列给出的生产性公共支出边际效应大于表 6.3 第 2 列给出的生产性公共支出总效应。这说明，当前财政政策下，各地收入受到外部区生产性公共支出的负外部性影响，该结论与韩仁月和常世旺（2010）、陈碧琼等（2013）、张方和陈凯（2016）、范欣等（2017）的实证研究结果一致，并不与前文所分析的参照区生产性公共支出对外部区形成正空间外部性的结论相矛盾，因为一个地区的收入受到加总外部区生产性公共支出的负外部性影响，不能排除其受到外部区内个别地区的生产性公共支出正外部性影响的可能。据此可知，当生产性公共支出向边缘地区倾斜时，除了对边缘地区收入产生边际效应，还对核心地区的收入产生负外部性，从而加强了边缘地区对内部市场潜力的依赖，且降低了边缘地区对外部市场潜力的依赖。因此，在中国区域经济战略背景下，边缘地区收入的空间依赖由强转弱，进而所有地区收入的空间依赖也由强转弱。

6.4.3　调节生产性公共支出区域分布的影响

由 6.4.2 小节的分析结果可知，无论以区域差距最小化为准则，还是以全国收入最大化为准则，当前生产性公共支出的区域分布都不是最优的。为进一步验证 6.4.2 小节的定性分析结果，接下来考察增加参照区的生产性公共支出，并同时减少外部区的生产性公共支出的情况。设政府增加参照区的生产性公共支出的比例 φ_1，总增长量占全国收入现值的 0.01%，且这种增长量以现有的空间比例分布在参照区；同时减少外部区生产性公共支出的比例 φ_2，总减少量占全国收入现值的 0.01%，且这种减少量以现有的空间比例分布在外部区。新的均衡增长路径下区域资源利用报酬和区域资源利用报酬空间依赖变化模拟结果如表 6.5 所示。

表6.5　调整生产性公共支出的空间分布对区域资源利用报酬空间依赖的冲击

参照区	参照区收入变化（占全国收入现值的比重）/%	外部区收入变化（占全国收入现值的比重）/%	参照区收入空间依赖变化（“+”为增强，“–”为减弱）
北京	0.0735	0.0321	–
天津	0.0694	0.0284	–
河北	0.0331	0.0252	–
山西	0.0329	0.0270	–
内蒙古	0.0493	0.0238	–
辽宁	0.0420	0.0261	–
吉林	0.0388	0.0243	–
黑龙江	0.0349	0.0216	–
上海	0.0877	0.0209	–
江苏	0.0493	0.0287	–
浙江	0.0588	0.0288	–
安徽	0.0362	0.0233	–
福建	0.0479	0.0263	–
江西	0.0255	0.0241	–
山东	0.0448	0.0321	–
河南	0.0369	0.0231	–
湖北	0.0348	0.0262	–
湖南	0.0347	0.0288	–
广东	0.0517	0.0240	–
广西	0.0266	0.0263	–
海南	0.0257	0.0251	–
重庆	0.0276	0.0218	–
四川	0.0238	0.0249	+
贵州	0.0221	0.0334	+
云南	0.0274	0.0337	+
西藏	0.0345	0.0323	–
陕西	0.0329	0.0249	–
甘肃	0.0269	0.0222	–
青海	0.0332	0.0265	–
宁夏	0.0383	0.0251	–
新疆	0.0342	0.0290	–

通过比较表 6.5 和表 6.4，发现表 6.4 中与表 6.5 中参照区的收入变化方向一致，而表 6.5 中参照区的收入增长幅度更大。由 6.4.2 小节的分析可知，导致这种差别的原因是外部区生产性公共支出减少对参照区收入产生的正向冲击。表 6.5 中外部区的收入亦有一定增长，因此，参照区新增生产性公共支出产生的空间外部性大于外部区生产性公共支出减少产生的边际效应。

相较表 6.4 而言，表 6.5 中外部区的收入增长幅度更小，因为外部区生产性公共支出减少产生的边际效应抵消了一部分增加的参照区生产性公共支出的外部性，这意味着 6.4.3 小节的政策调整导致更大幅度的区域资源利用报酬空间依赖变化。因此，对于减弱区域资源利用报酬空间依赖而言，以现有空间分布比例增加某地区生产性公共支出比调整生产性公共支出空间分布比例的作用更弱。尽管如此，以现有空间分布比例增加某地区生产性公共支出对区域资源利用报酬空间依赖的负向冲击结果仍可证明：保持当前生产性公共支出的区域分布不变会继续加强中国区域资源利用报酬空间依赖，向边缘地区更为倾斜的生产性公共支出区域分布可减弱中国区域资源利用报酬空间依赖。

6.5 经验分析

6.5.1 实证模型设定与估计方法选择

根据 6.4 节的分析，向参照区倾斜的区域生产性公共支出通过对参照区收入的边际效应和对外部区收入的负外部性，对参照区收入的空间依赖形成负向冲击。为检验该结论，在实证模型［式（5.2）］的基础上，建立变参数模型进行实证检验。

生产性公共支出对私人投资的作用尚无定论，在实证研究中可以用三种方法来解决。第一种方法是把私人投资纳入扰动项，只研究生产性公共支出的影响，这种方法进一步增加了模型的内生性，造成估计结果有偏，估计误差增大。第二种方法是考虑私人投资的影响，并引入私人投资和生产性公共支出的交互项，这种方法中两个变量的交互形式没有相应的理论基础来确定，且本书试验了常用的两变量相乘形式的交互项，得到的估计结果并不显著。第三种方法是考虑私人投资的影响，而把私人投资和生产性公共支出的交互作用对被解释变量的影响归入扰动项，这种方法在一定程度上降低了估计的精度，但是使模型形式得到简化，且使 G_{it} 和 K_{it} 等解释变量同第 4 章、第 5 章的模型使用的控制变量保持一致。通过比较，本书采用第三种方法来处理私人投资和生产性公共支出。假设式（5.2）中外部市场潜力的系数 β_1 由邻近地区生产性公共支出决定，可表示为

$$\beta_1 = \beta_4 + \beta_5 \mathrm{WG}_{it} \tag{6.22}$$

其中，WG_{it} 为区域生产性公共支出的空间滞后，这里为保持和市场潜力的构造方法一致，用标准化包含到 5 个最近邻域的最短公路距离倒数空间权重矩阵。把式（6.22）带入式（5.2），可得到本章使用的实证模型：

$$y_{it} = \beta_0 + \beta_2 G_{it} + \beta_3 K_{it} + \beta_4 \mathrm{RMP}_{it} + \beta_5 \mathrm{WG}_{it} \cdot \mathrm{RMP}_{it} + u_{it} \tag{6.23}$$

本节使用 1996～2015 年中国区域经济面板数据模型考察区域资源利用报酬空间依赖的变化原因。面板数据模型最明显的优点在于它能通过固定时间效应和个体效应来控制不可观测的异质性。对所有变量作对数处理，Hausman 检验结果拒绝了随机效应模型的假设，并且似然比检验结果拒绝了固定个体效应模型和个体时间双固定效应模型的假设，不拒绝固定时间效应模型的假设，应采用固定时间效应模型来估计。由于实际市场潜力 RMP_{it} 可能与误差项 u_{it} 相关而产生内生性，使用混合最小二乘估计的结果是有偏且非有效的。由于本节的模型估计是基于面板数据，若使用工具变量两阶段最小二乘估计法，难以找到具有相同面板数据结构的工具变量，因此采用一阶差分的广义矩估计（generalized method of moment，GMM）方法，即使用 RMP_{it} 的 2 期及 2 期以上滞后作为工具变量，以解决实证模型的内生性问题。

6.5.2　计量结果与讨论

表 6.6 给出了模型［式（6.23）］及其衍生模型的估计结果。表 6.6 第（1）列采用混合最小二乘估计方法得出的结果由于内生性是有偏且非有效的，但其估计结果与 GMM 方法得出的结果相似，在一定程度上显示了该结果的稳健性。由于第（1）列和第（2）列中私人投资变量的系数估计结果不显著，在第（3）列和第（4）列的估计中除去该变量。第（4）列进一步假设 G 不存在外部性，即 $\beta_5 = 0$。第（4）列估计结果的符号与理论预期一致，但 Arellano-Bond 检验结果并不理想。只有第（3）列估计结果的符号均与理论预期一致，且 Sargan 检验结果显示模型过度约束是有效的，Arellano-Bond 检验结果显示残差不存在一阶自相关和二阶自相关，因此以第（3）列估计结果为基准进行分析与讨论。

表 6.6　实证模型式（6.23）的估计结果

	混合最小二乘估计 （1）	GMM （2）	GMM （3）	GMM （4）
β_0	2.23^{***} （0.02）	4.02^{***} （0.00）	3.31^{***} （0.14）	1.36^{***} （0.07）
β_2	1.19^{***} （0.07）	0.24^{**} （0.05）	0.16^{***} （0.05）	0.34^{***} （0.01）

续表

	混合最小二乘估计 （1）	GMM （2）	GMM （3）	GMM （4）
β_3	0.15** （0.01）	0.09 （0.05）		
β_4	0.11*** （0.00）	0.26** （0.03）	0.32*** （0.00）	0.27** （0.02）
β_5	–0.13*** （0.00）	–0.07** （0.00）	–0.05* （0.00）	
固定时间效应	否	是	是	是
固定个体效应	否	否	否	否
样本数	620	558	558	558
R^2	0.93			
AR（1）		0.58	0.52	0.01
AR（2）		0.76	0.80	0.08
Sargan 检验		0.87	0.98	0.55

***、**和*分别表示在 1%、5%和 10%水平上显著

对表 6.6 第（3）列的估计结果进行分析，可以得到以下几点信息。

（1）生产性公共支出的参数 β_2 的估计结果为正且显著，说明生产性公共支出对本地区收入的促进作用大于其对私人投资挤出带来的负向作用，各地区的生产性公共支出对本地收入的边际效应总体是正向的。

（2）使用 GMM 方法估计所有模型的结果中 β_4 均为正且显著，显示出市场潜力对区域资源利用报酬有显著的正向影响，较高市场潜力对应着较高区域资源利用报酬，再次验证了中国区域资源利用报酬存在空间依赖的结论，说明一个区域的收入受其经济地理因素显著影响，同时为新经济地理学所强调的货币外部性提供了经验证据。

（3）公共投资的空间滞后与市场潜力的相互项系数 β_5 估计结果显著为负，验证了 6.4.3 小节外部区生产性公共支出负外部性的结论，显示其他地区生产性公共支出在和市场潜力交互作用下对本地区收入产生负向作用。该结论与以往文献认为生产性公共支出空间外部性为正，或者生产性公共支出总体空间外部性不显著的结论不同。因为其他地区生产性公共支出会建设较高水平基础设施和提供较高水平的公共服务，对本地的流动资本和人力资本等要素产生吸引力，从而对本地区收入形成负向的空间外部性。距离越短，要素的流动越容易发生，因此这种负外部性对空间上邻近的地区影响更大。但与本地生产性公共支出的系数估计值的绝对值相比可知，邻近地区生产性公共支出的负外部性远小于本地生产性公共支出对区域资源利用报酬的正向作用。

（4）β_2、β_4 和 β_5 的估计结果共同验证了 6.4 节关于生产性公共支出对区域资源利用报酬空间依赖作用机制的结论。区域生产性公共支出具有正向的边际效应和负外部性，向参照区倾斜的生产性公共支出通过调节这两种作用的强度，来分别影响参照区收入对内部市场潜力和对外部市场潜力的依赖，进而影响参照区收入空间依赖。

以上经验分析验证了生产性公共支出对区域资源利用报酬的正向边际效应和负外部性。结合中国经济战略中的政策背景可知，生产性公共支出向边缘地区的倾斜导致了 5.6 节所显示的中国区域资源利用报酬空间依赖由强转弱的变化趋势，这种作用的具体机制总结如下。

（1）考虑参照区为边缘地区的情况。在中国区域经济战略背景下，区域生产性公共支出向边缘地区倾斜，核心地区生产性公共支出对边缘地区收入的负外部性减弱，导致边缘地区收入对外部市场潜力依赖减弱；而边缘地区收入受本地生产性公共支出的正向边际效应加强，导致边缘地区收入对内部市场潜力依赖加强。根据表 5.1 的分析结果，在边缘地区的外部市场潜力对区域资源利用报酬长期占支配地位的前提下，两种作用的此消彼长导致市场潜力对边缘地区收入的影响加速减弱，即边缘地区收入的空间依赖在 2006 年之后加速减弱，边缘地区收入开始脱离“距离的诅咒”。

（2）考虑参照区为核心地区的情况。在同样的区域生产性公共支出政策下，边缘地区生产性公共支出对核心地区收入的负外部性加强，导致核心地区收入对外部市场潜力的依赖加强；核心地区受到本地区生产性公共支出的正向边际效应减弱，导致核心地区收入对内部市场潜力的依赖减弱。根据表 5.1 的分析结果，在核心地区的内部市场潜力和外部市场潜力对区域资源利用报酬长期支配作用相当的前提下，两种作用的此消彼长导致市场潜力对核心地区收入的影响出现震荡减弱，核心地区收入空间依赖的增强趋势在 2006 年之后逐渐消失且有较小幅度的震荡减弱。

（3）由于边缘地区和核心地区的收入空间依赖同时在 2006 年出现不同幅度的减弱，全国所有地区收入空间依赖亦在 2006 年由增强趋势转变为减弱趋势。

第 7 章　资源空间依赖实证启示

在实施的西部大开发、东北振兴、中部崛起和“一带一路”建设等区域经济战略和倡议背景下，中国的资源利用空间依赖发生着深刻变化。本书基于新经济地理学和空间计量经济学理论，对中国资源利用空间依赖进行了再检验，在验证中国区域空间依赖变化存在的基础上，分析了中国资源空间依赖的变化趋势，并进一步研究了生产性公共支出的区域倾斜对中国区域资源空间依赖的影响机制，得到了关于这三个问题的研究结论与启示。

7.1　中国资源空间依赖实证总结

在同时考虑资源利用及经济活动的其他各方面空间自相关时，以往研究得到的中国的资源利用存在空间依赖的结论仍具有稳健性。根据 Harris（1954）对市场潜力的定义，使用绝对距离倒数空间权重矩阵对中国所有地区收入的加权和来衡量市场潜力，结果显示，中国的区域市场潜力空间结构自东向西呈现出新经济地理意义上的“核心-边缘”模式。然而，基于 Harris（1954）意义上的市场潜力来估计 Krugman（1993）的新经济地理学工资方程时，估计结果的残差呈现出空间自相关，而这种空间自相关在多数新经济地理学实证研究中被忽视。本书通过把新经济地理学工资方程和空间误差模型整合为空间联合模型，在同时考虑被解释变量和误差项空间自相关的情况下验证了中国资源利用空间依赖的存在。其中，在构建被解释变量时发现，空间权重矩阵邻域个数的选取、被解释变量对数处理与滞后处理的先后顺序、是否包含内部市场潜力等空间滞后变量的构建方法会对估计结果产生影响。稳健性检验表明，空间邻接矩阵或地理距离倒数矩阵的选择不会影响该结论的稳健性。

中国的资源利用空间依赖在区域经济战略实施背景下由增强趋势转变为减弱趋势。通过估计 1996～2015 年中国资源利用对市场潜力历年的弹性，可得到经济地理边缘性对中国边缘地区收入的影响由强转弱，以及经济地理因素对中国所有地区收入的平均影响由强转弱的结论。对不同经济发展水平和不同经济地理位置的资源利用空间依赖变化分析表明，随着区域经济战略的实施，中国较发达地区收入空间依赖与较不发达地区收入空间依赖出现趋同，中西部边缘地区收入空间依赖随着区域经济战略的实施出现的减弱趋势更为明显。中国资源利用空间依赖的转折发生在 2005～2006 年，相较于西部大开发战略开始实施的时间点滞后了五六年，接近中部崛起和东北振兴战略开始实施的时间点，因此，从长期来看，中国资源利用空间依赖的转折与区域经济战略的背景在时间上具有一致性。

生产性公共支出的区域倾斜通过边际效应和空间外部性两种作用分别影响支出目标区收入和支出目标区以外地区收入，进而影响资源利用空间依赖。本书从区域经济战略中对边缘地区倾斜的公共支出政策出发，向新经济地理学模型生产函数引入包含空间外部性的基础设施要素，并加入对政府财政收支行为的考量，建立了一个改进的新经济地理学模型。使用伪社会计划者问题求解模型并使用中国经济数据进行校准，分别对三种财政政策情形进行模拟：增加全国各地的生产性公共支出，集中增加某地的生产性公共支出，调节现有生产性公共支出的区域分布。对模拟结果进行分析可知，新增生产性公共支出按照当前的空间分布比例分散于各地区，会进一步加强全国资源利用空间依赖，并且继续扩大资源利用差距；新增生产性公共支出集中于边缘地区时，通过边际效应对边缘地区收入产生正向冲击，同时减弱核心地区生产性公共支出的外部性，进而减弱边缘地区收入的空间依赖，并且缩小资源利用差距。本书基于 1996～2015 年面板数据的经验分析验证了生产性公共支出对资源利用空间依赖的作用机制。

7.2　中国资源空间依赖实证启示

经济地理意义上的边缘性对中国中西部地区收入增长的制约仍是中国东部和中西部收入差距不断拉大的主要原因。样本期内，按照距三大中心城市距离标准划分的边缘地区中，各地区的人均收入水平皆低于全国人均收入水平。在 1996～2007 年，边缘地区收入的空间依赖分别高于核心地区的收入空间依赖和全部地区的收入空间依赖，而在 1996～2015 年，较不发达地区的收入空间依赖一直高于较发达地区的收入空间依赖和全部地区的收入空间依赖。边缘地区市场潜力均值低于核心地区市场潜力均值的 50%，且内部市场潜力比重低于 10%，对边缘地区收入增长形成了较大的束缚。

向边缘地区倾斜的生产性公共支出，可减弱资源利用的空间依赖，并缓和不断拉大的资源利用差距。中国的资源利用空间依赖在 2006 年之前的增强趋势表明中国的资源利用存在“距离的诅咒”效应，而在 2006 年之后的减弱趋势表明中国的资源利用正在脱离“距离的诅咒”。这种转折与西部大开发、中部崛起和东北振兴等区域经济战略的背景在时间上具有一致性，表明西部大开发、中部崛起和东北振兴等区域经济战略在减弱经济地理边缘性对中国中西部地区收入的影响和减缓中国资源利用差距扩大方面具有显著效果。而目前实施中的“一带一路”

建设若把新增生产性公共支出过度分散于中国东部和中西部地区，会对中国资源利用空间依赖产生正向冲击。

政府在决策时还要考虑到生产性公共支出对其他地区收入产生的外部性。由于各地区在流动性生产要素上的竞争性，生产性公共支出对目标地区以外的经济产生负向的空间外部性，向一个地区倾斜的生产性公共支出能加强该地区的竞争优势，并削弱其他地区的竞争力。负向的空间外部性可以成为以往文献得出的全国层面生产性公共支出对总体经济增长负向作用或者不显著的正向作用的一种解释。因此，对于东部地区率先发展的战略，政府应有相应的配套措施以减轻其生产性公共支出对中西部地区收入产生的负外部性。

7.3　后续研究空间

由新经济地理学基准模型推导出的工资方程中，市场潜力的弹性反映了制造业工资对市场潜力的依赖。尽管目前的新经济地理学实证研究中，工资方程已经被广泛地表达为区域经济对市场潜力的依赖，但这种处理方法缺乏相应的规范。本书在理论模型中把资源利用的概念规范为省级层面包含三大产业增加值的区域人均产业增加值，这种规范以基于中国经济数据的样本变异性和数据可得性为标准，在理论研究上未形成对新经济地理学模型中的资源利用更为一般的规范，在实证研究上也未对研究尺度更细划分。后续的研究工作需要在理论上对新经济地理学模型中的资源利用进一步规范，使其适用于更为一般的经济状况分析；在实证研究上分别从区域尺度、行业层面和要素层次对资源利用的空间依赖研究进行细化。

空间权重矩阵的设定会对实证研究结果产生一定影响。本书只比较了 3 种使用地理距离设定的空间权重矩阵结合 5 种解释变量指标处理方法构造的解释变量空间滞后项，后续的研究可在地理距离的基础上结合通信距离、经济结构相似度距离、制度距离和文化相似度距离构造空间权重矩阵，比较使用这类空间权重矩阵构造的空间滞后项对实证结果产生的影响，以进一步检验本书所得到的中国资源利用空间依赖的存在性及其变化趋势结论的稳健性。

理论上，随着基础设施建设的加强，经济活动的空间联系也会加强，但是各项基础设施覆盖的地理范围有限，因而受其正向影响的空间经济联系也有一定范围。本书假设区域技术水平受所有地区整体基础设施的影响，并使用和构造市场潜力时一致的空间权重矩阵，检验出区域生产性公共支出的正向边际效应和负向空间外部性，而未对基础设施的影响范围进行规范，也未按照影响范围划分基础设施的种类。后续研究需要对不同基础设施的影响范围和区域单元的划分尺度进一步规范，并在模型中区分用于改善区域间经济联系或者区域内经济联系的生产性公共支出，分别研究其对资源利用的冲击及对资源利用空间依赖的影响。

第 8 章　资源依赖的空间构成

8.1　二维与三维空间

人们在描述资源利用状态时，一般是放在二维空间来表述，用以反映两个变量之间的关系。例如，衡量市场需求与供给的关系，以横坐标表示商品价格的变动，以纵坐标表示商品需求或供给量的变化；又如衡量经济增长，则以纵向坐标表示经济产出量、以横坐标表示经济投入，或以横轴表示时间。

将变量分为被解释与解释变量系列，被解释变量系列用 Y_i 表示，一般放在纵向轴上，解释变量系列用 x_i 表示，一般放在横向轴上。如果忽略变量异质性，变量同素同构，变量之间的关系就形成纯数量关系，可以用数学函数去刻画，借助现代计算机技术的数学模型，可方便地将函数各变量前的系数估算出来。或者建立各种平衡关系方程式，利用现代数学计算机运算程序，求出方程式的解。

利用数学函数建立经济模型，模拟经济运行机制，破解了众多经济难题，也为经济决策提供了必要的科学依据。

空间统计学和空间计量学的发展，使资源要素变量关系由二维进入三维空间，资源空间计量理论方法被广泛应用于地质、土壤、水文、环境、农业、地理及经济领域。

几乎所有空间资源数据都具有空间依赖或空间自相关特征。经典二维资源数据统计不能提供资源有关地理分布的任何信息。空间依赖的存在打破了大多数古典二维统计分析中相互独立的基本假设，将古典二维统计方法应用于与地理位置相关的数据时，通常不能获取这些数据的空间依赖性，会引起各种问题，而大多数城市和区域分析的完成依赖于不同地理区域或地带的离散化数据集合。因此，在处理地理区域或地带的离散化数据时，需要引入空间统计和计量经济分析方法。

资源空间统计分析的核心是认识与地理位置相关的数据间的空间依赖、空间关联或空间自相关，涉及空间权重矩阵的构建、空间自相关、局部空间相关的度量与检验、空间自相关模拟等。

空间计量经济方法研究如何将空间相互作用和空间结构并入回归分析中，研究的是如何在横截面数据（cross-setional date）和面板数据（panel date）的回归模型中处理空间相互作用（空间自相关）和空间结构（空间不均匀性）。空间计量经济学研究的是明确考虑空间影响（空间自相关、空间不均匀性）的方法。

空间经济学的核心是资源空间运动，空间运动的核心是演变。假定资源空间结构形成演变机制建立在完全竞争、比较优势和运输成本上，一般认为互补性、互通性和介入机会是其深化的基础，生产要素的不完全流动和经济活动的不完全可分是其差异形成的原因，而这种差异的主要形成因素是集聚。集聚的原因则来自地方性劳动市场、非贸易用途的中间产品供给及技术溢出等。

资源空间集中的动力机制是报酬递增、知识外溢、技术创新、竞争优势、区域合作、运输成本降低等。在经济全球化、信息经济和网络经济快速发展的背景下，资源空间结构将发生本质性的变化，由原来非均衡的核心-边缘格局向均衡的网络-区块链式格局转变。网络不仅是资源空间经济发展的一种有效的空间结构，而且其所具有的特有功能“连通性”为资源经济的高效发展提供了条件。

根据资源空间经济运行机制，可以建立空间扩散模型、引力模型、潜力模型、城市系统动力学模型、最大熵模型等空间相互作用模型（space interaction model，SIM），将空间结构理论政策化和实用化，使其在各国政策的制定和资源经济的发展中占有一定的地位，并为国家干预资源经济提供可具操作性的政策理论和方法。但现实中并不完全具备这些空间相互作用模型成立的假设条件，模型中异质性量化一直是个学术未解之难题，为此，有必要将资源空间经济引入四维空间中研究。

8.2　四 维 空 间

在二维和三维空间里，资源经济函数模型方法是经济学最成熟的研究范式之一。该范式在一系列假设条件下建立数学模型，求解模型参数确定经济变量并加以调控。这些假设条件一般有：市场充分竞争（信息对称完备、要素同质并自由流动、产品市场出清、经济人偏好、企业利润最大化、进入退出无门槛、无垄断等）；技术水平一定（不变）；经济秩序一定（不变）；制度背景一定（不变）；等等。可见，经济函数方法将资源利用秩序放在背景分析中，作为既定因素不进入计量模型。假设条件为建模的必要技术需要，而放开约束条件是科学研究的要求。

科学的本质在于实证性，强调逻辑一致与经验事实的验证。因此，按照现实世界的本来面目描述、分析和研究世界，是经济学成为科学并富有生命力的先决条件和根本出路。单纯追求工具和逻辑的完美而无视现实，只表明人类在经济知识上的进步，但不是经济学成为科学的表现。为此，技术进步、制度进化和结构优化中的经济增长进入经济函数研究领域，而保持经济社会秩序稳定渐进成为当今社会、政治和经济学术界关注的主题。资源利用秩序主要靠权威规范和道德自律，即通过法治与德治的结合去实现。资源利用秩序已不单单是资源经济增长问题，而是一个社会系统治理问题。

资源经济治理理论强调资源主体之间及与政府之间良性互动网络体系的复杂性机制，复杂性科学范式解决了许多经济学难题，但又面临新的严峻挑战。

复杂性科学范式中的要素关系，仍然未摆脱同质无限替代的相关关系。而现实中的资源不是同质的，而且异质性程度随着资源开发的时间、方位、组合方式、利用力度大小和速度快慢而不同。它们并不是相关的实现配置主体效用最大化的要素量的替代，而主要是为达到和谐并实现共同富裕，对要素间相生相克等关系的调节，以异质平衡机制实现经济社会发展的协调与均衡。

复杂性科学范式中的结构优化，依然主要关注的是同素、同构、部分占总体比例的效率调整。而现实经济中的结构是要素社会角色关系的组合，其优化是要素经济社会关系状态的改善。复杂性科学范式中的经济系统进化，依然忽视市场多层次（政府、企业、个人等）不完备和背景多重约束差别，以及在此基础上形成的主体本质差异性，以系统特征值的数量变化度量系统质量的变动。虽然量变到一定程度会引起质变，数学函数的拐点与极值点在理论上也可寻得，但大部分系统质量不断变化，而其函数值并未出现拐点与极值。以一个或几个变量数值变化测度系统质变点只是千百种质量测定方法中的一种，并不适合全部。因此，以系统特征值数量变化测度系统的秩序性质很难找到标尺刻度，因为绝大部分序参量函数无拐点和极值点。协同学把在系统演变中起主导作用的变量称为序参量（order），通过计算序参量系列之间的关联性大小来测定经济系统的有序度。这个“有序度”实际上是序参量方向和速度之间的相关性数值大小的表达，并不能真实反映资源系统要素相位结构变化的资源利用秩序状态。

广泛应用于数字金融、物联网、智能制造、供应链管理、数字资产交易等多个领域的区块链技术，将物理、心理和人工三个世界融合在一起，形成人、机、物一体化的新空间 CPSS（cyber-physical-social space），从而为智能经济无限市场的兴起奠定基础。但区块链核心技术分布式去中心化与资源匹配的中心主导原理相悖，影响资源合理配置。

资源二维和三维经济理论方法所遇到的难题可以在四维空间解决。中国传统经济理论认为，资源治理是一个四维架构的经济行为，如图 8.1 所示。《管子·牧民》曰：“国有四维。”四维是由九个领域所组成，为有形与无形的统一。“有形”是指国民经济构成与国家管理体系的结合形式，“无形”指的是国家和全民的意识形态，即礼、义、廉、耻（管子，2015）。

《周礼》（徐正英和常佩雨，2014）将国民经济与职业分为九种：“一曰三农，生九谷；二曰园圃，毓草木；三曰虞衡，作山泽之材；四曰薮牧，养蕃鸟兽；五曰百工，饬化八材；六曰商贾，阜通货贿；七曰嫔妇，化治丝枲；八曰臣妾，聚敛疏材；九曰闲民，无常职，转移执事。”经过三千多年的发展，国民经济构成越来越复杂，但基本架构没有发生本质性改变。

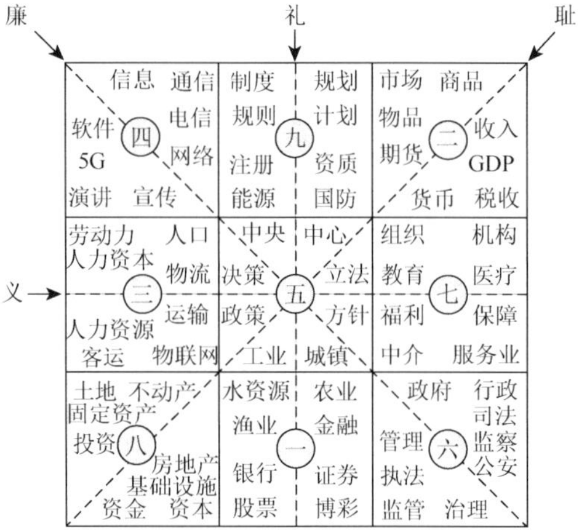

图 8.1　资源四维治理

现代国民经济及治理仍分为九种：一为水资源、农业、渔业、金融、银行、证券、股票、博彩；二为市场、商品、物品、收入、期货、GDP、货币、税收；三为劳动力、人口、人力资本、人力资源、物流、运输、客运、物联网；四为信息、通信、软件、电信、5G、网络、演讲、宣传；五为中央、中心、决策、立法、政策、方针、工业、城镇；六为政府、行政、管理、执法、司法、监管、治理、监察、公安；七为组织、机构、教育、医疗、福利、保障、中介、服务业；八为土地、不动产、固定资产、房地产、基础设施、资本、投资、资金；九为制度、规划、计划、资质、注册、能源、国防、规则。

四维匀称、轻重平衡，伸缩同步、张弛有度。如果某一维加重或变轻，其他三维也随着加重变轻。若某一维增长或缩短，其他三维也必须跟着增长或缩短。四维全面均衡，缺一不可。譬如，制度主导的第一维加重，那么组织主导的第二维也必须加重，即制度决定以后，组织中的干部就成了决定因素；又如，政府主导的第三维加重，那么市场主导的第四维也必须跟着加重，即政府与市场轻重要均衡，哪一个失灵都不行。“国有四维，一维绝则倾，二维绝则危，三维绝则覆，四维绝则灭”（管子，2015）。

农业是国民经济的基础，无它则人类不能生存，为此，我国古代都十分重视农业，视农业为本。随着社会生产力发展，农产品逐渐增加。人们基本生存食物解决后，对非农产品需要会不断增加，社会也会生产大量手工业和工业产品以满足人们日益增长的生活需求。人们食物收入需求弹性较低，而非农产品的收入需求弹性却很高，其变动趋势是：社会生产越发展，非农产品发展空间越大，占用的资源越来越多，资金和劳动力等资源源源不断地从农业流向工商业，农业本身也因土地与劳动力比例增加而提高了效率。春秋时代，齐国在发展农业的同时，非常重视工商业的发展，因此，齐国在各诸侯国竞争中率先称霸。但到汉以后，历朝历代总认为工商业发展挤占了农业的资源，重农抑商思想盛行，采取限制工商业甚至打击工商业的政策，结果是工商业发展受到阻碍不能有效吸收农民就业，农业失去土地规模效应而发展缓慢。更为严重的是，农业土地买卖及快速兼并导致大批农民失去土地被抛向社会，而工商业又不发达，无地农民就成为无业游民，为社会动荡埋下了隐患。周期性农民土地战争形成改朝换代式的社会经济低水平陷阱。明朝中期，王阳明提出四民异业而同道理论，认为在“道”的面前，士、农、工、商完全处于平等地位，不存在地位的高低、职业的优劣。

各产业地位平等，但并不等于各产业配置资源相等。各产业配置资源多少要符合整个系统本质的要求。整体系统本质是其中央“道”的体现。老子曰：“谷神，谷中央无。谷也，无形无影，无逆无违，处卑不动，守静不衰，谷以之成而不见其形，此至物也。”（王弼，2011）

管子（2015）曰，道“不见其形，不闻其声，而序其成”。也就是说，道虽然无形，但我们可以测试其变动的先后次序，确定事物变动轨迹。“以轻重御天下之道也，谓之数应”。量化秩序的轻重配置对应的资源，如果其秩序重，配置较多的资源，如果秩序轻则配置较少的资源。此为产业结构功能匹配准则。

鬼谷子（2012）曰：“治名入产业，曰揵而内合。”陶弘景对此句的注解为：“理君臣之名，使上下有序；入贡赋之业，使远近无差。上下有序，则职分明，远近无差，则徭役简，如此则为国之基日固。”产业内合，即产业资源利用秩序下的结构功能匹配。

各产业功能与中央要求相匹配。在形式上，各产业分散于九个“领域”之中，中央的“领域”支配周围八个“领域”，类似于人的身体各部分都受大脑的支配一样。王阳明（2012）指出，人之行于大脑的动意，称为“未发之中”，怎么行或行到什么程度都要根据行动目标与身体各部分功能匹配准则而决定，称为“已发之和”。“未发之中”与“已发之和”同时进行，一体合成。

中国传统理论中的归藏法能将产业资源利用功能匹配量化，而归藏法是中央驱动的区块链匹配资源规则（陈凯，2015），与现代网络经济函数变量对接，需要一系列的转换，目前许多细节仍处在初步探索之中。所幸的是归藏法的匹配准则可供现代化经济学借鉴，其基本内容为：①“强与强匹配”更强；②“弱与弱匹配”变强；③“强与弱匹配”变弱。强弱与重轻相对应，强者重也，弱者轻也。世界万物皆以轻重量之，相关事物不管是有形的，还是无形的，只要时空合适，都可以按其准则成功匹配。

归纳现代经济学、公共管理学和复杂性科学测度要素的数量变化有三条准则：①在生产要素配置层次数量方程为所有要素投入任何项目所得相等；②在交易要素流动层次计量方程为个人成本收益率等于社会公共成本收益率；③在行政管理层次量化方程为所有行为人的权力与责任相等。道统经济学在这三条准则基础上又增加了三条：①功能结构异质性匹配原则，用于衡量要素对结构及部分对总体的相位状态，置八级标尺；②上下前后异质和谐法则，用以测度上下前后之间的相位状态，也置八级标尺；③相互接触异质性再生规则，用来说明发展是变通创新之果。

根据以上六条准则，建立能源、水资源消耗与建设用地总量和强度双控市场化机制模型的四维五层架构。

所有资源尽数配置于四维九个领域。譬如，能源、水资源、建设用地的四维架构为：①能源与水资源在第一维的垂直轴线上，能源在上端，水资源在下端。能源与水资源约束条件相同，总量和强度双控市场化机制相似。对能源与水资源利用的调控，犹如天平，轻重砝码对等同步进行。②建设用地在第四维的斜 45°的轴线上，上端是市场，下端是房地产。对建设用地的调控，要时刻把控市场，建设用地与市场商品主体犹如天平两端，轻重砝码也要对等同步进行。③能源、水资源与建设用地的调控是两根交叉轴运转的调节，很难平衡，必须与其两翼的人力资源组织轴（水平维）和政府行政轴（斜 135°）组合一体保持全面均衡方能平稳有序运行。斜 135°轴线（穿“行政”与“信息”两个领域）为调控把手，该轴是中枢神经，由它操纵其他三轴，类比人体之中枢神经。

四轴线在中心（中宫）相交，相交形成资源配置系统总状态，设置八级标尺。每条轴线两端相对系统中心形成的状态，又可用八级标尺衡量。

五层构成如下。

（1）底层是地利层，为背景和底气，如矿藏、原油储备、水蓄量、库存、可供建设用地，同时包括经济主体的构成和复杂的人脉社会关系。道统经济学用 12 地支网络关系表示。

（2）第二层为环境生态层，为自然生态系统与人文生态系统。①自然生态系统：水系统置第一领域，土系统置第二领域，森林系统置第三领域，花草系统置第四领域，地理中心置第五领域，平台系统置第六领域，沼泽系统置第七领域，山系统置第八领域，火系统置第九领域。道统经济学研究证明，无人为干涉，自然生态系统是平衡的。②人文生态系统：社会循环、金融系统置第一领域，土地、建设用地系统置第二领域，劳动力、物流系统置第三领域，信息系统置第四领域，制造业置第五领域，控制系统置第六领域，组织系统置第七领域，矿藏、基础设施与固定资产系统置第八领域，规划、计划、资质系统置第九领域。道统经济学研究证明，人文系统需要调节才能平衡。

（3）第三层为微观层，是经济主体、企业、事业单位、消费者等构成的人文系统，系统结构功能为保持活力。

（4）第四层为宏观层，是产业、行业、部门、各大领域构成的人文系统，系统结构功能稳定，井然有序。

第二、三、四层是模型的中心，构成“人和”，即生产关系。第四层为宏观经济，第三层为微观经济，第二层为经济环境。《荀子·王霸篇》曰：“农夫朴力而寡能，则上不失天时，下不失地利，中得人和而百事不废。”《孟子·公孙丑章句下》曰：“天时不如地利，地利不如人和。”

（5）第五层为天时层，是各种信息和发展机会。道统经济学用十天干网络关系表示。

四维空间所用的时间、要素、轴线都有特定的异质性，每个变量既有质量差异又有数量的差别，如时间，在两维三维空间里，时间是中性的。但在道统经济学四维空间里，时间是天干和地支的组合，任一时点都是年（60 纲）、月（60 目）、日（60 科）、时（60 属）、刻（60 种）的 $60^5 = 777\ 600\ 000$ 个不同的质点。作为以时间为函数的天地万物的状态，也至少有 777 600 000 个不同性质的状态。将每个时刻赋予 777 600 000 不同的质点，是中国经济文化与西方经济文化的本质区分。

第9章　资源空间依赖规律

资源空间依赖实际是要素相互依赖，要素相互依赖遵循一定的规律并按其设定的机制运行。规律与机制研究自古以来都是学术界关注的主题。古代称“规律”为“道”，机制谓之“德”。老子的《道德经》为规律与机制研究的完美之作。

“言道以无形无名，始成万物”（王弼，2011）。规律是无形的，它给出了世界所有事物产生、形成和发展的机理。虽然规律很难用语言文字加以描述，但人们可以用某种手段将其“复制”出来。复制“道”的过程称为“建德”，即建立机制。

老子曰：“建德若偷。”王弼注：“偷，匹也。建德者，因物自然，不立不施，故若偷匹。”道为阳，德为阴。阴受阳影。建德就是接受道的投影，即建德犹如复制“道痕”。道虽无方，但可聽（听）之，“聽”为“德”之假。有道是，“道隐无名，夫唯道，善贷且成”（王弼，2011）。

9.1　资源依赖性质决定规律

马克思主义认为，在社会经济关系中，生产力决定生产关系，生产关系总和构成的经济基础决定上层建筑。那么，生产力又是由什么决定的呢？生产力是生产要素的组合。资源生产要素都具有不同程度的稀缺性。在不同稀缺程度的资源要素中，必有一种资源要素是最稀缺的，它决定了生产多少及如何生产，生产力的性质最终由最稀缺的资源生产要素所决定。在物质生活资料稀缺的世界中，物质生活资料生产起着决定性的作用。谁拥有最稀缺生产要素，谁就可以取得社会经济生活中的控制权，从而获得政治上的统治权。最稀缺资源要素的所有者就是这个历史阶段中社会的统治者。围绕最稀缺资源要素所形成的生产关系，体现了社会经济性状的本质。

资源依赖本质由最稀缺资源要素的性质所决定，最早揭示这一规律的是中国的易学。易学以三种要素组成的模块变化反映天地之间万物演变规律，模块的性质是由较稀缺爻的性质所决定。

经济形态是经济性质状态，是经济结构实质的表现，是经济结构演进的结果。结构演进的动力是需求的变动，推力是技术进步，基本条件为资源流动，而其实现途径则为要素替代。结构是要素的组合。结构演进是要素配置匹配与优化。优化是要素替代过程。要素替代在生产过程中是以廉价的要素代替昂贵的要素，即以稀缺性低的要素代替稀缺性高的要素，因为这种替代可以降低生产成本，提高利润。在整个历史发展进程中，各个历史阶段中最稀缺要素是不同的，历史阶段的推进表现为最稀缺资源的替代，这种替代是社会价值的新陈代谢，是资源价位的提升。整个人类文明史的各个阶段因其最稀缺的生产要素的差异，而表现出不同的生产力及社会经济形态。纵观人类各历史阶段的社会经济，无一不是以当时最稀缺资源生产要素的性质所决定的。

9.1.1　劳动部分稀缺性

在旧石器时代的中晚期，随着人口的增加及物质生活资料的稀缺，人们开始栽培作物和驯养牲畜来补充采集和狩猎食物的不足，原始农业的出现标志着人类通过生产活动来满足物质生活需要的开始。原始农业生产，土地和简陋的生产工具（石器）不稀缺，只有劳动表现为一定程度的稀缺。人类的生计，一方面仍依赖于自然，另一方面依靠生产劳动。劳动的部分稀缺性为这个历史阶段的基本特点。

9.1.2　劳动保护能力稀缺性

当人类社会基本上能依靠自己的劳动来维持生计时，劳动成为稀缺的要素，但不是最稀缺的要素，此时最稀缺的要素是劳动与劳动成果保护的能力。因为战争掠夺是那时的一种正常的经济行为。战利品不仅有生活物品，而且包括劳动力（奴隶）。劳动和劳动成果掠夺的能力是武装。

而武装具有明显的规模效应和外部性。武装集团保护和掠夺效率远大于个体和弱小团体。武装集团头目早期可以是部落首领、酋长、领主，后来是国王及分封的诸侯。武装集团具有的控制力能够保护劳动和劳动成果不被掠夺。劳动和劳动成果保护能力这一稀缺要素的拥有者——国王或领主，成为该社会的统治者。这个历史阶段包括整个奴隶制社会。

随着国家封建制度的产生和发展，劳动保护能力逐渐集中到中央集权的国王手中。国王提供了保护农民及其农业的劳动生产等这一公共物品，作为回报，农民就需要向他们献贡、服劳役或赋税。以劳动保护为宗旨的按人丁征收的税和费是土地税的 7～9 倍。这说明了这一时期土地虽然稀缺，但不是最稀缺，而最稀缺要素仍为劳动及其成果保护能力。这一历史时期包括欧洲的中世纪以前非奴隶制的大部分社会，也包括中国西周前直至秦朝。李建德（2000）认为，这一时期应延伸至秦汉，直至以后的唐、宋王朝。

9.1.3 土地的稀缺性

中国秦、汉至唐、宋是由劳动保护能力稀缺性社会向土地稀缺性社会过渡时期。随着农业生产技术进步和农产品增长，人口逐渐增加，劳动力相对增长速度加快。相对于劳动边际产出，土地的边际产出日益提高。这必将导致土地真正成为最稀缺的生产要素。与此相对应，土地可以自由买卖、农产品可自由交易和农民可自由迁移形成了封建私有制，相对明晰的产权激发了农民生产积极性，劳动投入增加刺激了人口增长，人均资源的下降提高了土地的稀缺性。尽管新王朝均田政策可一定程度上降低土地稀缺性，但封建强权豪夺和超经济强制却加速了土地集中，又增加了土地的稀缺性。劳动剩余征集的标准逐步从人丁向田亩转变，意味着从劳动与劳动保护的稀缺性相结合向劳动与土地的稀缺性相结合转化。唐初尚能实行均田，说明土地还不是十分稀缺。但唐朝实行的人丁税与土地税并举的两税法是由劳动保护稀缺向土地稀缺的过渡。明代的一条鞭法的新税制，实行了赋役合并，以田为纲，以银代役，摊丁入亩的征税法，从一个方面说明了土地已成为最稀缺的生产要素。

土地为最稀缺要素的社会经济较劳动保护为最稀缺要素社会经济表现出如下特征。

（1）人身依附性减弱。在劳动保护为稀缺要素的社会中，劳动者人身完全依附于统治者，而在土地为稀缺要素的社会中，劳动者不再依附于统治者，而是依赖于土地生产要素，劳动者生命权得到法律保护，主人或官户不能随意杀害奴仆和客户。

（2）合约关系建立并得以发展。在宋朝之后，在全部垦田中，国有土地约占5%，自耕农的小土地所有制占 30%左右，而出租土地的地主的土地占 60%～70%。在土地与农民之间的关系中最具代表性的是租佃关系。地主将自己的土地租给佃客耕种，土地的数量、地租的多少，统统记载在契约之上，为两方共同遵守。不同生产要素所有者的关系用契约的形式予以确定。地租以实物租为主，以分成租（对分半为主）和定额租的比例分配产品。在经济较发达的地方，如以太湖流域为中心的江南地区，货币定额地租占多数，而且佃客可以将自己租佃的土地佃种权，通过买卖而转让。“田骨”与“田皮”，“田底权”与“田面权”，划分得十分清楚。

（3）生产要素自由流动。土地自由买卖、农产品自由交易和劳动者自由迁移，既是经济较发达的标志，又是经济得以持续发展的条件。要素自由流动和身份弱化下的生产契约关系的发展，使中国成为当时世界上最富强的国家。

9.1.4　资本的稀缺性

封建生产方式创造了更高的生产率，有可能供养更多的人口。而人口的增长形成了更大的物质生活资料的需求，并由此产生了对更高生产力的压力或要求。为提高生产率而分工专业化，有关的技术改进和发明创造受到重视，生产工艺和工具不断地得到革新和改进。生产资料的重要性越来越突出，其稀缺性也越加显露。

随着需求的增加、市场的发育、社会分工的细化，日益复杂的生产工具和日益复杂的生产方式被逐渐发明出来。这意味着在生产过程中所需要的生产资料日益增加。能够拥有先进生产技术和生产资料的人，在居民中的分布也就逐步下降。通俗地讲，这犹如简单工具人人具有，而复杂工具只有少数人才有的状况一样。换言之，生产资料的稀缺性日益增加了。蒸汽机这一动力机械的发明，彻底改变了以人畜为动力的低下生产力的状态。一场工业革命全面开始，内燃机、发电机和电动机的相继出现，成百倍上千倍地提高了生产率，凝结在机械中的资本边际生产力远远大于劳动的边际生产力，资本无可争议地成了生产过程中最稀缺的生产要素。

随着工业革命的完成，生产也就完成了向资本主义生产的过渡。资本要素的所有者是资本家。资本家通过生产过程获得了控制剩余价值的权力，而且实际上得到了其中的大部分。与在任何一种私有制生产方式中一样，资本家也就成为这种生产方式中在政治上的统治者。

9.1.5　知识的稀缺性

与大机器生产方式相适应的资本主义经济形式，从自由竞争到垄断，资本始终是最稀缺生产要素。伴随科学技术的不断进步，生产过程中知识含量逐步增多，资本的边际报酬开始降低。随着信息时代的来临，知识作为一种生产要素的边际产出越来越高，逐渐成为最稀缺要素，社会也将进入知识为最稀缺生产要素的时代。知识成为一种独立的生产要素是与现代企业发展密切相关的。在企业组织出现以前，用来指导生产活动的是经验。经验不能等同于知识，知识是已经上升为理论认识的那些经验。

业主在企业经营管理中需应用知识，而且是系统知识，如投资、信贷、会计、统计、交易、市场、产品营销等，但这些知识还不是一个独立的生产要素，它渗透在资本之中，人格化于资本家身上。知识是资本的一种存在形式。凡是拥有资本的人，一般都能受到良好教育而获得知识。凡是有知识的人，大都是有钱的并拥有一定资本的人。经营管理知识是资本家的必备条件。资本所有者在社会中的分布与经营管理才能在社会中的分布，不会出现大的分离。具有一定专业知识的管理职员，与一般员工无本质区分，只是按要素契约行事的劳动者，其技术与管理方面的知识从属于劳动要素，尚未成为一种独立的要素。企业中技术与管理人员还没有形成一个社会的独立阶级。

在现代企业中，分工越来越细，专业化和自动化程度越来越高，管理层次越来越多，经营网络关系越来越复杂，对经营管理才能的要求也大大提高。这样的专门化知识并不是只要接受过一般的教育就能获得的，也不是拥有了投资知识就能拥有的。管理知识从资本运营知识中分化独立出来，并且与资本运营知识中仍然由资本所有者拥有的投资知识形成高度互补的关系。这时，除非企业家家族的成员本身受过职业经理人的训练，不然他们就很难在高阶层管理中发挥重要作用。家族式企业的利润通常总能保证其成员能有一笔很大的个人收入，因此这些家族也就缺乏经济刺激，懒得在经理职位晋升的阶梯上多花时间了。即使资本家的子弟个个奋发图强，精通业务，也很难充实到所有要控制的岗位。况且，现代企业为股份制公司，股东分散，企业所有者只能委托职业经理人来经营管理企业，形成企业所有权与经营权的分离。这本质上反映了管理知识作为一种新的独立要素在生产过程中的出现，其基础是资本分布与经营才能分布的不一致，以及拥有投资知识的人与拥有管理知识的人的分布的不一致。知识作为独立生产要素的标志，是职业经理人成为社会的一个阶层并完全市场化及知识产业化。

知识成为独立的生产要素拓展了教育的功能。教育由原来的政治功能转变为经济功能。企业职工在职培训成为企业制度的一种安排，主要为企业培养人才的普通高等学校的大学本科、硕士研究生（特别是工商管理硕士）和博士研究生教育得到普及性的发展。知识不仅以独立的要素分享企业剩余，而且知识生产的场所终于超越了非营利组织范围，不仅过往的以知识为最终产品形态的企业，如律师事务所、会计事务所、电商平台等得到了更大的发展，而且一类新企业，如各种发展研究所、广告公司、咨询公司、产品设计事务所等纷纷涌现。它们主要依赖知识投入，其产出同样是知识。知识要素独立于机器大生产而获得了具有剩余性质的收益。与此相对应，在产业资产中技术入股、专利入股逐渐普遍。在这些场合，知识具有了资本的形态，而且成为全社会的需求与供给行为，一个以知识要素的重要性逐步替代资本要素重要性的新的历史时代开始了。

要素替代发生在历史各个发展阶段，从各时期稀缺要素的更替中，可以观察到社会经济形态的演进轨迹。

9.1.6　历史各发展阶段最稀缺要素的更替

每个历史阶段的社会经济结构所表现出的特性，最终是由当时最稀缺的生产要素所决定的。最稀缺要素量的多少和质的高低决定了生产力的大小和性质，最稀缺要素的所有权关系决定了社会经济制度，最稀缺要素的替代过程就是社会变迁和结构演进过程。

劳动保护能力稀缺要素替代劳动稀缺要素表明社会由原始的人与自然关系结构转化为奴隶制的人与自然和人与人两重关系结构，即由单边简单结构进化为双边复杂结构。

最稀缺要素知识对资本的替代、资本对土地的替代、土地对劳动保护能力的替代显示了从奴隶社会到封建社会、封建社会到资本社会、资本社会到未来社会的演进过程。

奴隶制社会为两极结构，一极为劳动的提供者——奴隶，另一极为劳动的保护者——奴隶主。土地、劳动者和劳动场所固定，要素配置结构无弹性，经济行为军事化，生产效率低下，经济活动无活力。这种结构必然向具有多层次弹性和活力的封建结构演进。

封建私有制下的经济是多层次的。土地、农产品自由买卖及劳动力自由迁移提高了资源配置效率，形成不同规模层次的农业经济实体。封建社会是两层的，下层由农民组成，上层由官僚、官商和士绅组成。上层社会通过地租、高利贷和各种超经济强制搜刮下层社会的劳动剩余以供其奢侈消费。封建经济的政治等级化结构抑制产业和商品经济发展，必然被资本主义的地位平等的市场经济结构替代。

资本主义经济和现代经济已构成巨大复杂的系统结构。专业化和社会化程度越来越高，资本已渗透到每个经济环节。但资本的利润率都在下降，经济增长逐渐依靠科技进步，知识逐步成为一个独立要素发挥作用，横向经济联系强化，社会经济逐渐呈现出多元网络结构。

9.1.7　各历史发展阶段内最稀缺要素的替代

每个历史阶段，有各自不同的最稀缺生产要素，最稀缺生产要素决定了生产可能性曲线的位置。换言之，最稀缺生产要素决定了“蛋糕”大小。为了将“蛋糕”做大，就必须增加最稀缺生产要素，或用丰富的要素替代稀缺要素，以各种措施降低最稀缺要素的稀缺性。

在劳动为最稀缺要素的社会里，为了增加劳动而增加人口，为了替代劳动力而驯养家畜、改进工具、广种薄收等，从而改变了劳动力与自然资源的配置结构。在劳动保护能力稀缺的社会里，暴力是这种稀缺要素的表现形式，发挥规模效应是其特征之一，降低内耗、集中全力对外是提高劳动保护能力的主要手段。由此，国家出现，奴隶逐步得到解放成为农民，而且可以自由迁移，土地和农产品自由买卖，资源配置结构得到一定程度的优化。

在土地为最稀缺要素的社会里，土地关系是社会经济关系的核心。垦荒扩大耕地面积是增加土地要素的主要方式。抑制土地集中是降低土地稀缺性的主要措施。官僚地主强取豪夺，兼并土地，往往使抑制土地集中的政策流于形式。土地兼并越来越强，失地农民越来越多。当无地农民积聚到一定程度时，农民战争爆发。农民战争实际上是土地战争，是土地稀缺性发展到极端的产物。农民战争的结果是改朝换代，土地得以一定程度上的均等化，土地稀缺性降低。而后是下一个“土地兼并—农民战争—土地均等化”的循环。土地稀缺引发可替代性要素劳动力的发展。为提高产量必须增加投入，而土地稀缺，只能增加劳动投入，对劳动力需求的增加刺激了人口的高增长。人口增长造成对土地需求的增加，从而加大了土地稀缺性。土地稀缺性引起劳动替代投入过量，造成劳动边际报酬递减，以至为零。农业劳动力价格走低，廉价的劳动力为工业化提供了条件，大量农业劳动力与土地分离而与资本结合，经济结构进化，国民经济转型。

在资本稀缺的社会里，资本积累机制是经济增长的轴心。为增加资本，出现了股份制的社会融资形式，并在此基础上形成了股份制公司，现代企业涌现。增加劳动投入，用劳动替代资本是降低资本稀缺性措施之一。劳动力包含质和量两个方面：以劳动力量的增加来替代资本表现在劳动密集型经济中；以劳动力质的增加来替代资本表现在技术密集型经济中。

随着文化教育的普及与提高，科技的进步特别是信息技术的迅速发展，劳动者素质不断提高，凝结在劳动者素质中的知识成分比例也逐渐提高，劳动边际报酬也随着提高，当知识相对价格高于资本时，知识就成为最稀缺的要素。社会为增加知识要素而努力，并且以资本替代方式来降低知识的稀缺性，那将是一个知识普及的过程（陈凯，2009）。

9.2 创新推动资源经济发展规律

9.2.1 创新理念

提起“创新”，一般都会引用西方人称作“创新理论之父”约瑟夫·熊彼特的说法，认为创新是企业家为垄断利润而发起的创造性破坏（creative destruction），把一种未曾有过的生产要素和生产条件引进生产体系中去，以实现对生产要素或生产条件的“新组合”，表现为一种新的“生产函数”。

熊彼特的创新理论主要包含两部分内容：①最大限度地获取超额利润是创新不竭的动力，创新是经济利益驱动的结果。创新者能从创新中获得私人收益（private benefit），对于个人而言私人收益是效用，对于企业而言是利润，而政府支持创新是由于创新的外部性和创新带来的社会收益。②创新是新的技术取代旧的技术。这是一种破坏性的过程，对既得利益者造成威胁，创新体系也随着利益交换产生的交易费用上升而导致创新原动力被减弱。

“创新理论之父”无论从时间上说，还是以理论的系统性讲，真的轮不上熊彼特，应该是 2000 多年前中国的董仲舒的更化论。熊彼特的创新理论是物理功利性的，而董仲舒的创新理论不仅赋有物理功利性，而且具有生物再生性。

董仲舒更化论的基础是生物的遗传变异，注重在传承中再生进化。创新激励要素具有两重性，即既是有形的，又是无形的。如果“有”者是有形的物质利益，那么“无”者则是无形的精神仁义。利与义兼容，两者任何一方都不可偏废。“天之生人也，使人生义与利。利以养其体，义以养其心。心不得义，不能乐；体不得利，不能安。义者，心之养也；利者，体之养也。体莫贵于心，故养莫重于义。”虽“民之皆趋利而不趋义”，但“义之养生人大于利”。因此，资源利用治理者要“重仁廉而轻财利，躬亲职此于上而万民听，生善于下矣。故曰：先王见教之可以化民也”（董仲舒，2012）。

董仲舒（2012）认为，创新犹如春天草木之生长，是一个传承、再长、发育和成长过程。

“天道积聚众精以为光，圣人积聚众善以为功。故日月之明，非一精之光也；圣人致太平，非一善之功也。明所从生，不可为源；善所从出，不可为端，量势立权，因事制义。故圣人之为天下兴利也，其犹春气之生草也，各因其生小大，而量其多少；其为天下除害也，若川渎之写（泻）于海也，各顺其势倾侧而制于南北；故异孔而同归，殊施而钧德，其趣于兴利除害一也。是以兴利之要，在于致之，不在于多少；除害之要，在于去之，不在于南北。”“生育养长，成而更生，终而复始，其事所以利活民者无已。天虽不言，其欲赡足之意可见也。古之圣人见天意之厚于人也，故南面而君天下，必以兼利之。”

创新是新陈代谢的更化，即新要素、新结构和新系统对旧要素、旧结构和旧系统的替代。新，意味着稀缺，稀缺肯定价格高，价格高就昂贵。生产要素价格高，产品成本也高，利润就低。为了降低成本，人们在生产过程中，尽量用非稀缺的廉价要素替代稀缺的昂贵要素，进行要素功能转换及要素重新组合，这个过程称为技术进步及技术创新。可见，创新不是要素，而是要素的新组合。换言之，创新不是“东西”，而是“南北”，即创新不是有形的物品，而是无形的手段，它是替代机制作用下的要素不断改变其组合形态的演进过程。

社会经济发展是生产力性质改变的结果，即稀缺要素替代的过程，而稀缺要素替代又是一个创新过程，所以创新是推动社会经济发展的动力之一。创新驱动主要沿着技术、知识、组织和体系四种路径进行。

9.2.2　技术创新

技术创新始于技术与经济相结合。亚当·斯密（2010）在其《国富论》中就曾提出了分工可以提高劳动生产率的思想，分工的结果是带来生产的专业化，从而为创新打造基础。发明和技术变革增强了生产力，是创造国民财富的主要驱动力量。

卡尔·马克思（1975）也认识到了劳动分工与技术进步之间的内在联系。他在《资本论》第一卷“资本的生产过程”第四篇“相对剩余价值的生产”中论证后得出：劳动的专业化分工是机器产生的前提。

技术被视为人类为达到特定的目的而设计出的方式方法，主要包括与其有关的知识、过程和人工产品的部分要素（布朗温·H. 霍尔和内森·罗森伯格，2017）。技术创新就是对前述方式方法的改进。

技术创新是将竞争能力转化为竞争优势的传导机制与循环运动。它更强调以需求和应用为导向，以企业为主体，通过管理和组织创新，挖掘潜力，培育新技术，生产新产品。科研机构和政府部门应协同参与，改善企业外部创新环境。

技术创新是企业获取有别于竞争者垄断优势的有效途径。从投入产出的视角看，企业内部的制度安排需要致力于激发研发人员的创新活力和能动性，并积极寻求与外部创新资源的对接与联合。围绕企业发展目标和技术创新活动的全过程，开展持续稳定的合作。因此，从这个意义上讲，技术创新是企业主动适应环境变化的理性选择，企业是技术创新活动的主要设计者和推进者。

技术创新的关键在于，技术创新能力的传导不同于一般的辐射与平流，而是需要有介质接触才能进行能量、动力与信息的传导。所以，将技术创新能力转化为竞争优势，所需要的传导机制是技术创新活动的投入产出的过程。也正是这一过程的循环运动，驱动经济社会不断向前发展（杨东方，2012）。

技术创新是一个全要素参与的创新链组合传导过程，创新链由基础科学—应用科学—实验技术—共性技术—应用技术—专有技术—商业应用连接而成。创新链的每一个环节都承载传递着创新驱动的能力与质量，成功的技术创新活动离不开各个环节之间的有机结合与结构功能匹配。企业与研究机构、高校科研力量的相互协调配合，将技术创新成果转化为生产力。参与技术创新活动的各个主体不仅要相合作、促进、提高，还要协调、有序、均衡地发展。沿着技术创新的研究开发链，贯通每一环节，高质量、高效率地运行，推动科学发现、基础研究向原理样机、应用试验、应用开发研究转化，继而进入中试阶段或转化为生产性技术的应用转化研究，最终实现创新技术或新产品生产技术的产业化和商业化。技术创新大致可分为四个连续的实践环节（李凌，2018）。

第一环节：科学发现与基础研究。推进知识高效流动的“知识分配力”，是影响创新能力和创新绩效的重要因素。基础研究本质上是知识再生产、知识共生产的过程，知识流动的状况不但影响基础研究的能力和水平，也影响基础研究成果的高效应用（李正风和尹雪慧，2012）。基础科学研究（基础研究）是指认识自然现象、揭示自然规律，获取新知识、新原理、新方法的研究活动（金银哲，2011）。

第二环节：原理样机或应用试验、应用开发研究。原理样机是还没有应用功能的仅供使用的模型，试验样机虽然是有实际功能的机器，但尚需通过试验进行应用技术的开发研究。原理样机或应用试验等应用开发研究，是连接基础研究和应用转化研究的中间环节，这一中间环节如果不通，再好的创新知识和高新技术理论，也难以走出“空中楼阁”并成为支撑产业升级和经济发展的新动力（李凌，2018）。

第三环节：中试或转化为生产性技术的应用转化研究。中试是中间性试验的简称，是科技成果向生产力转化的必要环节之一，中试的成败对于创新成果产业化的成败至关重要。有研究表明，科技成果经过中试的，产业化成功率可达80%以上；而未经过中试的，产业化成功率不足30%。因此，要实现科技成果转化与产业化，需要建立旨在进行中间性试验的专业试验基地，通过必要的资金、装备等各种条件和技术的支持，对科技成果进行成熟化处理和工业化考验的应用转化研究（曾莉，2010）。

第四环节：产业化和商业化。新技术产业化就是高新技术通过研究、开发、应用、扩散而不断形成产业的过程。它以高技术研究成果为起点，以市场为终点，经过技术开发、产品开发、生产能力开发和市场开发四个不同特征阶段，使知识形态的科研成果转化为物质财富，其最终目的是高新技术产品打入市场，获得高经济效益。高新技术产业化的各阶段相互联系、相互依存，构成了依次递进的线路，使高技术沿着产业链不断向商业化应用端延伸和扩展。新技术商业化则是使新技术充分实现其价值的有效手段，一项创新技术只有实现了商业化，才能真正体现出它对企业和社会的价值，最终促进经济社会的快速发展（李凌，2018）。

9.2.3 知识创新

知识创新是指在世界上首次发现、发明、创造、应用某种显著性变化的原理、结构、功能、性质、方法，或首次引入应用知识要素和知识载体的一种新组合（张凤和何传启，2005）。

知识创新的载体主要是人力资本。人力资本是通过教育和培训投资形成的无形的知识技能。20 世纪 50 年代末 60 年代初，美国著名经济学家西奥多·舒尔茨（Theodore Schultz）和加里·贝克尔（Gary Becker）认为，美国社会经济发展的巨大变化及其内在动力是人力资本，它是推动国家社会经济变迁与革新的主导力量。这一理论把人力资本视作推动经济发展的源泉，把知识创造引入传统的增长理论，突破了传统经济学中物质资本积累边际生产力递减无法支撑经济长期增长的局限性。而且在企业资本构成方面，物质资本与人力资本一起构成企业的生产力系统，其中居主导地位的是以知识、技术、信息和能力等为主要内容的人力资本，而不是土地、厂房、物质资料及资金等有形的物质资本。市场经济环境下，在企业的成长、竞争与发展过程中，人力资本的影响力已经逐渐超过了物质资本的影响力，成为企业发展的首要资本，是现代经济发展极其重要的内生变量和决定性要素之一（李凌，2018）。

人力资本在高技术产业的发展中主要通过内部效应和外部效应促进经济增长，而高技术产业本身就有着高智力、知识密集等特点，所以高技术产业中的人力资本具有创造性、异质性、高流动性、低替代性、难以监督性等特殊性（李凌，2018）。

（1）创造性。高技术产业中的人力资本是创造性的人力资本，他们可以通过不断地改变研发方式、管理方式等来不断改变生产效率，从而促进产业的持续发展。

（2）异质性。高技术产业中的人力资本在拥有知识、技术、能力获得基本报酬的同时，更多的是通过技术创新、经营创新及决策管理创新来实现人力资本的边际报酬递增。这种异质性的人力资本在不断提高自身创新能力，更好地促进技术进一步转化为现实的生产力。

（3）高流动性。高技术产业中的人力资本素质相对较高，而高素质的人才资源就意味着人才流动的高可能性。

（4）低替代性。高技术产业中的人力资本在大部分情况下都是不可替代的，因为在高技术产业中的许多人才都有着特殊的才华，他们的特殊创意，可能会造就一个新的产业出现。高技术产业中的人力资本具有很高的资产专用性，难以替代并且有着较高替代成本。

（5）难以监督性。高技术产业发展中，企业家和研发人员都面临着巨大的研发风险和经营风险，一旦失败，较难确定外部环境因素影响与内部人员主观失误造成损失的比重。此外，高技术产业中大部分是复杂的非程序性脑力劳动，所以对人力资本的效率难以准确计量，从而形成监督困难。

根据高技术产业中人力资本的上述特征，我们应该采取相关政策措施，通过教育、研发和培训等多种渠道，提升人力资本存量，为高涨的知识创新活动及知识经济的兴起奠定扎实的基础。

知识创新主要有外力推动、契约平台和生态演替三种推进模式（龚玉玲和杨晔，2010）。

外力推动模式。外力包括知识创新市场需求和支撑条件。社会化生产和人民生活水平不断提高对知识的广泛需要是知识创新的直接动力。知识创新提高了生产力水平、提升了劳动效率、降低了劳动成本、减小了劳动强度，知识创新提高了人类的生活质量并扩展了人们的活动空间。供给和需求都是创新成功的重要决定因素，而市场需求和条件支持是创新成功的基础。

契约平台模式。知识创新如以规范且稳定的方式操作，可形成一种契约平台模式。它是在科研计划管理机构相关条件支持的前提下，以国家、区域、系统、单位等课题或项目的形式予以约定，做出一种硬性创新规定；或是机构、企业、单位、个人等根据自身或约定用户发展的需要部署创新计划，这类科研计划都是以有关合同条款为架构，按照契约的内容进行知识创新，且创新内容、创新标准、创新效果、完成时间、消耗资金等在契约中都有约定，是一种强制性知识创新。

生态演替模式。知识创新过程的长期性和不确定性，决定了知识创新不是一种由发明到扩散的简单线性模式，而是一种交互的学习过程，是不同主体和组织相互作用的产物。知识创新主体是一个由企业、科研机构、教育部门、中介服务机构、供应商和客户等所组成的复合体，知识创新离不开其他知识主体的协作。知识创新活动是一种动态的、相互反馈的非线性过程，也是一种连续性的互动过程。一般知识创新的栖息地，是由大学、研究机构、风险投资机构、高新技术产业、高质量劳动力等多种要素共同构成某种复杂的、动态的、相互依存的演进关系的集群，他们遵循生态学的进化原则，适者生存、优胜劣汰。这是社会竞争的必然，也是生态演替的要求。

以上三种知识创新模式既是相对独立的，也是相互联系的。外力推动型的知识创新模式是一切知识创新的前提和基础，没有市场需要和条件支持，一切知识创新就失去了存在价值。但该模式结构松散，效率低下，缺乏制度保障和竞争环境。契约平台型的知识创新模式具有目标明确、规律规范、拥有一定的强制性等优势，但该模式在指令性计划和职业创新的主导下，有过度实行知识产权保护的嫌疑，缺乏更深入的竞争和活力，往往容易导致知识保护主义。生态演替型的知识创新模式是以外力推动型和契约平台型的知识创新为基础，按照生态系统的竞争法则运行，能者上庸者下，既尊重社会知识需求，又具有一定的契约规范，还能够引入市场化机制，激发创新活力。在克服了前两种创新模式不足的同时，生态演替型的知识创新模式使知识创新更优质高效，更具有生命力与可持续性。

9.2.4 组织创新

组织创新是近代西方世界兴起的主要原因。道格拉斯·诺斯和罗伯特·托马斯（2014）认为，“有效率的经济组织是经济增长的关键，一个有效率的经济组织在西欧的发展正是西方兴起的原因所在”，因为“有效率的组织需要在制度上做出安排和确立所有权以便造成一种刺激，将个人的经济努力变成私人收益率接近社会收益率的活动”，而且化解了风险，稳定了资本（包括人力资本）积累扩张过程；如 16～17 世纪，荷兰“商业组织中的新因素在于对公众利用有利的商业机会的方法所进行的创新，这一方法比早先德国和意大利的大而集中的家族公司所拥有的方法更加灵活变通。股份公司和代理商就是重要的好例子。例如，在暂时性的组合中，入股的资金使许多小商人可以提供资助远洋航行所必需的大量资金，并使所含的严重风险得到分担。付出一定佣金利用其他市场上的同行商人进行买卖，也使小商人得以参与本地市场以外的贸易。这些组织技术为小商人提供了参与重大冒险事业和横贯大陆贸易的手段。尽管大体上商人仍组织成家庭经济或小伙伴关系，但他们的方法已比较复杂了。他们不仅对交易的可能性消息灵通，而且善于利用它们。商人的人力资本在这一时期增长惊人。正规商业学校已成为一种公认的做法。复式簿记技术已被广泛传授，并成为标准的会计惯例”。

现实世界中任何复杂的生产过程一般都包括了资本、劳动力、土地、专业知识和其他投入的所有者之间的很多交易，而这些交易是存在费用的。如果所有生产都必须通过市场关系进行，那么，对某种物品的生产感兴趣的生产组织者，必须知道与他所进入的交易相关的无数价格，因此，他面临着收集和评价信息的大量费用；另外，他在为每个交易准备、协商及缔结各种契约性安排时，还需要耗费巨额成本。理性生产组织者总是希望找到一种方式将这些交易费用最小化。而被称为非市场契约性安排的“企业”这种经济组织可以通过交易内在化消除或极大地减少交易费用，因为企业一个契约取代了市场一系列契约。科斯认为，“在企业这一契约中，要素为获取一定报酬（可以是固定的也可以是浮动的），同意在一定限度内服从企业家的指挥。这一契约的本质在于它只能限定企业家的权力范围。他只能在该范围内指挥其他的生产要素”（转引自威廉姆森和温特，2010）。因此，企业成为产业中主要的经济组织。

企业是成本核算单位，随着企业规模不断扩大，管理成本也会随着增加。当管理成本大于规模效应后，企业规模扩张停止。就企业规模而言，小有小的优势，大有大的难处。农民经济组织的农户，由于家庭血缘关系，其管理成本近乎等于零。仅凭这一点，农户就可以在现代企业激烈竞争的漩涡中生存。由于农户限制规模效应的发挥，常常被现代经济发展规划列入优化淘汰的对象，一些经济发展管理者也习惯用管理企业的方法管理农户。但农户不是小型企业：①农户劳动不计成本，也无工资成本与利润概念；再小的企业，劳动必须计入成本，并进行成本与利润核算。②农户说的是“生计”，而企业讲的是“利润”。③农户成员关系是血缘亲情关系，而企业劳资关系是雇主与雇员的雇佣关系。④农户几乎没有监督费用，而企业必然有监督成本。⑤再小的企业也是法人，有工商营业执照，投资仅负有限责任；而农户都是自然人，无工商营业执照，投资承担无限责任。⑥农户自己支配的生产要素与企业的生产要素具有本质的差别，企业的生产要素只发挥经济高效功能；而农户的土地、劳动力和资金不仅具有经济高效功能，而且承担着家庭社会福利保障功能。在广大的农村地区，福利保障尚未实现社会化，农户的生产要素经济高效功能很低，任何圈地连片集中规模开发，都会激化矛盾导致无序的更低效率。农业经济组织创新及其规模经营的推进速度要与农村福利社会化进展速度相协调。

成本最小化和效率最大化是决定组织规模的潜在基础。如果大组织比小组织、合作组织比单个组织、联合组织比独立组织的总价值要高，那么组织规模就会扩大；反之，规模就会缩小。

9.2.5 体系创新

技术、知识和组织创新的系统化延展，就形成了创新体系，其不断进化就形成了体系创新。体系创新是集成化的技术、知识和组织创新，它的推动和运行，需要科学发现、基础研究、应用实验开发中试、应用转化研究直到首次商业化运行的相关机构组成一个协作系统。比较好的选择是由政府、企业、高校、科研机构、智库、教育培训机构、科技推广机构和中介之间相互作用形成的多层次隶属关系平台，规划、引领和调控一系列创新的高效运行。

创新体系是一个由各创新主体构成的责、权、利空间分布格局，依据一套规划协调各利益主体的行为，配置各方的资源。创新主体建立需要与经济社会发展的阶段水平相一致，不同的经济发展阶段水平，需要定位不同功能的创新主体与之相对应。创新是一个持续不断上升的过程，如果创新主体的功能与社会发展阶段不相一致，那么，创新体系就不能发挥很好的作用。

创新体系是耦合系统，其本质内涵是高效整合：①技术、知识和组织要与市场整合。技术创新成功的标志是技术发明的首次商业化，技术创新成果必须使其发明者获得商业上的成功，满足社会和市场的需求。②创新链的整合。技术创新强调研究要与项目设计部门、发展部门、生产制造部门与营销部门有效整合。③创新项目内外整合。随着科技不断向综合化方向发展、创新所需要技术和知识越来越多，创新项目建立以知识为基础的联系网络成为信息化时代的显著特征，创新项目必须有效利用内部和外部资源。④发展共享经济匹配创新资源。许多创新产品具有公共品性质，其资源也多为公共资源。资源需要根据条块差异做到合理的结构功能匹配。

随着共享经济、服务经济和数字技术的高速发展，特别是互联网和信息技术的普及与应用，产业链在空间和时间维度上压缩，国际贸易和跨国投资借助互联网的力量消除了时空差异，互联网具备无限的虚拟容量，大幅度降低信息不对称，极大地降低了社会经济生活的交易成本，加之网络外部性作用，从而将传统的边际投入收益递减转化为收益递增，通过一系列的创新深刻影响生产、交换、分配和消费各个环节，使传统经济活动不可能做到的大量新的科教文化和商业实践成为可能，使体系创新急速向扁平化和平台化方向转变和发展。

扁平化一方面主要表现为资源纵向流动渠道大量缩减，传统价值链分裂会产生新兴业态，如研发设计、采购、生产制造、销售、售后服务，以及与之耦合的政府科研项目审批、验收、人力资源的管理、财务审计管理、法律监管等，分离析出第三方设计和制造机构和代理公司、第三方物流企业、猎头公司、专业咨询公司、会计师事务所、法律事务所等。另一方面，数字技术和信息化打破传统产业边界固定化及其相互间的分立，使不同产业部门融合，生产交换产品与服务，引领资源能够在更大范围内合理配置、开拓出新市场及巨大利润空间，也会形成新兴业态。

网络平台是一种与现实耦合的虚拟空间，该空间可以引领或促成双方及多家客户之间的交易。基于平台竞争机制形成的资源利用结构形态称为平台经济。平台提供者为供求双方提供信息空间、撮合市场交易、降低交易费用、提升交易效率。平台经济促进产业融合，产业结构组团式优化。基于数字技术和互联网平台的大规模需求导向的集成交易，必将引领要素资源更大范围的高效配置，进而催生更多新产品和新服务。发挥供求双边市场效应，促成消费者网络结构功能与生产者网络结构功能更加匹配，支持金融、财务、法律、物流、技术、人力等资源优化配置和合理流动，体现高质量发展的本质要求。

9.2.6　社会创新

“技术—经济”与“社会—制度”是系统耦合的，技术经济决定快速发展必然引起社会制度的变革。技术、知识、组织和体系创新一定会促使社会创新。社会创新是资源的空间载体、空间配置和空间流动的创新，通过制度、组织和文化等路径而实现。

土地既是重要的资源，也是资源的载体。有关土地的制度是社会制度的基础，是社会创新的始发者。中国土地制度的变迁过程说明了这一点。

周朝土地分封公有，经济效率低，但国家易控制。春秋时期，齐国管仲进行“均地分力”改革，即国有土地实行使用权平均分配的“联产承包责任制”，极大地调动农民的生产积极性，加之国有民营市场经济的发展，齐国随之称霸。

管仲治理下的齐国称霸后，各国纷纷效仿，改革土地井田制，如“初税亩”“作丘赋”“尽地力之教”等。秦国商鞅（公元前 395 年至公元前 338 年）则对井田制进行革命，开阡陌，吸引各国人来秦开荒种地，谁开垦的荒地属谁所有，而且可以交易，土地私有并市场化及“六废六立”（废宗法，废井田，废封建，废礼乐，废世袭，废末利；立小户，立税赋，立郡县，立刑律，立军功，立本业）的配套改革彻底解放了秦国生产力，秦国率先崛起并统一全国，这种制度延续两千多年未有根本性的改变。

土地可以市场化，但买卖的应该是使用权，土地所有权当属国家，不能出卖。秦以后土地完全私有市场化形成单一产权结构，政府失去控制它的把手，结果形成如下格局：①土地买卖引发土地兼并，土地落入官僚地主手中，大批农民失去土地而破产被抛向社会；②由于工商业不发达，失地农民难以就业，落草为寇，成为农民土地战争义军；③官僚地主收地租兼放高利贷，其利远远高于产业利润，产业实体发展无动力，土地小规模出租，小农经济成常态；④小农积蓄资金置买土地，并非扩大土地规模经营，而是出租土地收取租金并耗散于小农本人及其子弟科举应考，土地规模效应失效；⑤工农业细小化导致产业资本积累扩大机制失灵，使中国资本主义一直处于萌芽状态而难以有质的突破。

现在我国实行土地公有制下的国家批租多层次实体使用制度。虽然有些学者认为这种制度存在产权不清、寻租空间大等诸多弊端，但在赋予土地使用者 70 年使用权并可延期的权利下充分调动了土地使用者投入的积极性，同时土地最终所有权归国家节省了巨额土地征收中的交易费用。显然，利远大于弊。当然，坚定不移的是，我们应该继续通过土地法规建设和阳光操作及反腐败行动，最大限度地压缩政府官员的寻租空间。

在土地制度基础上发展起来的劳动、资本、企业、产业、金融、期货、股票、市交换、分配、消费，以及利率、汇率、税率等构成了一个庞大的规则系统。社会上任何一种创新活动都植根于这个广阔的制度框架中，创新是一个规划结构调整的过程。社会创新不是某一个人或某一团体单打独斗就可实现的，是社会全要素集体的共同努力创造出公平、合理和规范的新领域的过程。

网络化滋生了大量的交易平台，社会创新得到了新的载体即创新空间，社会创新活动在创新空间内发生、转移、扩散、成长、整合，极大地提升了社会创新的发展速度。

9.3 资源经济无害而安平泰发展规律

资源经济发展规律成千上万条，最深刻的莫过于老子的社会经济无害而安平泰发展规律。老子曰："执大象，天下往，往而不害安平泰。"（王弼，2011）也就是说，宏观上观察，社会经济永远往前发展，如果发展过程中不出现严重的分化现象，那么社会就会平安和健康。

纵向考察社会经济发展，从优到劣，依次可分为"元""亨""利""贞""悔""吝""害""凶"。"害"表明两极分离、分崩离析、两极分化，状态接近"凶"。除去"害"及其两边"吝""凶"，"元""亨""利""贞"都是安平泰的状态。"悔"是由"坏"变"好"的临界点，为"渐吉"。（陈凯，2015）

相爱双方举案齐眉，阖之为"元"，是人们追求的团圆、和谐和统一状态。"阖家幸福"是中国人相互祝福的最佳用语。正是这种"阖之吉，分之害"的理念，促成了中华民族大统一的格局。纵观中国几千年的变迁史，天下合久必分，分久必合，但大统一的时间远大于分裂的时间。当然，中华56个民族维持在一个大家庭中，除去大统一、大吉利的理念之外，还有其独特的社会经济结构和行之有效的"去害"治理措施。

9.3.1 大统一的超稳定结构

如图8.1"资源四维治理"所示，国家社会经济及治理被纳入一个"四维九领域"之中，中央调动周围八领域的资源，使其整体及各部分组成的结构与功能相匹配，维持大统一的格局动态平衡。

建筑物得以保持一体是有混凝土的黏合，社会各部分统一靠通信黏合（维纳，1978）。中国大统一格局的黏合主要靠儒生（金观涛和刘青峰，2011）。

儒生又称士，位居第九领域，排在士、农、工、商之首，是社会精英。古代中国知识分子，主要出身于富裕农民家庭，从小饱读诗书，熟习儒家经典，大部分通过科举或其他途径被选拔为国家官员，小部分为乡村绅士，是民间自治组织的领袖。

儒生政治观点、意识形态和人伦首先与社会主体取向同一，社会流动性大，组织能力强，能耦合意识形态结构、政治治理结构和社会经济结构，将国家一体化意识形态融入每个人的日常生活中。

9.3.2 抑制两极分化

无害就是社会无两极分化。孔子在《论语·季民第十六》中指出：“闻有国有家者，不患寡而患不均，不患贫而患不安。盖均无贫，和无寡，安无倾。”（孟子等，2016）历史上，每个王朝初期自耕农占的比例较大，由于土地自由买卖，官僚地主集租、税、费和高利贷于一体，通过各种手段兼并土地，将自耕农的土地化为已有。大量自耕农失去土地成为无业游民。两极分化加剧，社会失去安平泰。历代国君都采取措施抑制土地兼并：①下令取缔土地买卖。例如，唐高宗曾发布“禁买卖世业分田”；玄宗下令“天下百姓口分永业田，频有处分，不许买卖典贴”，“若有违犯，科谴敕罪”。②均田。例如，北魏孝文帝太和九年（485 年）颁布均田令，对不同性别的成年百姓和奴婢、耕地都做了详尽的受田规定。③对土地财产增税。例如，汉武帝实行算缗制度，让地主自报财产，按其值的 10%征税。例如，地主不肯如实上报资产，隐瞒、转移等，知情者可告发。被告者，如查证属实，财产全部没收，本人充军一年，被没收财产一半分告发者。但封建君主作为地主阶级的代表，抑制土地兼并法令往往“雷声大，雨点小”。当社会两极分化达到阶级矛盾不可调和时，社会不得不以农民土地战争的形式进行强制“除害”。

9.3.3 遏制分裂

周朝统一天下，天子分封诸侯，最终国家分裂。汉高祖分封皇亲国戚和有功之臣为“列侯”和“诸侯王”，结果导致吴楚七国之乱。鉴于历史教训，封建王朝统治集团形成共识，杜绝一切可能导致国家分裂的方案。公元 631 年唐太宗拟实行一种宗室勋贵的世袭州刺史制度，即刻遭到众多儒臣上书谏阻，未能实施。明清建立王朝初期分封藩王，都出现藩王之乱。因此，国家应在独立萌芽阶段就开始遏制分裂，从人力资源上消减分裂势力。

限制人身依附关系的发展不仅有助于市场经济主体独立人格的建立，而且可以抑制地主佃户的农奴化，削弱皇室、贵族、豪门望族和大地主的雇工、奴婢、仆役的私产化倾向。秦汉时代，已不允许对奴婢动用私刑，杀奴之权已收归国家。秦律规定：小隶臣“非疾死者，以其诊书告官论文”。汉代已禁止报官杀奴，奴婢“犯法”要由国家处置。西汉董仲舒建议除去主人杀奴之威。西汉末年，王莽之子杀奴婢，王莽迫其自杀。宋代法律已严禁私设公堂，“私第处罚”。北宋时期的官府保护客户在生产上的权益不受抑勒，佃户有退佃的权利，如果主人非理阻拦，可以报官起诉（徐松，1957）。

军事割据是对国家统一的最大威胁，好在中国历代皇帝牢牢掌握着军队的指挥权和统率权，带兵的武官只有军队的管理权，调动军队的“虎符”一半在皇帝手中，而且军队实战也是在皇帝亲信“监军”监督下执行。除镇守边疆将领外，内地将领“前后命帅，皆用儒臣”（刘昫等，1975）。

9.3.4 赋税合理

税收费用最小、平等、有常和适度是社会经济稳定的基本条件之一。赋税不均、时变和过重是激起“民变”和“分裂”的主因。

历史上我国和平统一最长的朝代是西周，历时 367 个春秋而天下太平，其重要原因之一，是国家有一个合理的财政制度。①征收费用最小和便利原则。“任土所宜”。《尚书 • 禹贡》曰：“百里赋纳总，二百里纳铚，三百里纳秸服，四百里粟，五百里米”。②负担平均原则。《周礼 • 地观司徒》曰：“均齐天下之政。”考虑王城居民劳役较重，在税收上应较轻。《尚书 • 禹贡》曰：“轻近而重远。”③赋税有常。《尚书 • 禹贡》规定，贡赋的种类、时间、数量固定，不能随意变更。④赋贡适度。《逸周书 • 大匡》曰：“财殖足食，克赋为征，数口以食，食均有赋。”⑤节用。《逸周书 • 程典》曰：“生穑省用，不滥其度。”《逸周书 • 文传》曰：“人君之行，不为骄侈。不为泰靡，不淫于美，括柱茅茨，为民爱费。”《周礼 • 天官 • 冢宰》曰：“以九式均节财用。”

第 10 章　资源空间依赖机制

10.1　顺 势 而 为

“欲粟者务时，欲治者因世（势）。”（桓宽，2015）王夫之（2013b）在《宋论》中曰：“顺必然之势者，理也；理之自然者，天也。”又曰：“天者，理而已矣；理者，势之顺而已矣。”董仲舒（2012）指出：“故为治，逆之则乱，顺之则治。”社会经济之治理，顺势而为。

10.1.1　治理之势

古代国家治理中的“势”，某种含义类似于现代语言中的“政权”。我们强调权力在人民，古代则强调权力在君主。《管子》曰：“明主之治天下也，威势独在于主而不与臣共，法政独制于主而不从臣出。”“明主之治天下也，凡人君之所以为君者，势也，人君失势，由臣制之矣；势在下，则君制于臣矣；势在上，则君制于臣矣。”“权势者，人主之所独守也，故人主失守则危。”（管子，2015）

商鞅（2011）对“势”的意义作了进一步的解释：“凡知道者，势、数也，故先王不恃强而恃其势，不恃其信而恃其数。今夫飞蓬遇飘风而行千里，乘风之势也；探渊者知千仞之深，县绳之数也。故托其势者，虽远必至；守其数者，虽深必得。”

韩非（2010）对“势”的解释较为详细，他认为：“柄者，杀生之制也。势者，胜众之资也。”也就是说，“势”为生杀大权和控制群众的资本。

韩非认为国家治理任贤不如任势。“民固服于势，寡能怀于义”，“上古竞于道德，中世逐于智谋，当今争于气力”。国内民众服从于权势，国家之间只承认实力。韩非子谈到治理时，强调倚势压服，但否定儒家的以理服人的思想，有失偏颇。

治理要守自然之道，法、术、势兼备，名正言顺。《韩非子·功名》曰：

明君之所以立功成名者四：一曰天时，二曰人心，三曰技能，四曰势位。非天时，虽十尧不能冬生一穗；逆人心，虽贲、育不能尽人力。故得天时则不务而自生，得人心，则不趣而自劝；因技能则不急而自疾；得势位则不推进而名成。若水之流，若船之浮。守自然之道，行毋穷之令，故曰明主。

夫有材而无势，虽贤不能制不肖。故立尺材于高山之上，下则临千仞之谷，材非长也，位高也。桀为天子，能制天下，非贤也，势重也；尧为匹夫，不能正三家，非不肖也，位卑也。千钧得船则浮，锱铢失船则沉，非千钧轻锱铢重也，有势之与无势也。故短之临高也以位，不肖之制贤也以势。人主者，天下一力以共载之，故安；众同心以共立之，故尊。人臣守所长，尽所能，故忠。以尊主御忠臣，则长乐生而功名成。名实相持而成，形影相应而立，故臣主同欲而异使。人主之患在莫之应，故曰，一手独拍，虽疾无声。人臣之忧在不得一，故曰，右手画圆，左手画方，不能两成。故曰，至治之国，君若桴，臣若鼓，技若车，事若马。故人有余力易于应，而技有余巧便于事。立功者不足于力，亲近者不足于信，成名者不足于势。近者不亲，而远者不结，则名不称实者也。圣人德若尧、舜，行若伯夷，而位不载于世，则功不立，名不遂。故古之能致功名者，众人助之以力，近者结之以成，远者誉之以名，尊者载之以势。如此，故太山之功长立于国家，而日月之名久著于天地。此尧之所以南面而守名，舜之所以北面而效功也。

韩非认为治理应符合天道，天道从众，“为治者用众而舍寡”。循天道不是被动适应，而是主动为之。商鞅、慎到、申不害三人分别提倡重法、重势、重术，韩非综合了他们的思想，提出了法、术和势整合的理论。用现代语言概括，法是规范，术是司法的手段，势是执法的资本。“抱法处势则治，背法去势则乱”，“无威严之势，赏罚之法，虽尧舜不能为治”。

韩非遵循规律的法、术、势整合方法是国家治理理论的重要组成部分，其精华仍有借鉴的现实意义。秦国用该理论先后征服了东方六国，实现了国家的统一。不过该理论也强化了秦的强权政治的暴力化倾向，毁灭了先秦时代思想领域的竞争与繁荣，破坏了经济均衡秩序，从而导致秦帝国二世灭亡。但秦的政治治理体系并未消亡，而是被后续王朝所传承。

10.1.2 势中之序

势多指发展趋势。发展趋势是发展规律的表达，也是发展秩序的体现。

秩序指的是系统要素的时空动态有序化排列，社会经济秩序是资源利用时空关系的合成演化形式，即社会经济运行规律的程式化的体现过程。“道无方，以位物于有方”，“道无体，以成事之有体”（王夫之，2013a）。秩序是经济社会运行机制的表现形式，是行为主体规范，既有底线，又有规矩。《论语·为政》中子曰：道（规律）之以德（机制），齐之以礼（秩序），有耻（底线）有格（规矩）（孟子等，2016）。

秩序变动主要因素有要素异质性、要素相位和时空扩缩。哈耶克（2000）指出："秩序的重要性和价值会随着构成因素多样性的发展而增加，而更大的秩序又会提高多样性的价值，由此使人类合作秩序的扩展变得无限广阔。"

1. 市场经济秩序扩展

市场经济秩序是从生产领域开始的，马克思和恩格斯（1979）指出："在再生产的行为本身中，不但客观条件改变着，……，而且生产者也改变着，炼出新的品质，通过生产而发展和改造着自身，造成新的力量和新的观念，造成新的交往方式、新的需要和新的语言。"中国经济改革是从农业联产承包开始的，而后承包制扩展到乡镇企业、城市工业，以及各种经济组织。契约现象成为人们日常生活中一种最普遍、最基本的现象，它不仅成为构建新型社会关系和社会组织的一种可供借用的理论资源，而且在人们思想中产生了新的思维范式，用以解释人们普遍接触的各种契约关系。与此同时，各种旨在维护市场主体权益和降低市场交易成本的社会中介组织开始出现，现代扩展性市场经济开始发育成长，进而整个社会结构、政治制度、文化体系乃至社会行为主体精神世界都发生持续性的深刻变革，各种现代性因素错综复杂的互动关系，共同构成了人类文明秩序的扩展进程。市场主体的发育壮大，促进了社会个体权利意识、平等意识、法律意识和民主意识的觉醒，造就了新的社会行为主体。市场经济体系的发育，不仅改变了经济生活的节奏，而且重塑了整个社会生活规则。随着市场逻辑向社会生活各个领域的全面渗透，市场体系及其与之相适应、相补充的政治制度、社会结构和文化体系共同构成了一个庞大的市场社会生活秩序（何显明，2008）。

2. 国家治理面临新挑战

市场化改革的深入，社会资源配置方式的深刻变迁，更是极大地促进了社会生活秩序的结构性变迁。从社会个体的生存方式、思维方式和价值观念到社会关系的构成规则，从社会组织的行为逻辑到各级政府的角色定位及其合法性基础，从经济、社会体制到国家与社会关系等，莫不正在经历着一场历史性的变革。国家传统治理体系面临新变化（何显明，2008）。

第一，市场化进程中社会个体权利意识出现历史性觉醒，民众对自身合法权益的执着捍卫，表明法律意识、平等意识、民主意识日益增强，政府自上而下的强制行为将面临越来越大的社会阻力。老百姓不仅不会奉献自己的合法权益，而且还可能公然质疑政府行为的合法性和合理性。政府未经人民赋予的严格界定的权力边界及其自身确立的行为准则，将会因此面临前所未有的质疑和挑战。

第二，市场化进程中社会资源日益分散，导致政府难以通过垄断社会资源来控制社会成员，维护封闭的社会秩序。国家与社会个体和组织的关系不再是传统的命令服从关系，而是嵌入了大量横向的契约性关系和博弈性行为。在市场主体依赖地方政府获取某些稀缺资源，并利用权力的庇护关系规避政治和政策的任意干涉的同时，地方政府也依赖私营企业解决当地的就业问题，加快地方经济的发展。在激烈的区域发展竞争面前，通过经济增长绩效、社会治理绩效来争取地方民众特别是地方精英的支持，已经成为地方政府巩固自己权威的重要途径。过去那些成效显著的社会控制机制，实施成本日益提高，而实际效果却日益式微。治理资源的重新挖掘和治理方式、治理手段不得不进行创新。

第三，市场化进程中社会大流动的开放性格局，导致国家（政府）无法借助以往的城乡分割及严格的户籍管理体制，对社会秩序进行静态的网格状管理。市场体系的扩展，社会多层次、全方位的开放，必然带来各种社会资源和生产要素在越来越大的空间范围的自由流动，带来社会成员日益频繁的机械流动和有机流动。原先依赖森严的户籍制度实施的社会福利匹配管理遇到了严峻的挑战。同时，随着市场体系不断突破地域性的限制，经济区域与行政区域的重合性日益降低，传统的等级制的行政体制弊端日益明显地暴露出来。

第四，社会利益结构的日益分化，导致各级政府越来越难以以全民利益或公共利益的天然代表身份进行公共决策和利益整合。竞争机制是市场机制的核心。社会资源的稀缺性决定了只要我们承认了社会个体的自主选择权利，社会成员对稀缺性资源的竞争就无法避免。有竞争，就会有成功和失败，就会有社会利益格局的分化。依法享有各项民主权利，享有市场主体自主选择权利的社会成员，根据自身的价值偏好努力实现个人收益的最大化，由此导致社会利益不断分化，并在这种分化过程中形成各种利益矛盾和利益冲突，这是现代开放社会的生活常态。在社会利益高度分化的背景下，社会阶层分化达到一定的复杂程度时，社会往往很难形成某种一致的选择，或对事物进行一致的优劣排序。政府如何从利益的直接分配者转变为社会利益冲突的协调者，通过建立有效的公共选择机制，避免社会两极分化和社会阶层矛盾激化冲突，实现多元利益主体共存双赢，就成为公共决策面临的一个新的重大课题。

第五，市场机制在社会资源配置中的基础性地位的奠定，使得政府角色的重塑、政府功能的再造问题变得日益紧迫。一方面，市场主体的充分发育及其在私人物品供给方面所发挥的主导作用，要求政府必须加快退出竞争性领域；另一方面市场失灵现象的广泛存在，以及公众日益增长的公共服务需求，又要求政府切实承担起公共物品供给的职责。于是，政府角色的转型，就成为市场化进程中公共管理体系改革的主题。

第六，市场体系扩展所导致的中国经济日益广泛、深入地融入世界经济一体化进程，以及外来资本大量涌入中国，并渗入各种经济社会生活过程之中，也使各级政府的管理模式和行为方式遇到了前所未有的挑战。一方面，各级政府都面临着“入世”带来的按国际规则办事的考验；另一方面，经济、文化及政治的全球化，又要求各级政府能够有效地应对世界文明的示范效应所撩拨起来的公众对政府行为的种种可能超前的期待。

第七，市场化进程所交织的社会结构转型与体制转轨的社会大变革，使各级政府应对社会风险的能力面临巨大的挑战。从某种意义上说，转型期中国社会面临的潜在的社会风险挑战是空前的。这里既有西方某些国家民主模式渗透与颠覆风险，也有全球化高科技风险、生态风险和社会风险（乌尔里希·贝克，2018），更有中国特有的社会转型与体制转轨交织，以及现代化时序错位、发展战略失误带来的特殊风险，还有国家人口和疆域的超大规模对各种风险的放大作用。而在社会生活秩序已经发生重大变迁的背景下，政府既无法单方面应对各种突如其来的风险，又无法像以往那样通过垄断社会资源来实现全民动员，而迫切需要建立适应新的社会生活秩序的公共事物管理模式。

3. 民主治理讨论

比较成熟的国家治理理论出自古代中国，但现在学术界治理理论则引自西方。有关“治理”概念的理解和运用上分歧较大，但并不影响在一些基本问题上的讨论，其中也不乏形成许多共识。

治理行为主体。传统治理主体被认为是一元的，即以政府或公共机构为唯一权威主体，而现代意义上的治理是多元的。“现代意义上的治理将打破传统的以政府或公共机构为唯一权威主体的模式，参与公共事务治理的既可以是公共机构，也可以是私人机构，或公共机构和私人机构的合作。多元性的治理主体通过相互沟通、相互合作，共同形成一种多中心、互动式、开放型的治理结构。”（何显明，2008）“各国政府并不完全垄断一切合法的权力，除政府以外，社会上还有一些其他机构和单位负责维持秩序，参加经济和社会调节”（皮埃尔·德·塞纳克伦斯和冯炳昆，1999）。确切地说，“治理是政治国家与公民社会的合作、政府与非政府的合作、公共机构与私人机构的合作、强制与自愿的合作。”（俞可平，2002）治理主体再增加，也不会降低政府作为治理核心的主导作用。越是多元，越需要整合，政府统帅的角色会越来越强。

治理运行模式。“从权力运作向度和方式来看，现代意义上的治理将改变传统的单向度的自上而下权力运作模式，建立起一种上下互动、权力双向运行的管理模式，通过合作、协商、伙伴关系等方式实施对公共事务的有效管理。”（何显明，2008）俞可平（2016）认为，现代国家治理的本质是民主治理。权力运作方式的这种改革，意味着从等级行政向复合行政的转变。参与治理的行为主体在此不再形成一种等级式的隶属关系，而是结成一种平等的合作关系或伙伴关系，它们通过多元互动，找到共同的利益和目标。由此，“参与”“谈判”“协商”成为治理的三大关键词（唐贤兴，2000）。将中国传统治理模式称作“单向度的自上而下权力运作”是一种误解，中国四维治理模式，强调纵向与横向的均衡，上下关系的和谐，左右结构功能的匹配。中国传统治理模式有坚实的哲学基础，《周易》中的“连山易”和“归藏易”就是分别量化社会经济纵向和横向关系的（陈凯，2015）。

协商民主（deliberative democracy）。当今西方政治思想学者们（詹姆斯 • 博曼和威廉 • 雷吉，2006）根据政治选举之后公共事务治理存在的问题，提出通过完善治理过程的民主程序，建立公民广泛参与的民主协商机制，通过自由平等的对话来消除冲突，保证公共理性和普遍利益的实现，扩大公共政策的合法性基础，和解多元文化的不同利益诉求，增进政治话语的相互理解。国内学者认为，协商民主的核心概念是协商或公共协商，强调对话、讨论、辩论、审议与共识（陈家刚，2007）。协商民主既可以理解为一种公民广泛的直接参与的治理形式，也可以理解为一种每个参与者能够自由表达，愿意倾听并考虑相反的观点的公共政策的民主决策机制。协商民主不是对占据西方主流地位的代议制民主的代替，而是对它的补充。它试图将协商从一种政治手段上升为多样化的制度安排，把协商主体从精英扩展到广大公民，促使现代民主从注重选举转向关注政治与行政的微观具体过程。

在西方主导的民主治理语境中，西方民主治理标榜为具有普世价值的绝对优秀治理模式，而中国社会主义民主治理被认为是“集权统治”或“集中治理”的终将被代替的落后治理模式。其实，作为社会经济发展规律及其运行机制的管理方式的西方“民主治理”与中国“集中治理”无优劣之分，只有适用与否之别。民主体现在政府行政的全过程，西方全民初选出的领导人，在其大位到手后，再无实质性约束，可一意孤行，肆意妄为。这种先民主后独裁的决策过程，无科学性而言，更容易脱离客观规律。而中国社会主义民主，在初选领导人时进行了严格的民主程序，如组织部门的多层次民众打分评价、财务部门的审计、纪检部门廉政考查、业务部门的绩效考核、精英阶层的协商推荐、党政联席会议的民主讨论、人民代表大会或职工代表大会的投票表决，确保优秀人才进入领导层。基层领导和村委委员则实行村民一人一票全民选举，保证基础政权牢牢掌握在人民手中。中国各级领导层都由一个委员会组成，每一个行政决策，事先须经充分的科学论证，形成决议后投票表决通过，才能形成政策执行。中国政体实行民主集中制，在民主与集中间取得均衡。既保证充分的民主，又避免了可能产生的偏差。

10.1.3　治理导向

中央已经明确表示，中国新时代的国家治理体系和治理能力现代化，决不能走西方“宪政”“三权鼎立”“司法独立”的路子，而是在中国特色社会主义民主制度框架内对治理资源充分发掘与利用，降低交易费用，由中国共产党领导人民进行建构发达国家路径的探索。

1. 国家治理现代化的文化意蕴

任何一种制度形态都有与之相匹配的文化基础，中国文化有无限的包容性，能容纳不同地域各种异质性文化而和谐共荣。中国包容性文化有坚实的“万物并育”哲学基础。《礼记·中庸》曰：“万物并育而不相害。道并行而不相悖。小德川流；大德敦化。此天地之所以为大也。”《春秋繁露·王道通三》说道：“天覆育万物，既化而生之，有养而成之。”《庄子·天下》如是说：“常宽容于物，不削于人，可谓至极。”

西方自由主义公民型的政治文化，中国拿来并非替代自己的集中统一文化，而是选择性吸收其精华，补充完善自己的治理方式方法，形成中国特有的民主集中制文化。社会主义国家并不反对民主，认为民主是现代化治理模式的本质与核心，“人民主权”和“人民当家作主”，以及“确保人民真正享有管理国家和社会的主人权利”一直是中国社会主义政权的根本价值指向。习近平总书记也强调，“一个国家选择什么样的治理体系，是由这个国家的历史传承、文化传统、经济社会发展水平决定的，是由这个国家的人民决定的”①。十九大报告也郑重提出“以人民为中心”的发展思想，要“健全人民当家作主制度体系，发展社会主义民主政治”，“要体现人民意志、保障人民权益、激发人民创造活力，用制度体系保证人民当家作主”②。

西方政治文化中共和主义对公民美德、责任、参与、国家认同等价值理念与中国传统政治文化资源中的“共和”理想多有契合，也与当代中国的社会主义核心价值观及在其指引下的国家治理理念相吻合。党的十九大报告提出，“培育和践行社会主义核心价值观”，“要以培养担当民族复兴大任的时代新人为着眼点，强化教育引导、实践养成、制度保障，……，把社会主义核心价值观融入社会发展各方面，转化为人们的情感认同和行为习惯”，“广泛开展理想信念教育，深化中国特色社会主义和中国梦宣传教育，弘扬民族精神和时代精神，加强爱国主义、集体主义、社会主义教育，引导人们树立正确的历史观、民族观、国家观、文化观。深入实施公民道德建设工程”，“激励人们向上向善、孝老爱亲，忠于祖国、忠于人民”。②

① http://www.gov.cn/ldhd/2014-02/17/content_2610754.htm。

② http://cpc.people.com.cn/n1/2017/1028/c64094-29613660.html。

2. 把握民主与集中的平衡关系

中国国家治理采用民主集中制，集中国传统治理的精华与现代国家治理的文明成果，形成区别于西方民主的中国特色社会主义民主制度体系。这种实体民主在国家与社会治理过程中要有效的运转，必须战胜并克服一系列的挑战和困境，不断调整姿态，时刻把握民主与集中的平衡关系。

弱化管控型思维。在旧社会，“民可使由之，不可使知之”（孟子等，2016），从政为民之父母官，是封建官僚的自我期允；国家管理为“牧民”，人民是被管控和教化的对象。中华人民共和国成立后，人民当了家做了主人，但行政管理“代民做主”的思维仍然根深蒂固。随着改革开放的推进和市场经济的开启，我国的民主集中制度逐渐深入，民众公民意识逐渐增强和成熟，进而与政府管控型思维之间的张力越来越大。去除管控型思维定式成为必然，民主决策应成为法定的程序。

强化程序性民主。实体民主与程序民主是民主政治建设的两个基本维度。实体民主侧重强调民主的价值性内涵和目标性设定，具有一定的抽象性和概括性，程序民主则更为注重民主的过程、规则、机制和策略，具有一定的具体性和应用性。我国以国体、政体和基本政治制度确立的主权在民的原则和人民当家作主的地位，为民主发展确定了最终价值和理想追求；程序民主体现在治理领域，是对国家政治制度的具体运作和程序设定，以过程化、规则化、程序化确保人民主权的实现。一定程度上而言，“没有程序，就没有现代文明的政治秩序；没有程序理性，就没有现代文明的政治秩序的理想境界”（朱海英，2004）。我们要十分重视民主的具体实施过程，在立法、决策、执行、司法、监督、选举、管理、公开等各个领域确定民主程序并纳入法律体系，建立并完善程序性的保障机制，实现民主程序的细致化和可操作化。

3. 重在创新及提高治理质量

政府治理能力的衡量标准不仅在于经济增长与维持稳定局面方面，其重心是对国家核心制度与基本制度的执行与创新能力，以及治理质量的提高。随着中国经济的发展，转型期的矛盾会越来越凸显和扩大，社会对政府治理效果标准会越来越高，发展主义思路、经济绩效导向的评价、强力维持稳定等措施已不足以满足人民对国家治理预期的要求，只有通过国家治理制度不断创新才能使国家摆脱转型期的困境，保持经济新常态下的国家有序化发展。

在新时代的国家治理中，我们应该贯彻党的十九大报告倡导的新发展理念，更加注重治理的体制机制创新，提高治理质量。然而要实现政府治理能力由经济发展向制度创新和治理质量提升的转变，首先应改变我国政府官员的晋升机制，由以 GDP 经济绩效为中心转向对善治绩效的衡量；其次，进一步建立健全政治绩效的测评指标体系，把民生、民主和人民福祉提高能力及法治建设能力作为硬性指标，并加大民意在民主测评中的分量；最后，鼓励地方制度创新，加大对官方或民间智库为政府治理创新奖和社会治理创新奖评定的支持力度，继续坚持以组织为主体的奖项评定的同时，增设个人创新奖项，对在国家治理领域具有创新性精神和创新性措施的个人进行奖励。同时要努力寻求政府与智库组织的合作机制，对由智库评定的创新组织或个人予以官方确认，构建创新及提高治理质量治理激励机制（罗大蒙和徐晓宗，2018）。

4. 支持地方政府创新实践

支持地方政府创新实践，促进传统治理模式向现代治理模式变迁，能以较少的成本实践治理预期发生机理和演进逻辑。地方政府创新是适应市场化进程所引致的经济社会生活秩序变迁对公共事务管理模式挑战的产物，是政府转型与民主政治发展双重历史主题在政府角色及其行为模式变迁上的反映。它适应了中国民主政治发展和政治行政体制改革微观先行的政治逻辑，反映了地方政府作为国家政治意志的代理人和地方公共事务治理主体，通过创新政府运行机制，把体制内资源和体制外资源、传统控制机制与现代治理技术有机整合在一起，努力提升公共事务治理的有效性，以缓解传统治理模式危机的努力（何显明，2008）。

10.2　无为而治

“无为而治”是《道德经》最为鲜明的主张。从字面上讲，“无为”就是无所事事，什么都不做，无所作为。关于老子“无为而治”的思想，一般理解是一种“不作为”的主张，表现的是一种消极无为的政治态度，或者对万物的发展不加干预，任其发展，放任自流。但认真体悟《道德经》，不难发现，这样理解“无为而治”甚为偏颇。其实，“无为而治”是指无形的治理、循道的治理和道化万物的治理。

10.2.1　无形的治理

治理是统筹运作系统化、层次化和程式化规律及机制的整合。社会经济组织活动是有形的，而其规律是无形的。基于社会经济发展规律基础上的社会经济组织活动治理机制应该是无形治理与有形治理的结合。

《道德经》开章写道：

“道，可道，非常道；名，可名，非常名；无，名天地之始；有，名万物之母。故常无，欲以观其妙；常有，欲以观其徼。此两者，同出而异名，同谓之玄。玄之又玄，众妙之门。”

这一章翻译成现代语言是在讲：世界是物质的，物质存在粒子性和波动性两种状态（同出而异名），当在牛顿力学科学层次上观察对象时，物质呈粒子态，它是有形的，有关信息是显性的，如经济活动中的有形资源、企业、法规条例、国家机器等，我们可以对它定义（可名）用以观其徼（状态、模式、结构、边界、终结、结果）；当在量子物理学科层次上观察对象时，物质呈现波的状态，它是无形的，有关信息是隐性的，如意识形态、人文精神、教化思想、道德理念等，对这种非常状态，我们用以观其妙（趋势、频率、概率、联系、程序、过程）；物质处在常态（有，粒子态），我们可以对其描述、分析和测度（可名），揭示其规律（可道）；物质处于非常态（无，量子态），其机理是一种“非常道”，我们只能利用现有技术将其隐性信息转换为显性信息，将非常道转换为常道。在这种信息传递、变通、转换（玄之又玄）中，重在把握转换的机制与要领（门），这种信息转换的法门就是周易八卦（陈凯，2015）。

人的行为受其思想所支配。对人的治理实际上是对其思想的引导、感召和同化。“王者乘势，圣人乘幼，与物皆宜。”（管子，2015）作为国家领导者，要树立、维护和推行自己国家和民族的意识形态、价值体系和行为规则。党的十九大报告中指出，“培育和践行社会主义核心价值观……要以培养担当民族复兴大任的时代新人为着眼点，强化教育引导、实践养成、制度保障，发挥社会主义核心价值观对国民教育、精神文明创建、精神文化产品创作生产传播的引领作用，把社会主义核心价值观融入社会发展各方面，转化为人们的情感认同和行为习惯”①。

社会主义核心价值观基本内容包括富强、民主、文明、和谐、自由、平等、公正、法治、爱国、敬业、诚信、友善。这 24 个字的社会主义核心价值观分三个层次。富强、民主、文明、和谐是国家层面的价值目标，自由、平等、公正、法治是社会层面的价值取向，爱国、敬业、诚信、友善是公民个人层面的价值准则。

《管子·乘马第五》曰：“无为者帝，为而无以为者王，为而不贵者霸，不自以为所贵，则君道也。贵而不过度，则臣道也。”（管子，2015）“无为而治”是精神领袖所为。政府各部门人员为政而不为政务所累，显得无可操劳的，是把握住了社会经济发展规律和治理机制的称职官员；为官平易近人、谦虚谨慎、廉洁奉公，不超越应守的规范。

10.2.2 循道的治理

“无为而治”的“无为”是指凡事要“顺天之时，随地之性，因人之心”，不能凭主观愿望和想象行事，无主观臆断的作为，无人为之为，是一切遵循客观

① http://cpc.people.com.cn/n1/2017/1028/c64094-29613660.html。

规律的行为。只有按照事物发展的规律办事，因势利导，善于把不利转化为有利条件，才能成功。“无为”就是科学的、合理的、客观务实的作为，也就是言行实事求是，与时俱进；不走极端，也不消极，而是积极地遵循规律的作为。

1. 有所为与有所不为

“无为而治”的治理思想的第一层含义是在决策上应“有所为，有所不为”，即要求管理者在小事上有所不为，在大事上有所为。只有在小事上有所不为，然后才能在大事有所作为。汉代学者刘向指出：“将治大者不治小，成大功者不小苛。”

在现代企业的管理中，任何一个管理者都会遇到两类事情：一类是事关企业全局和长远利益的大事，另一类是相对次要的琐碎的小事。随着经济的快速发展，各种企业的规模都在迅速地扩大，部门层次增多，即使是精明能干、智慧超群的企业家，也无法事无巨细，事事“有为”。因为任何一个管理人员的能力、体力、时间都是有限的，一个高层的管理人员应做到在小事上有所不为，而在大事上有所为。

2. 顺自然而为

“无为”并不是其表面的含义，并非禁止人们的一切行动，而是要求人们顺应自然地有所作为和行动。“自然”是“道”的本性，因此，由“道”产生自然界的万事万物也是“自然而然”，并非人为如此。

“人法地，地法天，天法道，道法自然”，宇宙万物都是以“自然”为本性的。这里所说的“自然”，并不是指存在于人类之外的自然界，而是指“道”和由它派生的宇宙万物“本性如此”的自然存在。在社会经济治理中，只要不违背客观经济规律，不任凭主观想象发号施令，就能获得社会经济的成功。

3. 上无为而下有为

在国家治理体系中，要想在自己职位上“无为而治”，就应该选拔任用称职的下属，不要过度干涉下属的具体事务，让其“有所为”。但历史上“无为”的君较易，“有为”的臣很难。况且，“君无为”要以“臣有为”为先决条件。如果君主手下有得力的群臣，代替君主操劳政事，又不存私心，人君就可以“无为而治”了。现代，谈到高层管理者要实现“无为而治”的条件，就是要有聪明能干且为人正直的得力助手。这样高层管理者才能实践“无为而治”的管理理想，抽出更多的时间思考政府、企业、组织的未来和长远利益。

4. 限制管理者乱为的权力

老子强调“无为而治”，并不是无的放矢地空发议论，而是因为当时的统治者滥用权力，祸害百姓。他揭露当时的社会现实说：“民之难治，以其上之有为，是以难治。”当官的滥用权力，胡作非为，这是造成许多社会祸害的根源。“始制有名，名亦既有，夫亦将知止，知止可以不殆。”本来管理者和民众都能质朴自然是最好的，但后来有了官职（始制有名），既然有了官职，那就必须限制他们的权力（知止），限制了他们的权力，才可以避免危险（不殆）。限制管理者的权力，本来就是无为而治的题中应有之义。管理者的权力范围越小，无为而治的范围也就越大；反之，社会能够无为而治的范围越大，需要管理者“有为”去治理的范围也就越小。

10.2.3　道化万物的治理

做到“无为而治”，治理者要选择正确的价值取向引导民众，上善若水，循序渐进，潜移默化。老子曰：“不尚贤，使民不争；不贵难得之货，使民不为盗；不见可欲，使民心不乱。是以圣人之治，虚其心，实其腹，弱其志，强其骨。常使民无知无欲，使夫知者不敢为也。为无为，则无不治。”王夫之言道：“夫善治者，己居厚而民劝矣，谗顽者无可逞矣；己居约而民裕矣，贪冒者不得黩矣。以忠厚养前代之子孙，以宽大养士人之正气，以节制养百姓之生理，非求之彼也。捐其疑忌之私，忍其忿怒之发，戢其奢吝之情，皆求之心、求之身也。人之或利或病，或善或不善，听其自取而不与争，治德蕴于己，不期盛而积于无形，故曰不谓之盛德也不能。”（王夫之，2013b）

道化万物，在于变通。把握变通法则，可以化治理行为于无形。例如，征税民众一般为被动接受，如果国家税收有道，则人们将缴税变为积极主动的自觉行为。《管子・地数》记述了化征税于无形的典故：

桓公问于管子曰：“吾欲守国财而毋税于天下，而外因天下，可乎？”管子对曰：“可。夫水激而流渠，令疾而物重。先王理其号令之徐疾，内守国财而外因天下矣。”桓公问于管子曰：“其行事奈何？”管子对曰：“夫昔者武王有巨桥之粟贵籴之数。”桓公曰：“为之奈何？”管子对曰：“武王立重泉之戍，令曰：‘民自有百鼓之粟者不行。’民举所最粟以避重泉之戍，而国谷二什倍，巨桥之粟亦二什倍。武王以巨桥之粟二什倍而市缯帛，军五岁毋籍衣于民。以巨桥之粟二什倍而衡黄金百万，终身无籍于民，准衡之数也。”

第 11 章　资源空间依赖有序化

有序化是我国今后经济社会发展的总体要求和政策取向，资源空间依赖走向有序化，资源利用秩序治理构成其基础。从秩序角度化解资源经济社会系统风险，是国家调控经济安全稳定高效运行的又一抓手。对秩序的研究应从其基础层面资源利用开始，能源、水资源和建设用地利用秩序及耦合治理测评是开启此项研究的第一步。能源、水资源和建设用地利用秩序及耦合治理测评是进入上述研究领域的切入点。构建秩序治理分析框架，供需结合，兼顾社会公平与资源利用效率，通过资源利用主体相对收入变动与全要素生产率变化捕获需求与供给侧的一致性变动关系的秩序状态，设置 8 级轻重标尺，衡量评价能源、水资源和建设用地利用秩序及其耦合程度，根据耦合度变化采取适应性治理措施。

能源、水资源和建设用地是相对独立而又紧密相连的国计民生资源，其有序化高效利用，需要对之进行协调，而这三种资源的调控基础是对其耦合利用秩序的评价。资源利用耦合治理理念来源于经济一体化研究的理论与实践，较早的是关于资源市场整合的考察。

市场整合是商品价格变动关系的表现，反映资源各自流向及其配置状态的变动。Young（2000）认为中国区域市场不整合，地方政府控制资源流向，市场资源配置功能受限。相反，Naughton（1999）研究中国 25 个省区的数据，发现这些区域市场是趋于整合的，Brauw 等（2002）和 Qi（2010）进一步研究认为劳动力、资本和土地要素市场也是趋于整合的。当然，户籍、待遇和公共服务差距对要素流动特别是对劳动力转移影响较大（Zhao，2004；Qian and Smyth，2005）。能源和水资源市场整合基本实现，但公平和效率所涉及的问题需要从系统角度综合考虑（Ngan，2010；Howells et al.，2013）。市场整合研究的单一价格指标以一代全难为，通货膨胀剔除及多种类商品价格加权汇总不易，为此价格背后多变量综合指标评价方法应运而生。

学术界多采用多因素综合评价与主成分分析相结合的方法对资源利用绩效进行定量评价（薛静静等，2013；詹长根等，2018），但许多学者早已指出，综合性指标的选取很大程度上依赖主观经验，指标设置过多易出现体系庞杂、信息重叠，而指标数量过少则会以偏概全，难以找到合适的计量工具，予以准确测度协调度及影响因素的贡献率（姜文仙和覃成林，2009；Berg et al.，2010；Kazi and Anwar，2015）。近年来的改进主要表现在两个方面：资源利用绩效构成函数与影响要素权重的确定（章玲等，2017）。未来的研究方向可能是异质技术的相关建模、随机噪声或不确定性因素及其资源非效率的根源（杜克锐等，2018）。

近年来，耦合协调研究逐渐兴起（单海燕和杨君良，2017；王继全和李源，2018）。一般的耦合协调模型方法，首先设置系统发展评价指标体系，其次利用主成分分析等方法得出各系统的综合发展指数，最后借助耦合协调度模型得出耦合度并与耦合协调度进行比较（逯进等，2016；李桂君等，2016；付娇等，2018）。资源耦合协调研究以资源绩效综合评价为基础，尽管评价模型越来越复杂，但因客观性和异质性被掩盖，评价结果的精准度并未提高。

综上所述，目前的研究展示出四个方面可开拓的空间。

（1）资源利用管理几乎都是在资源效率评价基础上进行的，很少关注秩序问题（张少华和蒋伟杰，2016）。资源利用效率是资源时空配置秩序变化的结果。秩序是效率的载体与条件，效率是秩序的运行成果。如果秩序在资源利用过程中不变，效率研究中可将其忽略不计，但秩序无时无刻不在变动。可见，学术研究将秩序作为既定背景，设置为模型外的前提条件，存而不论有悖事理。因此，有必要定义秩序概念，将秩序和效率融合一体进行测度。秩序利用耦合治理是其秩序一致性变动过程，应作为重要变量去深入研究（陈凯等，2018）。

（2）有关资源利用效率评价的指标体系庞杂重叠、主观性强、通用性差。资源利用秩序评价指标设置应遵循大道从简、客观与精准原则。效率必须兼顾公平（罗知等，2018）。学术界对资源利用效率的关注主要集中在供给侧各要素的贡献度大小上，忽视要素主体地位差异的影响，很少顾及需求侧消费者的反响。为此，本书统一考虑资源需求侧与供给侧的不同层次主体关系协调及其配置的资源功能匹配所构成的问题。

（3）资源利用秩序评价是耦合治理的前提，要传承中国优秀传统文化中的治国理政理念，融合现代经济学管理方法，着力创新。有关多种资源耦合利用及治理的研究尚无需求与供给结构异质一致性变动的梯度客观测度标尺。故此，本书基于中国古典社会科学原理，融合中西经济学范式，建立一种资源利用秩序测度的新方法，以纵向秩序和横向秩序各 8 级标尺量化能源、水资源和建设用地的变动状态，衡量社会公平与资源利用效率一致性变动关系，通过资源利用主体相对收入变动与全要素生产率变化，测度其需求与供给侧的秩序之轻重，评价能源、水资源和建设用地利用秩序及其耦合程度，根据耦合程度变化采取适应性治理措施。

（4）经济异质性是经济研究难解之题，即使忽略背景差异，经济函数非极点和拐点的质变点量化确定仍然是学术难点。为此，本书创立一种全新的经济异质性理论分析框架和量化模型方法，力争在资源经济异质性测度中有所突破。

11.1 有关秩序与耦合治理的理论

秩序指的是系统要素的时空动态有序化排列，资源利用秩序是资源利用时空纵向序列关系与横向序列关系的合成演化形式，即资源利用运行规律的程式化的体现过程。

资源利用秩序可分解为纵向秩序和横向秩序：纵向秩序所表示的是需求侧要素的相位关系，即资源利用主体收入所反映的经济地位的相对变化，高低收入之间距离逐渐缩小的变动趋势，既是社会经济发展规律，也是社会公平的体现（约翰·罗尔斯，2009）；横向秩序所表达的是供给侧的构成与结构功能联系，即资源利用全要素生产率与其产出前沿之间的距离无限接近过程，此为资源优化配置变动规律，亦是资源利用效率提升和要素匹配程度的体现。

11.1.1 纵向秩序

要素相位关系是要素异质性时空差异变化。如果要素有性别之分，其阖、辟、往、来就会形成八个级别的状态，从优到劣依次为："元""亨""利""贞""悔（渐吉）""吝""害（厉）""凶（咎）"（陈凯，2015；陈凯等，2018）。

11.1.2 横向秩序

横向秩序是系统要素结构功能的匹配程度。要素的功能及贡献大小取决于系统总体对之要求及与其他要素的协调程度。系统总体的要求由其各部分构成的结构整体本质决定，整体本质要求是其客观规律的反映，由其中央定位并整合各部分协调进行。要素横向秩序状态有八种，由优到劣依次为："延年""天医""生气""辅弼""禄存""廉贞""破军""文曲"（陈凯，2015；陈凯等，2018）。

秩序一般以轻重度之。管子（2015）曰："以轻重御天下之道也，谓之数应。"重者，紧于道，秩序平稳有序；轻者，松于道，秩序混乱无序。

11.1.3 资源利用秩序的测度标尺

资源利用秩序分为纵向秩序与横向秩序，因此资源利用秩序测评设立纵向标尺和横向标尺。旧制中一斤（1 斤 = 500 克）为十六两[①]，故此中国传统经济理论中为资源利用秩序设立纵向和横向各八个梯度，即纵向与横向各"半斤八两"，合之为一斤十六两。

① 现在一斤为十两，二十两等于一千克。

1. 纵向标尺

纵向标尺梯度量化资源利用主体不同层次收入的相对变化关系。如果高收入利用主体的收入增长速度慢于利用低收入主体，即高低阶层收入差距逐渐缩小，其秩序为“元”；前者慢于后者而且两者均上升，为“亨”；前者慢于后者且均下降，为“贞”；若前者上升，后者下降，则为“害（厉）”。如果各层次人均收入的年均增长稳定，其中有一个层次的人均收入年增长率呈上升状态，秩序为“利”；如果两者增长速度保持上升不变，其秩序为“悔（渐吉）”；如果两者增长率均下降，低收入者下降比较快，其秩序为“吝”；若两层次主体相互掠夺，一者所得却是另一者所失，其秩序为“咎（凶）”。纵向秩序轻重对应关系为：“元”，八两；“亨”，七两；“利”，六两；“贞”，五两；“悔”，四两；“吝”，三两；“害（厉）”，二两；“凶（咎）”，一两（陈凯，2015；陈凯等，2018）。

2. 横向标尺

横向标尺梯度测度供给侧的全要素生产率的规模效率改进、配置效率改进、技术进步改进、技术效率改进。如果全要素生产率增长为正，其规模效率改进、配置效率改进、技术进步改进、技术效率改进有四个为正时是“延年”，三个为正时是“天医”，两个为正时是“生气”，一个或零个为正时是“辅弼”；当全要素生产率增长为负，其规模效率改进、配置效率改进、技术进步改进、技术效率改进有三个为正时是“禄存”，两个为正时是“廉贞”，一个为正时是“破军”，全部为负时是“文曲”。横向秩序轻重对应关系为：“延年”，八两；“天医”，七两；“生气”，六两；“辅弼”，五两；“禄存”，四两；“廉贞”，三两；“破军”，二两；“文曲”，一两（陈凯，2015；陈凯等，2018）。

11.1.4 秩序的纵横关系

秩序是系统纵向关系与横向关系的向量合成。纵向秩序和横向秩序与总秩序是构成与分解的关系。纵向秩序与横向秩序是总秩序的两个分向量，它们之间不是互为自变量与因变量的解释与被解释关系。虽然决定纵向秩序的收入变量与决定横向秩序的产出变量高度相关，但作为分向量的纵向秩序和横向秩序不存在共线性、相互替代及重复表达，也无循环论证的逻辑悖论问题。

11.1.5 耦合治理

耦合治理是通过风险化解保持社会经济可持续安全稳定健康发展的有关秩序

匹配协同共进过程。在中国传统哲学中，耦合治理是通过系统要素阴阳互补和相合相化而使风险不断化解的生生不息的协调演进过程。

系统潜伏着风险同时具备化解条件。耦合治理要善于利用要素相合相化机制化解其矛盾冲突。

资源耦合治理是通过风险化解保持资源可持续安全稳定健康地利用的有关秩序匹配协同共进过程。尽管资源物理性质各异，但系统结构要素变动一般关系风险化解机制相似，通过全要素生产率表现出的技术进步改进、技术效率改进、规模效率改进及配置效率改进的幅度、匀称和同步的比较鉴别找到其风险成因。

能源、水资源及建设用地耦合度与协调度相结合，能够衡量其系统是否良性循环、相互促进、彼此协调，从而促使系统从无序走向有序。水资源、能源及建设用地利用耦合治理是一个消除不确定性、化解风险，将队伍秩序差异一致化的整编过程。

能源、水资源及建设用地利用秩序测度后，放入其耦合协调度模型中进行计算，可得出我国能源、水资源及建设用地利用的相互协调程度，分析其构成、走势及动因，不难发现对其改进的路径。

11.2　我国资源利用纵向秩序测评

纵向秩序测度的是我国资源各层次利用主体收入相对变化关系。选择城镇居民家庭人均收入与农村农户家庭人均收入作为度量指标。而城乡居民收入的变化主要体现在居民收入的年均增长率上。本章采用 2001～2016 年《中国统计年鉴》数据折算。测度结果如表 11.1 和图 11.1 所示，我国资源利用纵向秩序从总体上呈现波动且缓慢上升的趋势。

表 11.1　2001～2016 年我国资源纵向利用秩序

年份	城镇人均收入年均增长率/%	速度年增	农村人均收入年均增长率/%	速度年增	纵向秩序轻重/两
2001	13.3	4.2	6.9	–0.9	2（害）
2002	13.4	0.1	8.4	1.5	7（亨）
2003	11.9	–1.5	7.8	–0.6	5（贞）
2004	7.4	–4.5	7.4	–0.4	5（贞）
2005	10.4	3.0	6.4	–1.0	2（害）
2006	10.9	0.5	9.3	2.9	7（亨）
2007	8.4	–2.5	8.2	–1.1	5（贞）
2008	5.4	–3.0	6.2	–2.0	5（贞）
2009	9.7	4.3	9.5	3.3	6（利）

续表

年份	城镇人均收入年均增长率/%	速度年增	农村人均收入年均增长率/%	速度年增	纵向秩序轻重/两
2010	6.9	–2.8	8.6	–0.9	5（贞）
2011	7.5	0.6	9.5	0.9	7（亨）
2012	9.2	1.7	8.8	–0.7	2（害）
2013	7.1	–2.1	8.1	–0.7	5（贞）
2014	6.8	–0.3	8.3	0.2	8（元）
2015	6.7	–0.1	7.5	–0.8	3（吝）
2016	6.0	–0.7	6.3	–1.2	3（吝）

资料来源：根据历年《中国统计年鉴》数据计算而得

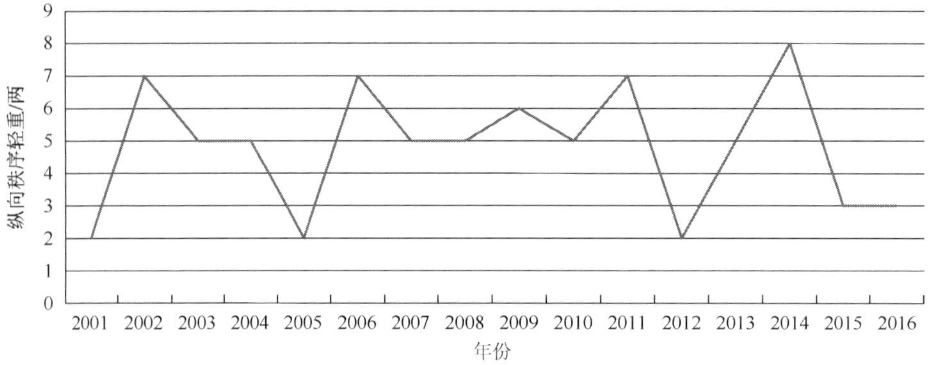

图 11.1　2001～2016 年我国资源利用纵向秩序

11.3　我国资源横向秩序测评

供给侧各投入要素之间的相互关系由横向秩序测得，将能源、水资源和建设用地的要素投入分别代入三种资源各自全要素生产率函数中计算，得到全要素生产率增长率及其分解的几部分，进行横向秩序的量化。

11.3.1　全要素生产率模型

全要素生产率的测度一般分为参数法和非参数法。由于非参数法存在不能对前沿面的适用性进行检验，同时没有将随机因素的影响及其他缺陷考虑其中，本书选取参数法中的随机前沿生产函数法进行测度。随机前沿生产函数方法放松了条件假设，同时允许要素处于非充分利用状态及考虑了随机误差的影响。

随机前沿生产函数的一般表达式为

$$Y_{it} = f(x_{it}, t)\exp(v_{it} - u_{it}) \tag{11.1}$$

式中，Y 为实际产出向量；x_{it} 为 t 年 i 省（自治区、直辖市）的要素投入量；$f(x_{it}, t)$ 为前沿生产函数，代表完全效率时的最大经济产出；v_{it} 为随机误差项，u_{it} 为技术损失误差项。两边取对数，在生产要素特指的情况下，构建基于超越对数生产函数的随机前沿生产函数模型：

$$\begin{aligned}\ln y_{it} = {} & \beta_0 + \beta_1 \ln L_{it} + \beta_2 \ln K_{it} + \beta_3 \ln G_{it} + \beta_4 (\ln L_{it})^2 + \beta_5 (\ln K_{it})^2 \\ & + \beta_6 (\ln G_{it})^2 + \beta_7 (\ln L_{it})(\ln K_{it}) + \beta_8 (\ln L_{it})(\ln G_{it}) + \beta_9 (\ln K_{it})(\ln G_{it}) \\ & + \beta_{10} (\ln L_{it})t + \beta_{11} (\ln K_{it})t + \beta_{12} (\ln G_{it})t + \beta_{13} t + \beta_{14} t^2 + \varepsilon_{it}\end{aligned} \tag{11.2}$$

式中，β_0 至 β_{14} 为待估参数；$\varepsilon_{it} = v_{it} - u_{it}$；$t$ 为趋势变量；y_{it} 为第 t 年 i 省（自治区、直辖市）实际产出总量；L_{it} 为第 t 年 i 省（自治区、直辖市）劳动力要素投入；K_{it} 为第 t 年 i 省（自治区、直辖市）资本要素投入；G_{it} 为第 t 年 i 省（自治区、直辖市）资源要素投入。y 的增长率可分解为技术进步改进、技术效率改进、规模效率改进、配置效率改进之和。

（1）技术效率（TE）指既定的技术水平下生产者实际产出与理论最大产出之间的差距，可表示为

$$\mathrm{TE}_{it} = \frac{y_{it}}{f(x_{it}, t) \cdot \exp(v_{it})} = \exp(u_{it}) \tag{11.3}$$

（2）技术效率改进（TEC）为

$$\mathrm{TEC} = \frac{\partial \mathrm{TE}}{\partial t} = \frac{\mathrm{TE}_{it} - \mathrm{TE}_{it-1}}{\mathrm{TE}_{it-1}} \tag{11.4}$$

（3）技术进步（TC）指既定的技术水平下产生的生产前沿面外移，现有技术水平的高低决定了生产者能够在既定资源中获得的最大产值，可表示为

$$\mathrm{TC} = \frac{\partial f(x_{it}, t)}{\partial t} = \beta_{10}(\ln L_{it}) + \beta_{11}(\ln K_{it}) + \beta_{12}(\ln G_{it}) + \beta_{13} + 2\beta_{14} t \tag{11.5}$$

控制要素投入后的全要素生产率变化 $(\mathrm{T\dot{F}P})$ 可表示为技术进步与技术效率改进之和，即

$$\mathrm{T\dot{F}P} = \frac{\partial \ln y_{it}}{\partial t} = \mathrm{TC}_{it} + \mathrm{TEC}_{it} \tag{11.6}$$

由于全要素生产率增长率计算的是增长核算中的剩余残值，

$$\mathrm{T\dot{F}P} = \dot{y} - \sum_j s_j \dot{x}_j \tag{11.7}$$

式中，$\mathrm{T\dot{F}P}$ 为控制要素投入后的全要素生产率变化；$\dot{y}$ 为控制要素投入后的产出总量；s_j 为要素 j 所占的要素总成本的份额，并且 $\sum_j s_j = 1$；$\dot{x}_j$ 为要素 j 的产出增长率。

（4）规模效率改进（SEC）：

$$\mathrm{SEC}_j = (\mathrm{RTS}-1)\sum_j \lambda_j \dot{x}_j \tag{11.8}$$

（5）配置效率改进（AEC）：

$$\mathrm{AEC}_j = \sum_j (\lambda_j - s_j)\dot{x}_j \tag{11.9}$$

因此全要素生产率增长率可分解为技术进步、技术效率改进、规模效率改进、配置效率改进四大部分，即

$$\mathrm{TFP} = \mathrm{TC} + \mathrm{TEC} + (\mathrm{RTS}-1)\sum_j \lambda_j \dot{x}_j + \sum_j (\lambda_j - s_j)\dot{x}_j \tag{11.10}$$

式中，$\mathrm{RTS} = \sum_j \varepsilon_j$，代表规模效应；$\varepsilon_j = \dfrac{\partial \ln f(\cdot)}{\partial \ln x_j}$；$\lambda_j = \dfrac{\varepsilon_j}{\mathrm{RTS}}$，代表要素 j 的产出弹性。在要素市场充分竞争及规模报酬不变的条件下，要素的投入产出弹性应当等于要素在总成本中所占的份额，亦即 $\lambda_j = s_j$，当两者存在偏离时，存在资源配置效率问题。

11.3.2　数据采集与处理

根据水资源、能源和建设用地的投入及产出不同分别测算三种资源的全要素生产率及其技术进步、技术效率改进、规模效率改进及配置效率改进四大构成，可分别得出三个资源的横向秩序。根据数据可获得性和完整性，因为无法获得西藏、港澳台能源数据，所以横向秩序测度过程中，计算全国 30 个省区市（不含西藏、港澳台）的横向秩序。具体如下。

（1）资源产出。全要素生产率增长率的计算需要选取资源产出。本书将建设用地纳入投入要素中，可以直接反映建设用地产出水平的第二产业、第三产业产值。为得到更好的横向比较结果，同时因为水资源和能源在第一产业、第二产业、第三产业的生产过程中都有使用，所以选取国内生产总值作为两种资源的资源产出水平的衡量数据。根据《中国统计年鉴》上的数据，剔除通货膨胀的影响，将数据换算为以 2000 年为基期的产值。

（2）劳动投入。考虑到附着在资源上的劳动力，建设用地产出中所使用的劳动力为第二产业、第三产业就业人数；水资源和能源劳动投入选取全国各省（自治区、直辖市）就业人员。在历年《中国统计年鉴》上直接获取该数据。

（3）资源投入。由于农村用地主要为耕地，第二产业、第三产业的生产过程中没有使用耕地，建设用地资源投入数据选用建设用地面积；水资源要素投入选取全国各省（自治区、直辖市）用水量；能源要素投入选取全国各省（自治区、直辖市）能源消耗总量。该数据可在历年《中国统计年鉴》中获得。

（4）资本投入。对于资本投入的衡量，Chow（1993）采用积累额来衡量投资，但是自从 1993 年后，由于联合国国民经济核算体系在我国启用，积累额数据不再予以公布，本书使用固定资产存量作为资本投入的数据指标。

本章将所涉及数据均根据各自的价格指数折算为 2000 年不变价。关于固定资本存量具体算法，本书采用张军等（2003，2004）论文中的具体算法，数据来源于《中国国内生产总值核算历史资料（1952—1995）》（中国国家统计局国民经济核算司，1997）。

11.3.3　横向秩序测度结果

根据以上数据变量，本书运用 Frontier 4.1 软件对随机前沿生产函数进行估计，估计结果见表 11.2。

表 11.2　2001～2016 年我国资源利用随机前沿生产函数估计值

自变量	参数	估计系数			t 值		
		能源	水资源	建设用地	能源	水资源	建设用地
常数项	β_0	5.7208	−8.1015	−9.8886	4.8012	−8.8577	−10.0125
$\ln L$	β_1	1.0749	0.3918	−2.7583	4.3446	0.7166	−4.2054
$\ln K$	β_2	0.1153	2.6556	5.2080	0.6515	6.3970	7.2596
$\ln G$	β_3	−0.9005	−0.7102	−0.5054	−5.2514	−1.9612	−1.4974
$(\ln L)^2$	β_4	−0.0588	−0.2684	−0.2737	−3.0533	−6.4744	−3.7492
$(\ln K)^2$	β_5	−0.0441	−0.1903	−0.6954	−2.6590	−6.2055	−8.0295
$(\ln G)^2$	β_6	0.0639	−0.0689	0.0440	3.7132	−3.3026	2.1068
$(\ln L)(\ln K)$	β_7	0.0537	0.2567	0.9592	2.8218	6.0468	7.0840
$(\ln L)(\ln G)$	β_8	−0.0913	0.2693	−0.2866	−3.4407	8.4293	−3.8117
$(\ln K)(\ln G)$	β_9	0.0772	−0.0535	0.2373	2.7140	−1.2859	4.3339
$(\ln L)t$	β_{10}	−0.0056	−0.0115	−0.0585	−2.0121	−1.9061	−5.1321
$(\ln K)t$	β_{11}	−0.0013	0.0246	0.0806	−0.4492	3.5533	6.0611
$(\ln G)t$	β_{12}	−0.0164	−0.0080	−0.0125	−5.0208	−1.9018	−2.1708
t	β_{13}	0.2933	−0.0887	−0.1834	9.1094	−2.1523	−4.5106
t^2	β_{14}	−0.0004	−0.0039	−0.0075	−1.3898	−6.1383	−10.0587
σ^2	β_{15}	1.0406	0.0351	0.1025	2.6867	3.0861	2.9743

资料来源：根据历年《中国统计年鉴》数据模型计算而得

根据表 11.2 所示的模型参数估计结果可以看出，通过随机前沿方法（stochastic frontier approach，SFA）估计，随机前沿方法模型的 γ 值分别为 0.998、0.819、0.881，这说明我国资源利用过程中有技术无效现象，而且生产函数偏离前沿面主要是由生产的无效率造成的。同时，γ 值趋近于 1，并且 LR 检验均通过了显著性和 χ^2 分布检验，说明误差项复合结构明显，因此采用随机前沿方法对其进行分析是必要的。

表 11.3 展示了 2001～2016 年我国能源全要素生产率增长率及其组成部分，以及能源资源利用横向秩序。

表 11.3　2001～2016 年我国能源利用横向秩序

年份	技术进步（年增加）	技术效率改进（年增加）	规模效率改进（年增加）	配置效率改进（年增加）	TFP（年增加）	横向秩序轻重/两
2001	0.1008（–）	–0.0164（–）	–0.0198（+）	0.0167（+）	0.0812（–）	3（廉贞）
2002	0.0982（–）	–0.0167（–）	–0.0369（–）	0.0283（+）	0.0729（–）	2（破军）
2003	0.0953（–）	–0.0170（–）	–0.0551（–）	0.0382（+）	0.0614（–）	2（破军）
2004	0.0921（–）	–0.0173（–）	–0.0692（–）	0.0437（+）	0.0493（–）	2（破军）
2005	0.0890（–）	–0.0176（–）	0.0001（+）	0.0496（+）	0.1212（+）	6（生气）
2006	0.0863（–）	–0.0179（–）	–0.0903（–）	0.0418（–）	0.0199（–）	1（文曲）
2007	0.0837（–）	–0.0182（–）	–0.1006（–）	0.0452（+）	0.0100（–）	2（破军）
2008	0.0816（–）	–0.0185（–）	–0.0998（+）	0.0340（–）	–0.0028（–）	2（破军）
2009	0.0795（–）	–0.0189（–）	–0.1148（–）	0.0356（+）	–0.0185（–）	2（破军）
2010	0.0771（–）	–0.0192（–）	–0.1298（–）	0.0474（+）	–0.0245（–）	2（破军）
2011	0.0747（–）	–0.0195（–）	–0.1315（–）	0.0497（+）	–0.0266（–）	2（破军）
2012	0.0727（–）	–0.0199（–）	–0.1278（–）	0.0430（–）	–0.0320（–）	2（文曲）
2013	0.0713（–）	–0.0202（–）	–0.1110（+）	0.0209（–）	–0.0390（–）	2（破军）
2014	0.0695（–）	–0.0205（–）	–0.1168（–）	0.0349（+）	–0.0330（+）	5（辅弼）
2015	0.0683（–）	–0.0209（–）	–0.1082（+）	0.0339（–）	–0.0269（+）	5（辅弼）
2016	0.0668（–）	–0.0213（–）	–0.1138（–）	0.0462（+）	–0.0221（+）	5（辅弼）

资料来源：根据历年《中国统计年鉴》数据计算而得

由表 11.3 可以了解到，2001～2016 年我国能源横向利用秩序处于中下水平，呈现缓慢上升趋势。2001～2005 年能源利用横向秩序由“廉贞”降至“破军”，而后短时间上升到“生气”，在“廉贞”、“破军”和“生气”之间波动。2006 年横向秩序跌到低谷，2007 年开始横向秩序连续 7 年处于“破军”水平。2014 年后我国能源利用情况较为好转且稳定在“辅弼”水平。我国能源资源利用横向秩序的低水平意味着各要素并未充分发挥作用。全要素生产率总系数时正时负。技术进步和配置效率改进虽然是正的，但分别处在逐年下降与波动态势。技术效率改进和规模效率改进一直为负（除 2005 年）。

2001～2016 年我国水资源利用横向秩序如表 11.4 所示。

表 11.4　2001～2016 年我国水资源利用横向秩序

年份	技术进步（年增加）	技术效率改进（年增加）	规模效率改进（年增加）	配置效率改进（年增加）	TFP（年增加）	横向秩序轻重/两
2001	−0.0047（−）	−0.0099（−）	0.0005（+）	0.0012（−）	−0.0129（−）	2（破军）
2002	−0.0122（−）	−0.0109（−）	0.0010（+）	0.0001（−）	−0.0220（−）	2（破军）
2003	−0.0190（−）	−0.0120（−）	0.0014（+）	−0.0011（−）	−0.0306（−）	2（破军）
2004	−0.0258（−）	−0.0132（−）	0.0017（+）	0.0004（+）	−0.0369（−）	3（廉贞）
2005	−0.0318（−）	−0.0145（−）	0.0001（−）	−0.0010（−）	−0.0472（−）	1（文曲）
2006	−0.0375（−）	−0.0160（−）	0.0005（+）	−0.0012（−）	−0.0542（−）	2（破军）
2007	−0.0428（−）	−0.0175（−）	−0.0012（−）	−0.0034（−）	−0.0649（−）	1（文曲）
2008	−0.0480（−）	−0.0193（−）	−0.0031（−）	−0.0042（−）	−0.0745（−）	1（文曲）
2009	−0.0527（−）	−0.0212（−）	−0.0061（−）	−0.0069（−）	−0.0869（−）	1（文曲）
2010	−0.0573（−）	−0.0233（−）	−0.0091（−）	−0.0091（−）	−0.0988（−）	1（文曲）
2011	−0.0619（−）	−0.0256（−）	−0.0115（−）	−0.0099（−）	−0.1090（−）	1（文曲）
2012	−0.0667（−）	−0.0282（−）	−0.0136（−）	−0.0122（−）	−0.1207（−）	1（文曲）
2013	−0.0716（−）	−0.0309（−）	−0.0154（−）	−0.0121（+）	−0.1300（−）	2（破军）
2014	−0.0765（−）	−0.0340（−）	−0.0164（−）	−0.0106（+）	−0.1375（−）	2（破军）
2015	−0.0818（−）	−0.0373（−）	−0.0155（+）	−0.0127（−）	−0.1473（−）	2（破军）
2016	−0.0872（−）	−0.0410（−）	−0.0156（−）	−0.0108（+）	−0.1546（−）	2（破军）

资料来源：根据历年《中国统计年鉴》数据计算而得

由表 11.4 可以了解到，2001～2016 年我国水资源全要素生产率总系数一直为负，横向利用秩序处在低水平，呈现阶梯式下降上升的“平底锅”状况。2001～2003 年，横向秩序的测度结果呈现“破军”，即横向秩序的第七档。2004 年上升到“廉贞”，2005 年探底，2006 年反弹到“破军”，而后跌入“文曲”低谷 6 年，到 2013 年从低谷爬升到“破军”一直到 2016 年。我国水资源利用横向秩序的过低水平说明各要素没有有效发挥作用。技术进步和技术效率改进逐年下降；规模效率改进和配置效率改进先正后负。

表 11.5 展示了 2001～2016 年我国建设用地全要素生产率增长率及其组成部分，以及考察时间跨度内我国建设用地资源利用横向秩序。

表 11.5　2001～2016 年我国建设用地利用横向秩序

年份	技术进步（年增加）	技术效率改进（年增加）	规模效率改进（年增加）	配置效率改进（年增加）	TFP（年增加）	横向秩序轻重/两
2001	0.0469（−）	−0.0127（−）	0.0071（+）	0.0063（+）	0.0476（−）	3（廉贞）
2002	0.0313（−）	−0.0136（−）	0.0122（+）	0.0065（+）	0.0365（−）	3（廉贞）

续表

年份	技术进步（年增加）	技术效率改进（年增加）	规模效率改进（年增加）	配置效率改进（年增加）	TFP（年增加）	横向秩序轻重/两
2003	0.0173（–）	–0.0146（–）	0.0165（+）	0.0011（–）	0.0203（–）	2（破军）
2004	0.0039（–）	–0.0157（–）	0.0200（+）	–0.0032（–）	0.0051（–）	2（破军）
2005	–0.0073（–）	–0.0168（–）	0.0001（–）	–0.0027（+）	–0.0266（–）	2（破军）
2006	–0.0170（–）	–0.0180（–）	0.0273（+）	–0.0126（–）	–0.0203（+）	5（辅弼）
2007	–0.0256（–）	–0.0193（–）	0.0293（+）	–0.0156（–）	–0.0312（–）	2（破军）
2008	–0.0337（–）	–0.0207（–）	0.0315（+）	–0.0155（+）	–0.0385（–）	3（廉贞）
2009	–0.0401（–）	–0.0222（–）	0.0292（–）	–0.0345（+）	–0.0677（–）	2（破军）
2010	–0.0465（–）	–0.0238（–）	0.0297（+）	–0.0370（–）	–0.0777（–）	2（破军）
2011	–0.0527（–）	–0.0255（–）	0.0241（–）	–0.0484（–）	–0.1025（–）	1（文曲）
2012	–0.0575（–）	–0.0274（–）	0.0181（–）	–0.0649（–）	–0.1316（–）	1（文曲）
2013	–0.0651（–）	–0.0293（–）	0.0200（+）	–0.0512（+）	–0.1257（+）	6（生气）
2014	–0.0733（–）	–0.0314（–）	0.0180（–）	–0.0470（+）	–0.1338（–）	2（破军）
2015	–0.0812（–）	–0.0337（–）	0.0139（+）	–0.0491（–）	–0.1501（–）	2（破军）
2016	–0.0894（–）	–0.0361（–）	0.0106（–）	–0.0529（–）	–0.1678（–）	1（文曲）

由表 11.5 可以了解到，2001～2016 年我国建设用地全要素生产率总系数先正后负，横向利用秩序处在较低水平，呈现大幅提升与大幅降落状况。2001～2002 年建设用地利用横向秩序水平较低，处在“廉贞”状态。2003～2005 年我国建设用地利用横向秩序下降一个级别，处于“破军”状态。2006 年我国建设用地利用横向秩序猛然好转，提高三个级别到“辅弼”，这是 2005 年落实 2004 年和 2005 年国家关于严格控制建设用地决定的政策效应。但由于建设用地深层次问题没有从根本上解决，2007 年又断崖式地恶化为七等水平“破军”。之后从 2008 年到 2012 年我国建设用地利用秩序都在六等“廉贞”水平、七等 “破军”水平与八等“文曲”水平之间上下波动，只是在 2013 年才出现一次三等“生气”水平。这种低水平的秩序情况一直维持到 2016 年。我国建设用地利用较低水平横向秩序显示出各要素之间并未有效充分发挥作用。技术进步和技术效率改进逐年下降。配置效率改进先正后负。唯独规模效率改进在发挥扩张效应。

11.4　能源、水资源和建设用地利用秩序

11.4.1　能源、水资源和建设用地利用秩序测度

合成能源、水资源及建设用地的纵向秩序和横向秩序，可以得出我国三种资

源利用的总秩序轻重。我国能源、水资源和建设用地利用秩序如图 11.2 所示。

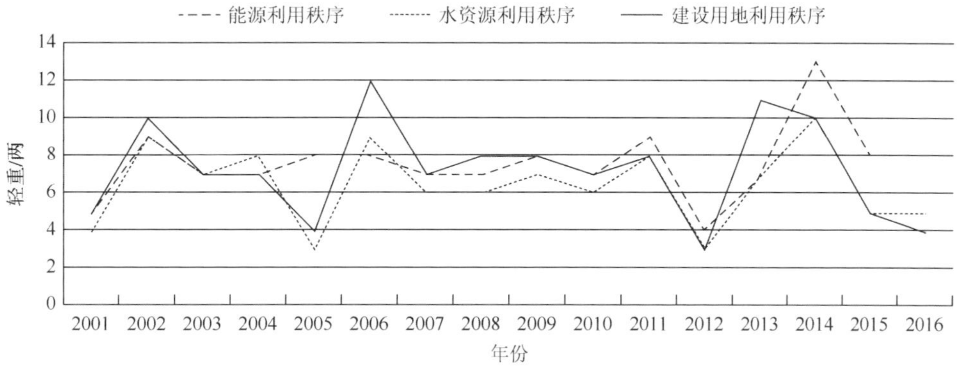

图 11.2　2001～2016 年我国能源、水资源和建设用地利用秩序

2001～2016 年我国能源、水资源和建设用地利用秩序呈不断波动状态，能源秩序呈缓慢上升趋势，水资源秩序次之，建设用地秩序呈波动下降趋势。能源和建设用地秩序大部分处于中等水平及以上，水资源秩序大部分低于能源和建设用地秩序。

11.4.2　供给侧秩序差异

供给侧的资源利用秩序等同于资源利用横向秩序。我国能源、水资源和建设用地供给侧的秩序如图 11.3 所示。供给侧能源利用秩序呈现缓慢上升走势，而水资源和建设用地秩序则升降趋势不明显。能源和建设用地供给侧的秩序起伏较大，水资源供给侧的秩序比较平缓。能源、水资源和建设用地供给侧的秩序水平比较低，如果秩序满分以百分之百计，能源供给侧的秩序平均值为 36%，水资源

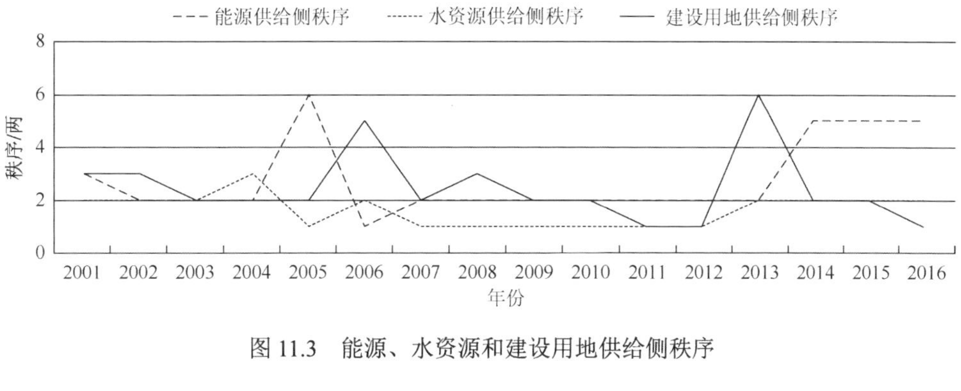

图 11.3　能源、水资源和建设用地供给侧秩序

供给侧的秩序平均值是 21%，建设用地供给侧的秩序平均值为 31%。能源、水资源和建设用地供给侧的秩序都有很大的提升空间。

能源供给侧的秩序在产业结构调整、技术进步和制度进化作用下出现两次大幅度提升：①在国民经济和社会发展第十个五年计划期间，我国加快转变工业增长方式，围绕增加品种、改善质量、节能降耗、防治污染和提高劳动生产率，鼓励采用高新技术和先进适用技术改造传统产业，带动产业结构优化升级。大面积关停、转让和拍卖了高能耗低效益的企业，引进了一大批高技术低能耗的投资项目，产业结构得到了实质性的优化，2005 年能源供给侧的秩序大幅度增加，由原来的 2 级提升到 6 级。②“十一五”到“十二五”期间，我国出台了《可再生能源法》（2006 年 1 月 1 日施行）、《节约能源法》（2007 年修订）、《民用建筑节能条例》和《公共机构节能条例》（2008 年 10 月 1 日施行）、《循环经济促进法》（2009 年 1 月 1 日施行）、《石油天然气管道保护法》（2010 年 10 月 1 日起施行）等法规条例，为能源制度改进和技术创新开辟了发展空间。

能源制度逐步得到改进：①允许民营企业在能源领域投资，实现能源供给总体多元化，能源发展基金建立并不断壮大；②基本实现煤炭生产和流通市场化，开展了煤可持续发展政策措施试点；③实现政企分开、厂网分离，建立并完善监管体系；④风电与光伏发电标杆上网，能源价格改革初见成效，价格机制形成并逐步完善。

能源科技进步步伐加快：①石油天然气勘探开发采收等技术在国际上处于领先地位，如 3000 米深水钻井平台、千万吨炼油和百万吨乙烯装置实现自主设计和制造；②自主知识产权的煤炭直接液化和煤制烯烃技术处于世界先进水平；③井下 600 万吨综采成套装备、百万千瓦超临界容量高参数发电机组、70 万千瓦水轮机组、百万千瓦级压水堆核电站设计制造技术引领世界；④太阳能光伏发电制造产业链形成，产量占全球的 40%以上；⑤特高压交直流输电技术和装备制造水平世界领先，结合电信网络高速发展，促进社会生产成本和交易费用大幅度的降低（中华人民共和国国务院新闻办公室，2012）。2014 年后，我国能源供给侧的秩序由 2 级提升到 5 级水平。

水资源供给侧的秩序数值一直较低，并且波动幅度也很小。水是人类赖以生存和发展的重要物质基础。我国水资源人均占有量十分有限，但又必须满足人民维系生命与健康的基本需求，受需求和供给两个方面的刚性约束，通过市场价格机制、政府制度措施和技术革新手段调节水资源供需矛盾，改善水资源利用状态，进而提升水资源利用秩序的空间比较困难。从表 11.4 水资源横向秩序分解中可以看出，我国水资源治理的技术改进和技术效率长时间呈现负效应，配置效率和规模效率在 2005 年之后也出现了负效应，导致水资源供给侧的秩序进一步下滑，其原因主要是我国水资源生产结构、生产技术和管理水平长期存在的问题没有得到根本性解决。

建设用地供给侧的秩序数值在能源供给侧的秩序与水资源供给侧的秩序之间徘徊，总体趋势缓慢下行，2015 年和 2016 年下滑，落后于水资源供给侧秩序，处在考察期间的最低水平。建设用地供给侧的秩序最大的特点是对国家有关土地和房地产政策的敏感性，如《中华人民共和国土地管理法》(第二次修订，2004 年 8 月 28 日）和《国务院关于深化改革严格土地管理的决定》(国发〔2004〕28 号）及 2005 年国务院办公厅“国八条”（国办发明电〔2005〕8 号）的政策实施后，2006 年建设用地供给侧的秩序得以好转，由原来的 2 级提升到 5 级；又如，2011 年 10 月 25 日国土资源部、住房和城乡建设部发布《关于进一步严格房地产用地管理巩固房地产市场调控成果的紧急通知》，2012 年 7 月 19 日住房和城乡建设部、国家发展和改革委员会发布《关于加强房地产经纪管理进一步规范房地产交易秩序的通知》等政策后，2013 年建设用地供给侧的秩序再一次得到改善，由原来的 1 级提升到 7 级。但建设用地问题根源深沉，治标性的政策效应是短暂的。目前，建设用地只有规模效率在扩展，而技术进步、技术效率改进和配置效率皆为负，持续下滑的趋势难以扭转。

11.4.3　需求侧的秩序波动

2001～2016 年我国需求侧的资源利用秩序处于波动状态，变化幅度比较大。这 16 年间，我国资源需求侧的利用秩序大部分处于中等水平及其以上，资源利用秩序需求侧处于中等及以上的时间占据了研究时间的三分之二以上。说明我国在 2001～2016 年这 16 年的时间中，城镇和农村人均可支配收入差距是逐渐减小或者说总体上呈现缩小的趋势。同时，可以说明我国资源利用秩序需求侧大部分属于较好的状况，总体趋势呈现缓慢上升的状态。2001～2004 年，资源利用秩序需求侧变化幅度最大，从 2 级秩序一跃上升到 7 级，后回调到 5 级水平。2006 年、2011 年和 2014 年资源利用需求侧的秩序优良，但 2005 年和 2012 年出现两极分化，资源利用需求侧秩序跌入低谷。

我国资源利用秩序在需求侧上处于一种不稳定的状态，表现为不同层次主体相对地位变动趋势不够和谐：①高低收入差距在波动中减小；②虽然高低收入差距在减小，但是 2013～2016 年高低收入速度年增同步降低；③决定需求侧主导力量的中产阶级难于有效成长；④中产阶级在我国社会中的基数不足。

11.5　我国三种资源秩序耦合研究

11.5.1　耦合协调度模型

根据系统耦合概念，将能源、水资源和建设用地作为三个相对独立的要素，量化测度三者耦合协调度，分析三者相互关系。本书选取如下耦合模型：

$$C_3=\left[\frac{U_W \times U_E \times U_L}{\left(\dfrac{U_W+U_E+U_L}{3}\right)^3}\right]^{\frac{1}{3}} \quad (11.11)$$

式中，C 为三种资源总秩序的耦合度；U_i 为资源子系统总秩序评分，三个资源系统耦合度的取值范围 $C_3 \in (0,1]$。

由于耦合度的计算没有考虑到低资源利用秩序下的高耦合度的情况，引入耦合协调度作为补充，避免了低资源利用秩序的高耦合情况的出现。耦合协调度模型如下：

$$D=\sqrt{C \times T} \quad (11.12)$$

式中，D 为耦合协调度；C 为前文提及的耦合度；T 为三种资源利用秩序总的综合秩序评价得分，$T=\beta_W U_W+\beta_E U_E+\beta_L U_L$，其中 β_i 为待定系数，该系数作为综合秩序评价得分的权重，其值的变动主要由资源利用的重要程度所决定。由于本书研究的我国能源、水资源及建设用地资源利用属于相对独立的系统且在生产中处于同样重要的地位，本书 β_i 的权重选取为 $\beta_W=\beta_E=\beta_L=\dfrac{1}{3}$，显然 T 的最大值为 1，因此耦合协调度 $D \in (0,1]$。

根据所求的 D 的取值范围，一般把耦合协调度等级分为十个层次（廖重斌，1999），具体划分如表 11.6 所示。

表 11.6　耦合协调度判别标准及划分等级

失调衰退类		协调发展类	
耦合协调度	划分等级	耦合协调度	划分等级
0.00～0.09	极度失调衰退类	0.50～0.59	勉强协调发展类
0.10～0.19	重度失调衰退类	0.60～0.69	初级协调发展类
0.20～0.29	中度失调衰退类	0.70～0.79	中级协调发展类
0.30～0.39	轻度失调衰退类	0.80～0.89	良好协调发展类
0.40～0.49	濒临失调衰退类	0.90～1.00	优质协调发展类

11.5.2　水资源、建设用地及能源利用耦合结果及分析

耦合协调度结果如表 11.7 和图 11.4 所示。

表 11.7　我国水资源、建设用地及能源耦合协调发展程度

年份	耦合度	综合秩序评价得分	耦合协调发展程度	耦合等级
2001	100%	31.25%	55.90%	勉强协调发展
2002	99.88%	58.33%	76.33%	中级协调发展
2003	99.80%	45.83%	67.63%	初级协调发展
2004	100%	43.75%	66.14%	初级协调发展
2005	95.80%	35.42%	58.25%	勉强协调发展
2006	98.12%	58.33%	75.65%	中级协调发展
2007	100%	43.75%	66.14%	初级协调发展
2008	99.32%	43.75%	65.92%	初级协调发展
2009	99.81%	47.92%	69.15%	初级协调发展
2010	99.74%	41.67%	64.47%	初级协调发展
2011	99.84%	52.08%	72.11%	中级协调发展
2012	99.06%	20.83%	45.43%	濒临失调衰退
2013	95.50%	52.08%	70.53%	中级协调发展
2014	99.22%	68.75%	82.59%	良好协调发展
2015	97.47%	37.50%	60.46%	初级协调发展
2016	95.80%	35.42%	58.25%	勉强协调发展

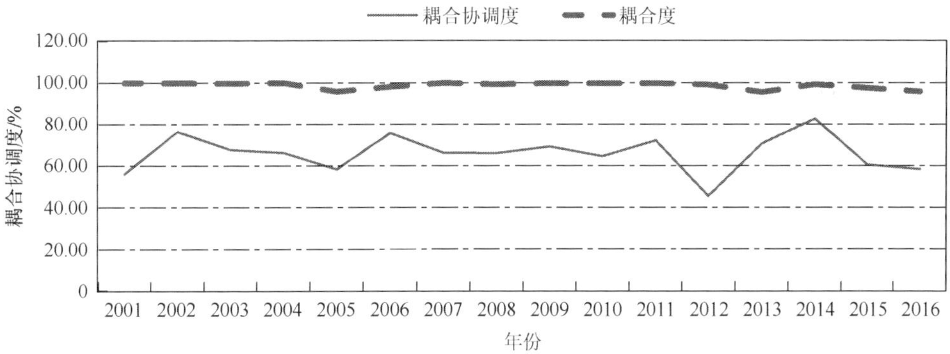

图 11.4　我国水资源、建设用地及能源利用耦合协调发展程度

通过计算得到的能源、水资源和建设用地及利用耦合协调度的结果说明，水资源、建设用地和能源的耦合度很高，资源配置机制相同，变动趋势一致。虽然耦合度很高，但基本上属于低资源利用秩序下的高耦合情况。图 11.4 显示如下几点：①耦合协调度数值低于耦合度，说明即使能源、水资源和建设用地配置机制高度一致，保持其三者的前进步伐协调一致还是比较困难的。②我国能源、水资

源和建设用地紧密联系，当某一种或几种资源出现利用秩序下降时，耦合协调度数值同时下降；反之，当某一种或几种资源总利用秩序上升，耦合协调度数值会发生同样的变化。③能源、水资源和建设用地总秩序趋势相同的时间阶段，耦合度相对较高且变化平稳，但由于水资源和建设用地总秩序一直处于较低水平，影响了耦合度。能源秩序相对较高水平，在一定程度上带动改善了水资源和建设用地利用秩序，提高了耦合协调度。④耦合协调度水平低主要是能源、水资源和建设用地供给侧的秩序低造成的。⑤能源、水资源和建设用地供给侧耦合协调度水平及其波动程度主要受政策和技术进步的影响。

本章通过秩序评价模型与耦合协调度模型，求出2001～2016年间能源、水资源和建设用地利用秩序耦合度，对其利用耦合治理进行分析。通过实证研究，得出能源、水资源和建设用地利用秩序水平处于中等水平，资源配置的一致性较高，但69%的年份处于初级耦合协调水平，并且耦合协调度波动较大，其规律性变化主要表现有五条。

（1）能源、水资源和建设用地利用秩序改善重在供给侧。2001～2016年能源、水资源和建设用地供给侧的利用秩序平均水平为29%，而需求侧的平均水平是60%。供给侧的秩序改善难度成倍于需求侧。需求侧的秩序改善的重点是缩小高低收入差距并培育中产阶层的稳定成长。目前供给侧的秩序只有规模效率和配置效率在振动性扩张，而技术进步和技术效率却在间歇性萎缩。要努力促进供给侧的技术进步的提升和技术效率的增加。

（2）能源、水资源和建设用地利用供给秩序较低，其比值分别为36%、21%、31%，均由其技术进步、技术效率、配置效率和规模效率等构成要素所决定，而构成要素的方向和数值又受国家有关政策法规和技术进步的力度大小影响。水资源受供给和需求的刚性约束，有关政策和法规无大的变动，其供给侧的利用秩序低而稳；建设用地对国家有关政策和法规敏感，2006年和2013年两度大幅度提升，但因缺乏治本性制度安排，其利用秩序仍在持续走低；能源供给侧的秩序受利好政策法规激励，2005年其秩序跳跃式提升，再加上技术创新和进步，2014年迈入并至今保持在较高平台发展。

（3）近几年能源利用绩效高于水资源和建设用地利用绩效的主要原因是风能、太阳能等新能源的大力开发，以及电信网络的高速发展带来生产成本和交易费用大幅度的降低。

（4）能源、水资源和建设用地利用耦合是国家资源配置机制的表现，一般差异不大，变化比较平稳。而其利用耦合协调度则反映了能源、水资源和建设用地利用频率及幅度同步性程度，一般差异较大，变化难以平稳。因此，能源、水资源和建设用地治理要把影响稳定运行的风险化解到最低，以至消减为无，强调各种资源开发利用政策法规间的相互衔接和协同共进。

（5）能源、水资源和建设用地利用耦合度与耦合协调度取决于其利用秩序，而资源利用秩序又取决于消费侧能源利用主体收入差异与供给侧的资源利用结构功能匹配程度。资源利用主体收入差异反映社会公平与否，资源利用结构功能匹配状况反映生产效率稳定程度及水平。显然，能源、水资源和建设用地利用治理的关键是控制社会两极分化，并通过资源结构功能匹配提高全要素生产率。

秩序是系统要素时空动态有序化排列。在现代网络大数据时代，真实地理空间距离耦合着虚拟经济空间距离（Han et al.，2018）。在此之前，Rodríguez-Pose（2011）就认为距离可用来反映区域的空间位置特征与区域间的互相作用程度，Yotov（2012）还把距离作为相对贸易成本的代理变量。距离不仅可以作为交易费用的代理变量，而且能用作量化秩序的核心变量。提升资源利用秩序就是缩小资源利用主体地位相对距离及要素实际生产率与目标生产率的距离，也就是降低资源利用直接费用和与此有关的一切交易费用。

为了实现能源、水资源和建设用地利用均衡发展，主要措施是缩小各种资源利用相对经济距离：①加强交通、物流和互联网基础设施建设，以提升其速度并缩短区域经济距离，降低交易费用；②科技创新，缩减资源全要素生产率与其目标函数前沿生产率的距离；③缩小城乡居民收入差距，防止两极分离，抑制房地产过快增长，缩小区域间地租差距；④开发东部新能源和中西部水资源及建设用地，缓解资源生产与消费的区域非均衡布局，减少远距离运输成本和交易费用。

第 12 章　结论与启示

在西部大开发、东北振兴、中部崛起和“一带一路”建设的区域经济战略和倡议背景下，中国的区域资源利用报酬空间依赖发生着深刻变化。本书基于新经济地理学和空间计量经济学理论，对中国区域资源利用报酬空间依赖进行了再检验，在验证中国区域空间依赖变化存在的基础上，分析了中国区域资源利用报酬空间依赖的变化趋势，并进一步研究了生产性公共支出的区域倾斜对中国区域资源利用报酬空间依赖的影响机制，得到了关于这三个问题的研究结论与启示。

12.1　结　　论

在同时考虑区域资源利用报酬及经济活动的其他各方面空间自相关时，以往研究得到的中国的区域资源利用报酬存在空间依赖的结论仍具有稳健性。根据 Harris（1954）对市场潜力的定义，使用绝对距离倒数空间权重矩阵对中国所有地区收入的加权和来衡量市场潜力，结果显示，中国的区域市场潜力空间结构自东向西呈现出新经济地理意义上的“核心–边缘”模式。然而，基于 Harris 所指出的市场潜力来估计 Krugman（1993）的新经济地理学工资方程时，估计结果的残差呈现出空间自相关，而这种空间自相关在多数新经济地理学实证研究中被忽视。通过把新经济地理学工资方程和空间误差模型整合为空间联合模型，在同时考虑被解释变量和误差项空间自相关的情况下验证了中国区域资源利用报酬空间依赖的存在。其中，在构建被解释变量时发现，空间权重矩阵邻域个数的选取、被解释变量对数处理与滞后处理的先后顺序、是否包含内部市场潜力等空间滞后变量的构建方法会对估计结果产生影响。稳健性检验表明，空间邻接矩阵或地理距离倒数矩阵的选择不会影响该结论的稳健性。

中国的区域资源利用报酬空间依赖在区域经济战略实施背景下由增强趋势转变为减弱趋势。通过估计 1996～2015 年中国区域资源利用报酬对市场潜力历年的弹性，可得到经济地理边缘性对中国边缘地区收入的影响由强转弱，以及经济地理因素对中国所有地区收入的平均影响由强转弱的结论。对不同经济发展水平和不同经济地理位置的区域资源利用报酬空间依赖变化分析表明，随着区域经济战略的实施，中国较发达地区收入空间依赖与较不发达地区收入空间依赖出现趋同，中西部边缘地区收入空间依赖随着区域经济战略的实施出现的减弱趋势更为明显。中国区域资源利用报酬空间依赖的转折发生在 2005～2006 年，相较于西部大开发战略开始实施的时间点滞后了 5～6 年，接近中部崛起和东北振兴战略开始实施的时间点，因此，从长期来看，中国区域资源利用报酬空间依赖的转折与区域经济战略的背景在时间上具有一致性。

生产性公共支出的区域倾斜通过边际效应和空间外部性两种作用分别影响支出目标区收入和支出目标区以外地区收入，进而影响区域资源利用报酬空间依赖。从区域经济战略中对边缘地区倾斜的公共支出政策出发，向新经济地理学模型生产函数引入包含空间外部性的基础设施要素，并加入对政府财政收支行为的考量，建立了一个改进的新经济地理学模型。使用伪社会计划者问题求解模型并使用中国经济数据进行校准，分别对三种财政政策情形进行模拟：增加全国各地的生产性公共支出、集中增加某地的生产性公共支出，以及调节现有生产性公共支出的区域分布。对模拟结果进行分析可知，新增生产性公共支出按照当前的空间分布比例分散于各地区，会进一步加强全国区域资源利用报酬空间依赖，并且继续扩大区域资源利用报酬差距；新增生产性公共支出集中于边缘地区时，通过边际效应对边缘地区收入产生正向冲击，同时减弱核心地区生产性公共支出的外部性，进而减弱边缘地区收入的空间依赖，并且缩小区域资源利用报酬差距。基于 1996～2015 年面板数据的经验分析验证了生产性公共支出对区域资源利用报酬空间依赖的作用机制。

12.2　启　　示

经济地理意义上的边缘性对中国中西部地区收入增长的制约仍是中国东部和中西部收入差距不断扩大的主要原因。样本期内，按照距三大中心城市距离标准划分的边缘地区中，各地区的人均收入水平皆低于全国人均收入水平。在 1996～2007 年，边缘地区收入的空间依赖分别高于核心地区的收入空间依赖和全部地区的收入空间依赖，而在 1996～2015 年，较不发达地区的收入空间依赖一直高于较发达地区的收入空间依赖和全部地区的收入空间依赖。边缘地区市场潜力均值低于核心地区市场潜力均值的 50%，且内部市场潜力比重低于 10%，对边缘地区收入增长形成了较大的束缚。

向边缘地区倾斜的生产性公共支出，可减弱区域资源利用报酬的空间依赖，并缓和不断扩大的区域资源利用报酬差距。中国的区域资源利用报酬空间依赖在 2006 年之前的增强趋势表明中国的区域资源利用报酬存在“距离的诅咒”效应，而中国的区域资源利用报酬空间依赖在 2006 年之后的减弱趋势表明中国的区域资源利用报酬正在脱离“距离的诅咒”。这种转折与西部大开发、中部崛起和东北振兴等区域经济战略的背景在时间上具有一致性，表明西部大开发、中部崛起和东北振兴等区域经济战略在减弱经济地理边缘性对中国中西部地区收入的影响及减缓中国区域资源利用报酬差距扩大方面具有显著效果。而目前实施中的“一带一路”倡议若把新增生产性公共支出过度分散于中国东部和中西部地区，会对中国区域资源利用报酬空间依赖产生正向冲击。

政府在决策时还要考虑到生产性公共支出对其他地区收入产生的外部性。由于各地区在流动性生产要素上的竞争性，生产性公共支出对目标地区以外的经济产生负向的空间外部性，向一个地区倾斜的生产性公共支出能加强该地区的竞争优势，并削弱其他地区的竞争优势。负向的空间外部性可以成为以往文献得出的全国层面生产性公共支出对总体经济增长负向作用或者不显著的正向作用的一种解释。因此，对于东部地区率先发展的战略，政府应有相应的配套措施以减轻其生产性公共支出对中西部地区收入产生的负外部性。

12.3　本书的局限与后续研究展望

由新经济地理学基准模型推导出的工资方程中，市场潜力的弹性反映了制造业工资对市场潜力的依赖。尽管目前的新经济地理学实证研究中，工资方程已经被广泛地表达为区域经济对市场潜力的依赖，这种处理方法缺乏相应的规范。本书在理论模型中把区域资源利用报酬的概念规范为省级层面包含三大产业增加值的区域人均产业增加值，这种规范以基于中国经济数据的样本变异性和数据可得性为标准，在理论研究上未形成对新经济地理学模型中的区域资源利用报酬更为一般的规范，在实证研究上也未对研究尺度更细划分。后续的研究工作需要在理论上对新经济地理学模型中的区域资源利用报酬进一步规范，使其适用于更为一般的经济状况分析；在实证研究上分别从区域尺度和行业层面对区域资源利用报酬的空间依赖研究进行细化。

空间权重矩阵的设定会对实证研究结果产生一定影响。本书只比较了三种使用地理距离设定的空间权重矩阵结合五种解释变量指标处理方法构造的解释变量空间滞后项，后续的研究可在地理距离的基础上结合通信距离、经济结构相似度距离、制度距离和文化相似度距离构造空间权重矩阵，比较使用这类空间权重矩阵构造的空间滞后项对实证结果产生的影响，以进一步检验本书所得到的中国区域资源利用报酬空间依赖的存在性及其变化趋势结论的稳健性。

理论上，随着基础设施建设的加强，经济活动的空间联系也会加强，但是各项基础设施覆盖的地理范围有限，因而受其正向影响的空间经济联系也有一定范围。本书假设区域技术水平受所有地区整体基础设施的影响，并使用和构造市场潜力时一致的空间权重矩阵，检验出区域生产性公共支出的正向边际效应和负向空间外部性，而未对基础设施的影响范围进行规范，也未按照影响范围划分基础设施的种类。后续研究需要对不同基础设施的影响范围和区域单元的划分尺度进一步规范，并在模型中区分用于改善区域间经济联系或者区域内经济联系的生产性公共支出，分别研究其对区域资源利用报酬的冲击及对区域资源利用报酬空间依赖的影响。

参考文献

白重恩，钱震杰，武康平. 2008. 中国工业部门要素分配份额决定因素研究[J]. 经济研究，（8）：16-28.

班固. 2016. 汉书[M]. 颜师古，注. 北京：中华书局：564.

布朗温·H. 霍尔，内森·罗森伯格. 2017. 创新经济学手册[M]. 上海市科学学研究所，译. 上海：上海交通大学出版社：70.

才国伟，钱金保. 2013. 解析空间相关的来源：理论模型与经验证据[J]. 经济学（季刊），12（3）：869-894.

陈碧琼，张梁梁，曹跃群. 2013. 省际公共资本存量估算与区域配置[J]. 经济科学，（4）：26-40.

陈创练，张帆，张年华. 2017. 地理距离、技术进步与中国城市经济增长的空间溢出效应——基于拓展 Solow 模型第三方效应的实证检验[J]. 南开经济研究，（1）：23-43.

陈家刚. 2007. 协商民主与政治协商[J]. 学习与探索，（2）：85-91.

陈凯，王泽君，崔梦苏. 2018. 中国能源利用秩序区域比较研究[J]. 生产力研究，（12）：1-8.

陈凯. 2009. 区域经济比较[M]. 上海：上海人民出版社：108-115.

陈凯. 2015. 道统经济学[M]. 北京：经济科学出版：15-40，26-29.

陈时兴. 2012. 政府投资对民间投资挤入与挤出效应的实证研究——基于 1980—2010 年的中国数据[J]. 中国软科学，（10）：169-176.

陈晓玲，连玉君. 2013. 资本-劳动替代弹性与地区经济增长——德拉格兰德维尔假说的检验[J]. 经济学（季刊），（1）：93-118.

陈长石，刘和骏，刘晨晖. 2015. 中国省际发展不平衡动因及变化解析[J]. 数量经济技术经济研究，（11）：58-73.

道格拉斯·诺斯，罗伯特·托马斯. 2014. 西方世界的兴起[M]. 厉以平，蔡磊，译. 北京：华夏出版社：3，176.

董仲舒. 2012. 春秋繁露[M]. 张世亮，钟肇鹏，周桂钿，译注. 北京：中华书局：200，330，391，487.

杜克锐，鄢哲明，杨志明. 2018. 能源和环境绩效评价方法的最新研究进展[J]. 环境经济研究，（1）：113-138.

范剑勇，李方文. 2011. 中国制造业空间集聚的影响：一个综述[J]. 南方经济，29（6）：53-66，6.

范剑勇，张雁. 2009. 经济地理与地区间工资差异[J]. 经济研究，（8）：73-84.

范剑勇. 2006. 产业集聚与地区间劳动生产率差异[J]. 经济研究，（11）：72-81.

范欣，宋冬林，赵新宇. 2017. 基础设施建设打破了国内市场分割吗? [J]. 经济研究，（2）：20-34.

付娇，黄银洲，唐菊. 2018. 甘肃省经济与人口发展耦合研究经济问题探索[J]. 中国人口·资源与环境，（S1）：49-53.

格里·斯托克，华夏风. 1999. 作为理论的治理：五个论点[J]. 国际社会科学杂志（中文版），

16（1）：3-5.
龚玉玲，杨晔. 2010. 基于知识创新模式的知识体系演进特质[J]. 情报科学，（9）：1367-1369，1374.
顾六宝，肖红叶. 2004. 中国消费跨期替代弹性的两种统计估算方法[J]. 统计研究，（9）：8-11.
管子. 2015. 管子[M]. 房玄龄注，刘绩补注，刘晓艺校点. 上海：上海古籍出版社：2，27，171，437，452.
鬼谷子. 2012. 鬼谷子[M]. 许富宏，译注. 北京：中华书局：45.
哈耶克. 2000. 致命的自负[M]. 冯克利，胡晋华等，译. 北京：中国社会科学出版社：90.
韩非. 2010. 韩非子[M]. 高华平，王齐洲，张三夕，译注. 北京：中华书局：129，309，310，603，681.
韩峰，柯善咨. 2012. 追踪我国制造业集聚的空间来源：基于马歇尔外部性与新经济地理的综合视角[J]. 管理世界，（10）：55-70.
韩仁月，常世旺. 2010. 中国省级公共投资的区域效应：互利共赢还是以邻为壑[J]. 财经研究，36（4）：37-45.
何显明. 2008. 顺势而为：浙江地方政府创新实践的演进逻辑[M]. 杭州：浙江大学出版社：3-16.
何雄浪，郑长德，杨霞. 2013. 空间相关性与我国区域经济增长动态收敛的理论与实证分析——基于1953—2010年面板数据的经验证据[J]. 财经研究，39（7）：82-95.
洪俊杰，刘志强，黄薇. 2014. 区域振兴战略与中国工业空间结构变动——对中国工业企业调查数据的实证分析[J]. 经济研究，（8）：28-40.
桓宽. 2015. 盐铁论[M]. 陈桐生，译注. 北京：中华书局：240.
黄新飞，舒元，徐裕敏. 2013. 制度距离与跨国收入差距[J]. 经济研究，（9）：4-16.
姜文仙，覃成林. 2009. 区域协调发展研究的进展与方向[J]. 经济与管理研究，（10）：90-95.
蒋为，黄玖立. 2014. 国际生产分割、要素禀赋与劳动收入份额：理论与经验研究[J]. 世界经济，（5）：28-50.
金观涛，刘青峰. 2011. 兴盛与危机：论中国社会超稳定结构[M]. 北京：法律出版社：26-63.
金银哲. 2011. 国内外基础研究强度的调查研究[J]. 中国校外教育，（10）：14-15.
卡尔·马克思. 1975. 资本论（第一卷）[M]. 中共中央马克思、恩格斯、列宁、斯大林著作编译局，编译. 北京：人民出版社.
李桂君，李玉龙，贾晓菁，等. 2016. 北京市水-能源-粮食可持续发展系统动力学模型构建与仿真[J]. 管理评论，（10）：11-26.
李建德. 2000. 经济制度演进大纲[M]. 北京：中国财政经济出版社：108-109.
李敬，陈澍，万广华，等. 2014. 中国区域经济增长的空间关联及其解释——基于网络分析方法[J]. 经济研究，（11）：4-16.
李克强. 2019. 政府工作报告——2019年3月5日在第十三届全国人民代表大会第二次会议上[M]. 北京：人民出版社.
李凌. 2018. 创新驱动高质量发展[M]. 上海：上海社会科学出版社：76-78.
李正风，尹雪慧. 2012. 知识流、知识分配力与基础研究中的科学传播[J]. 科普研究，（5）：31-34，39.
李子奈，叶阿忠. 2012. 高级应用计量经济学[M]. 北京：清华大学出版社：247-250.
梁红梅，张卫峰. 2014. 中国消费、劳动和资本收入有效税率估算研究[J]. 中央财经大学学报，

12（12）：3-12.
梁琦，陈强远，王如玉. 2013. 户籍改革、劳动力流动与城市层级体系优化[J]. 中国社会科学，（12）：36-59.
廖重斌. 1999. 环境与经济协调发展的定量评判及其分类体系——以珠江三角洲城市群为例[J]. 热带地理，（2）：171-177.
林毅夫，刘明兴. 2003. 中国的经济增长收敛与收入分配[J]. 世界经济，（8）：3-14，80.
刘溶沧，马拴友. 2002. 论税收与经济增长——对中国劳动、资本和消费征税的效应分析[J]. 中国社会科学，1（1）：67-76.
刘修岩，贺小海，殷醒民. 2007. 市场潜能与地区工资差距：基于中国地级面板数据的实证研究[J]. 管理世界，（9）：48-55.
刘修岩，宋萍. 2015. 市场潜能与城市增长：基于中国城市数据的实证研究[J]. 东南大学学报（哲学社会科学版），17（6）：74-83.
刘昫，等. 1975. 旧唐书，卷 174，李德裕传（第 14 册）[M]. 北京：中华书局：4525.
刘毓芸，徐现祥，肖泽凯. 2015. 劳动力跨方言流动的倒 U 型模式[J]. 经济研究，（10）：134-146，162.
刘忠敏，马树才，陈素琼. 2009. 我国政府支出和公共投资对私人投资的效应分析[J]. 经济问题，（3）：10-14.
刘卓珺，于长革. 2006. 公共投资的经济效应及其最优规模分析[J]. 经济科学，（1）：30-41.
龙志和，李文丽，陈青青. 2015. 固定效应模型空间相关性的 Bootstrap LM-error 检验[J]. 数量经济技术经济研究，（8）：149-160.
龙志和，欧变玲，林光平. 2009. 空间经济计量模型 Bootstrap 检验的水平扭曲[J]. 数量经济技术经济研究，（1）：151-160.
逯进，常虹，赵少平，等. 2016. 山东省能源、经济与环境耦合关系的演化特征[J]. 经济地理，9：42-48.
罗大蒙，徐晓宗. 2018. 民主的治理：新时代国家治理现代化的导向、挑战与变革——基于中国特色社会主义民主政治发展的视野[J]. 四川行政学院学报，（6）：13-20.
罗知，万广华，张勋，等. 2018. 兼顾效率与公平的城镇化：理论模型与中国实证[J]. 经济研究，7：89-105.
吕冰洋，陈志刚. 2015. 中国省际资本、劳动和消费平均税率测算[J]. 财贸经济，（7）：44-58.
马克思，恩格斯. 1979. 马克思恩格斯全集[M]. 中共中央马克思、恩格斯、列宁、斯大林著作编译局，编译. 北京：人民出版社：494.
马拴友，于红霞. 2003. 地方税与区域经济增长的实证分析——论西部大开发的税收政策取向[J]. 管理世界，（5）：36-43，59.
孟子，等. 2016. 四书五经[M]. 北京：中华书局：19，36.
潘文卿. 2012. 中国的区域关联与经济增长的空间溢出效应[J]. 经济研究，（1）：54-65.
彭国华. 2005. 中国地区收入差距、全要素生产率及其收敛分析[J]. 经济研究，（9）：19-29.
皮埃尔·德·塞纳克伦斯，冯炳昆. 1999. 治理与国际调节机制的危机[J]. 国际社会科学杂志（中文版），（1）：91-103.
饶晓辉，刘方. 2014. 政府生产性支出与中国的实际经济波动[J]. 经济研究，（11）：17-30.
沙治慧. 2012. 公共投资与经济发展的区域协调性研究[J]. 经济学动态，（5）：66-69.

单海燕，杨君良. 2017. 长三角区域生态经济系统耦合协调演化分析[J]. 统计与决策，（24）：128-133.
商鞅. 2011. 商君书[M]. 石磊，译注. 北京：中华书局：165.
史修松，赵曙东. 2011. 中国经济增长的地区差异及其收敛机制（1978～2009 年）[J]. 数量经济技术经济研究，（1）：51-62.
覃成林，张伟丽. 2009. 中国区域经济增长俱乐部趋同检验及因素分析——基于 CART 的区域分组和待检影响因素信息[J]. 管理世界，（3）：21-35.
唐贤兴. 2000. 全球治理与第三世界的变革[J]. 欧洲，（3）：4-11.
王蓓，崔治文. 2012. 有效税率、投资与经济增长：来自中国数据的经验实证[J]. 管理评论，24（7）：3-12，23.
王弼. 2011. 老子道德经注[M]. 楼宇烈，校释. 北京：中华书局：45.
王夫之. 2013a. 读通鉴论[M]. 舒士彦，点校. 北京：中华书局.
王夫之. 2013b. 宋论[M]. 刘韶军，译注. 北京：中华书局：21，500-505.
王继全，李源. 2018. 特大城市圈典型地市产业结构与生态建设关系分析[J]. 中国人口·资源与环境，（S1）：24-27.
王培暄. 2012. 我国地区间收入差距问题研究[J]. 经济问题，（8）：55-58.
王业强，魏后凯. 2007. 产业特征、空间竞争与制造业地理集中——来自中国的经验证据[J]. 管理世界，（4）：68-77，171-172.
威廉姆森，温特. 2010. 企业的性质：起源、演变和发展[M]. 姚海鑫，邢源源，译. 北京：商务印书馆.
韦倩，王安，王杰. 2014. 中国沿海地区的崛起：市场的力量[J]. 经济研究，（8）：170-183.
维纳. 1978. 人有人的用处：控制论和社会[M]. 陈步，译. 北京：商务印书馆：17.
乌尔里希·贝克. 2018. 风险社会：新的现代性之路[M]. 张文杰，何博闻，译. 北京：译林出版社：3-10.
吴洪鹏，刘璐. 2007. 挤出还是挤入：公共投资对民间投资的影响[J]. 世界经济，（2）：13-22.
吴玉鸣. 2006. 中国省域经济增长趋同的空间计量经济分析[J]. 数量经济技术经济研究，23（12）：101-108.
武廷方，夏刚. 2014. 城镇化驱动下的区域经济发展——中国城镇化与区域经济发展国际研讨会综述[J]. 经济研究，（3）：185-189.
谢长青，范剑勇. 2012. 市场潜能、外来人口对区域工资的影响实证分析——以东西部地区差距为视角[J]. 上海财经大学学报，（3）：67-74.
徐松. 1957. 宋会要辑稿·食货[M]. 北京：中华书局：4813.
徐维祥，汪彩君，唐根年. 2011. 中国制造业资本积累动态效率变迁及其与空间集聚关系研究[J]. 中国工业经济，（3）：78-87.
徐正英，常佩雨. 2014. 周礼[M]. 北京：中华书局：33.
许政，陈钊，陆铭. 2010. 中国城市体系的“中心–外围模式”[J]. 世界经济，（7）：144-160.
薛静静，沈镭，刘立涛，等. 2013. 中国区域能源利用效率与经济水平协调发展研究[J]. 资源科学，（4）：713-721.
亚当·斯密. 2010. 国富论[M]. 谢宗林，李华夏，译. 上海：中央编译出版社.
严成樑，崔小勇. 2012. 资本投入、经济增长与地区差距[J]. 经济科学，（2）：21-33.

严成樑，龚六堂. 2009. 财政支出、税收与长期经济增长[J]. 经济研究，（6）：4-15，51.
颜银根. 2014. 转移支付、产业跨区转移与区域协调发展[J]. 财经研究，40（9）：50-61.
杨朝峰，赵志耘，许治. 2015. 区域创新能力与经济收敛实证研究[J]. 中国软科学，（1）：88-95.
杨东方. 2012. 域面——技术创新体系的空间[J]. 科技管理研究，（3）：153-156.
杨飞虎. 2014. 促进中国经济长期持续均衡增长中的公共投资因素——基于 1489 份调查问卷的统计分析[J]. 经济理论与经济管理，（2）：59-69.
杨汝岱. 2015. 中国制造业企业全要素生产率研究[J]. 经济研究，（2）：61-74.
杨天才，张善文. 2011. 周易[M]. 北京：中华书局.
俞可平. 2000. 治理与善治[M]. 北京：社会科学文献出版社.
俞可平. 2002. 全球治理引论[J]. 马克思主义与现实，（1）：20-32.
俞可平. 2016. 走向善治：国家治理现代化的中国方案[M]. 北京：中国文史出版社：2-3.
约翰 • 罗尔斯. 2009. 正义论[M]. 何怀宏，何包钢，廖申白，译. 北京：中国社会科学出版社.
约瑟夫 • 熊彼特. 1990. 经济发展理论[M]. 何畏，易家详，译. 北京：商务印书馆.
曾莉. 2010. 重庆市高校专利转化率偏低之现状调研及原因分析[J]. 重庆理工大学学报（社会科学版），（12）：22-26.
詹姆斯 • 博曼，威廉 • 雷吉. 2006. 协商民主：论理性与政治[M]. 陈家刚等，译. 北京：中央编译出版社.
詹长根，吴鼎，杨如军. 2018. 广西能源资源承载力综合评价研究[J]. 生态科学，（3）：131-137.
张方，陈凯. 2016. 公共投资、空间溢出效应与区域经济增长——基于 2003～2013 年省级面板数据[J]. 软科学，30（1）：1-4.
张凤，何传启. 2005. 知识创新的原理和路径[J]. 中国科学院院刊，（5）：389-394.
张光南，洪国志，陈广汉. 2013. 基础设施、空间溢出与制造业成本效应[J]. 经济学（季刊），13（4）：285-304.
张军，吴桂英，张吉鹏. 2004. 中国省际物质资本存量估算：1952—2000[J]. 经济研究，（10）：35-44.
张军，章元. 2003. 对中国资本存量 K 的再估计[J]. 经济研究，（7）：35-43，90.
张少华，蒋伟杰. 2016. 能源效率测度方法：演变、争议与未来[J]. 数量经济技术经济研究，（7）：3-24.
张伟丽，覃成林，李小建. 2011. 中国地市经济增长空间俱乐部趋同研究——兼与省份数据的比较[J]. 地理研究，30（8）：1457-1470.
张文武，梁琦. 2011. 劳动地理集中、产业空间与地区收入差距[J]. 经济学（季刊），10（2）：691-708.
张晓旭，冯宗宪. 2008. 中国人均 GDP 的空间相关与地区收敛：1978—2003[J]. 经济学（季刊），7（2）：399-414.
张秀生，陈慧女. 2008. 论中国区域经济发展差距的现状、成因、影响与对策[J]. 经济评论，（2）：53-57，72.
张学良. 2012. 中国交通基础设施促进了区域经济增长吗——兼论交通基础设施的空间溢出效应[J]. 中国社会科学，（3）：60-77，206.
章玲，何乐，王璐盼，等. 2017. 基于 VI～2OWA 的多指标评价方法及其在新能源中的应用[J]. 系统工程，（4）：122-129.

赵作权. 2012. 中国经济核心—边缘格局与空间优化发展[J]. 管理世界，（10）：46-54，187.
中国国家统计局国民经济核算司. 1997. 中国国内生产总值核算历史资料（1952—1995）[M]. 大连：东北财经大学出版社.
中华人民共和国国务院新闻办公室. 2012. 中国的能源政策白皮书2012[M]. 北京：人民出版社.
朱国忠，乔坤元，虞吉海. 2014. 中国各省经济增长是否收敛?[J]. 经济学（季刊），13（3）：1171-1194.
朱海英. 2004. 论程序理性的政治意蕴[J]. 探索，（5）：40-43.
邹薇，周浩. 2007. 经济趋同的计量分析与收入分布动态学研究[J]. 世界经济，30（6）：81-96.
Akamatsu K. 1932. A Historical Pattern of Economic Growth in Developing Countries[M]. Nagoya：[s. n.]：23-54.
Alonso W. 1964. Location and Land Use：Toward a General Theory of Land Rent[M]. Cambridge：Harved University Press.
Anderson J E，van Wincoop E. 2003. Gravity with gravitas：a solution to the border puzzle[J]. American Economic Review，93（1）：170-192.
Anderson J E，van Wincoop E. 2004. Trade costs[J]. Journal of Economic Literature，42（3）：691-751.
Anderson J E. 2010. The incidence of gravity[M]//van Bergeijk P A G，Brakman S. The Gravity Model in International Trade：Advances and Applications[C]. Cambridge：Cambridge University Press：71-87.
Anselin L. 1988a. Spatial Econometrics：Methods and Models [M]. Dordrecht：Kluwer Academic Publishers：9-12.
Anselin L. 1988b. Lagrange multiplier test diagnostics for spatial dependence and spatial heterogeneity[J]. Geographical Analysis，20（1）：1-17.
Anselin L. 1995. Local indicators of spatial association-LISA[J]. Geographical Analysis，27（2）：93-115.
Anselin L. 2003. Spatial externalities，spatial multipliers，and spatial econometrics[J]. International Regional Science Review，26（2）：153-166.
Ascani A，Crescenzi R，Iammarino S. 2012. New economic geography and economic integration：a review [EB/OL]. http: //www.ub.edu/searchproject/wp-content/uploads/2012/02/WP-1.2.pdf [2016-03-17].
Aschauer D A. 1989. Is public expenditure productive?[J]. Journal of Monetary Economics，23（2）：177-200.
Bai C E，Ma H，Pan W Q. 2012. Spatial spillover and regional economic growth in China[J]. China Economic Review，23（4）：982-990.
Baldwin B，Forslid R，Martin P. 2003. Economic Geography and Public Policy[M]. Princeton：Princeton University Press：185-194.
Barro R J. 1990. Government spending in a simple model of endogenous growth[J]. Journal of Political Economy，98（5）：S103-S126.
Bera A K，Yoon M J. 1992. Simple diagnostic tests for spatial dependence[EB/OL]. https: //www.ideals.illinois.edu/bitstream/handle/2142/32838/simplediagnostic93103bera.pdf [2016-11-12].
Berg A，Ostry J D，Zettelmeyer J. 2012. What makes growth sustained?[J]. Journal of Development

Economics，98（2）：149-166.

Bertoli S，Moraga J F. 2015. The size of the cliff at the border[J]. Regional Science and Urban Economics，51：1-6.

Bivand R，Brunstad R. 2006. Regional growth in Western Europe：detecting spatial misspecification using the R environment[J]. Papers in Regional Science，85（2）：277-297.

Blanco L R. 2012. The spatial interdependence of FDI in Latin America[J]. World Development，40（7）：1337-1351.

Blonigen B A，Davies R B，Waddell G R，et al. 2007. FDI in space：spatial autoregressive relationships in foreign direct investment[J]. European Economic Review，51（5）：1303-1325.

Boarnet M G. 1998. Spillovers and the locational effects of public infrastructure[J]. Journal of Regional Science，38（3）：381-400.

Borsi M T，Metiu N. 2013. The evolution of economic convergence in European Union[EB/OL]. http: // ideas.repec.org/p/zbw/bubdps/282013.html [2016-11-27].

Bosquet C，Boulhol H. 2015. What is really puzzling about the “distance puzzle” [J]. Review of World Economics，151（1）：1-21.

Boulhol H，de Serres A，Molnár M. 2008. The contribution of economic geography to GDP per capita[J]. OECD Journal：Economic Studies，（1）：1-37.

Boulhol H，de Serres A. 2010. Have developed countries escaped the curse of distance? [J]. Journal of Economic Geography，10（1）：113-139.

Brakman S，Garretsen H，van Marrewijk C. 2009a. Economic geography within and between European nations：the role of market potential and density across space and time[J]. Journal of Regional Science，49（4）：777-800.

Brakman S，Garretsen H，van Marrewijk C. 2009b. The New Introduction to Geographical Economics[M]. London：Cambridge University Press：23-37.

Breinlich H. 2006. The spatial income structure in the European Union—what role for economic geography?[J]. Journal of Economic Geography，6（5）：593-617.

Bruna F，Faíña A，López-Rodríguez J. 2014. Market potential and the curse of distance in European regions [EB/OL]. http://mpra.ub.unimuenchen.de/56747/7/MPRA_paper_56746.pdf[2016-11-12].

Bruna F. 2014. Economic geography and development in the European space[D]. A Coruña：Universidade da Coruña.

Bruna F. 2015. Why do empirical tests tend to accept the NEG? An alternative approach to the “wage equation” in European regions[A]//European Regional Science Association. ERSA Conference Papers 2015[C]. Las Vegas：CSREA Press：1234-1260.

Bucci A，del Bo C. 2012. On the interaction between public and private capital in economic growth[J]. Journal of Economics，106（2）：133-152.

Buch C M，Kleinert J，Toubal F. 2004. The distance puzzle：on the interpretation of the distance coefficient in gravity equations[J]. Economics Letters，83（3）：293-298.

Buehler D，White R. 2015. A simple solution to the distance puzzle：balanced data and poisson estimation[J]. Applied Economics Letters，22（7）：587-592.

Burridge P. 1980. On the cliff-ord test for spatial correlation[J]. Journal of the Royal Statistical

Society Series B（Methodological），42（1）：107-108.

Cairncross F. 1997. The Death of Distance：How the Communications Revolution Will Change Our Lives[M]. Boston：Harvard Business Press：5-20.

Cambridge Econometrics. 2014. E3EM Technical Manual，Version 6.1[EB/OL]. http://www.e3me.com/wp-content/uploads/2019/09/E3ME-Technical-Manual-v6.1-onlineSML.pdf[2020-11-25].

Carrère C，de Melo J，Wilson J. 2013. The distance puzzle and low-income countries：an update[J]. Journal of Economic Surveys，27（4）：717-742.

Chamberlin E H. 1933. The Theory of Monopolistic Competition[M]. Cambridge：Harvard University Press：102-193.

Chow G C. 1993. Capital formation and economic growth in China[J]. The Quarterly Journal of Economics，108（3）：809-842.

Clark C，Wilson F，Bradley J. 1969. Industrial location and economic potential in Western Europe[J]. Regional Studies，3（2）：197-212.

Cliff A D，Ord J K. 1969. The problem of spatial autocorrelation[A]//Scott A J. London Papers in Regional Science 1，Studies in Regional Science[C]. London：Pion：25-55.

Cliff A D，Ord J K. 1973. Spatial Autocorrelation[M]. London：Pion：33-61.

Cliff A D，Ord J K. 1981. Spatial Processes：Models & Applications[M]. London：Pion：25-47.

Combes P P，Mayer T，Thisse J F. 2008. Economic Geography：The Integration of Regions and Nations[M]. Princeton：Princeton University Press：324-376.

de Brauw A，Huang J K，Rozelle S，et al. 2002. The evolution of China's rural labor markets during the reforms[J]. Journal of Comparative Economics，30（2）：329-353.

de Sousa J，Mayer T，Zignago S. 2012. Market access in global and regional trade[J]. Regional Science and Urban Economics，42（6）：1037-1052.

Delgado M，Porter M E，Stern S. 2010. Clusters and entrepreneurship[J]. Journal of Economic Geography，10（4）：495-518.

Delgado M，Porter M E，Stern S. 2014. Clusters，convergence，and economic performance[J]. Research Policy，43（10）：1785-1799.

Desmet K，Rossi-Hansberg E. 2014. Spatial development[J]. American Economic Review，104（4）：1211-1243.

Disdier A，Head K. 2008. The puzzling persistence of the distance effect on bilateral trade[J]. The Review of Economics and Statistics，90（1）：37-48.

Dixit A K，Stiglitz J E. 1977. Monopolistic competition and optimum product diversity[J]. American Economic Review，67（3）：297-308.

Dunning H. 1988. The eclectic paradigm of international production：a restatement and some possible extensions[J]. Journal of International Business Studies，（1）：1-31.

Duranton G，Storper M. 2006. Agglomeration and growth：a dialogue between economists and geographers[J]. Journal of Economic Geography，6（1）：1-7.

Ekelund Jr R B，Hébert R F. 2013. A History of Economic Theory and Method[M]. Long Grove：Waveland Press：193-251.

Faíña J A，López-Rodríguez J. 2004. European regional policy and backward regions：implications towards EU enlargement[J]. European Journal of Law and Economics，18（1）：5-32.

Faíña J A，López-Rodríguez J. 2006. European Union enlargement，European spatial development perspective and regional policy：lessons from population potentials[J]. Investigaciones Regionales，9（9）：5-23.

Feldstein M. 2008. Did wages reflect growth in productivity?[J]. Journal of Policy Modeling，30（2008）：591-594.

Felipe J，McCombie J S L. 2012. Problems with regional production functions and estimates of agglomeration economies：a caveat emptor for regional scientists [EB/OL]. http: //www. levyinstitute. org/pubs/wp_725. pdf [2016-11-12].

Fingleton B，Fischer M M. 2010. Neoclassical theory versus new economic geography：competing explanations of cross-regional variation in economic development[J]. The Annals of Regional Science，44（3）：467-491.

Fingleton B，McCann P. 2007. Sinking the iceberg? On the treatment of transport costs in new economic geography[A]//Fingleton B. New Directions in Economic Geography[C]. Cheltenham：Edward Elgar Publishing：168-203.

Fingleton B. 2006. The new economic geography versus urban economics：an evaluation using local wage rates in Great Britain[J]. Oxford Economic Papers，58（3）：501-530.

Fingleton B. 2007. Testing the "new economic geography"：a comparative analysis based on EU regional data[A]//Fingleton B. New Directions in Economic Geography[C]. Cheltenham：Edward Elgar Publishing：70-97.

Fingleton B. 2008. Competing models of global dynamics：evidence from panel models with spatially correlated error components[J]. Economic Modelling，25（3）：542-558.

Fisher W D. 1971. Econometric estimation with spatial dependence[J]. Regional and Urban Economics，1（1）：19-40.

Fisher W H，Turnovsky S J. 1998. Public investment，congestion，and private capital accumulation[J]. The Economic Journal，108（447）：399-413.

Florax R J，Folmer H，Rey S J. 2003. Specification searches in spatial econometrics：the relevance of Hendry's methodology[J]. Regional Science and Urban Economics，33（5）：557-579.

Fujita M，Hu D P. 2001. Regional disparity in China 1985-1994：the effects of globalization and economic liberalization[J]. The Annals of Regional Science，35（1）：3-37.

Fujita M，Krugman P R，Venables A J. 1999. The Spatial Economy：Cities，Regions and International Trade[M]. Cambridge：MIT Press：35-87.

Garretsen H，Martin R. 2010. Rethinking（new）economic geography models：taking geography and history more seriously[J]. Spatial Economic Analysis，5（2）：127-160.

Geary R C. 1954. The contiguity ratio and statistical mapping[J]. The Incorporated Statistician，5（3）：115-146.

Griffith D A. 1996. Some guidelines for specifying the geographic weights matrix contained in spatial statistical models[A]//Arlinghaus S L，Griffith D A. Practical Handbook of Spatial Statistics[C]. Boca Raton：CRC Press：21-43.

Haining R. 2003. Spatial Data Analysis：Theory and Practice[M]. Cambridge：Cambridge University

Press：325-378.

Han S Y，Tsou M H，Clarke K C. 2018. Revisiting the death of geography in the era of Big Data：the friction of distance in cyberspace and real space[J]. International Journal of Digital Earth，11（5）：451-469.

Hanna F A. 1957. Introduction to “regional income” [A]//Hanna F A. Regional Income：Studies in Income and Wealth[C]. Cambridge：The National Bureau of Economic Research：3-8.

Hanson G H. 2005. Market potential，increasing returns and geographic concentration[J]. Journal of International Economics，67（1）：1-24.

Harris C D. 1954. The market as a factor in the localization of industry in the United States[J]. Annals of the Association of American Geographers，（4）：315-348.

Head K，Mayer T. 2004a. Market potential and the location of Japanese investment in the European Union[J]. Review of Economics and Statistics，86（4）：959-972.

Head K，Mayer T. 2004b. The empirics of agglomeration and trade[A]//Henderson J V，Thisse J F. Handbook of Regional and Urban Economics 4[C]. Amsterdam：Elsevier：2609-2669.

Head K，Mayer T. 2006. Regional wage and employment responses to market potential in the EU[J]. Regional Science and Urban Economics，36（5）：573-594.

Head K，Mayer T. 2011. Gravity，market potential and economic development[J]. Journal of Economic Geography，11（2）：281-294.

Head K，Mayer T. 2014. Gravity equations：workhorse，toolkit，and cookbook[A]//Gopinath G，Helpman E，Rogoff K. Handbook of International Economics[C]. Amsterdam：Elsevier：131-195.

Hering L，Poncet S. 2010. Income per capita inequality in China：the role of economic geography and spatial interactions[J]. The World Economy，33（5）：655-679.

Hoover E M. 1937. Location Theory and the Shoe and Leather Industries[M]. Cambridge：Harvard University Press：43-100.

Hoover E M. 1948. The Location of Economic Activity[M]. New York：McGraw-Hill Book Company：10-23.

Hotelling H. 1929. Stability in competition[J]. Economic Journal，（39）：41-57.

Howells M，Hermann S，Welsch M，et al. 2013. Integrated analysis of climate change，land-use，energy and water strategies[J]. Nature Climate Change，（7）：621-626.

Iqbal K，Shah A. 2015. Truth in Advertisement：How Do Governance Indicators Stack Up[EB/OL]. http: citeseerx.ist.psu.edu/vie wdoc/download?doi = 10.1.1.506.7040&rep=rep1&type=pdf[2016-11-27].

Isard W. 1956. Location and Space-Economy：A General Theory Relating to Industrial Location，Market Areas，Land Use，Trade，and Urban Structure[M]. Cambridge：MIT Press：230-334.

Keeble D，Owens P L，Thompson C. 1982. Regional accessibility and economic potential in the European Community[J]. Regional Studies，16（6）：419-432.

Kehoe T J，Levine D K，Romer P M. 1992. On characterizing equilibria of economies with externalities and taxes as solutions to optimization problems[J]. Economic Theory，2（1）：43-68.

Kelejian H H，Prucha I R. 1998. A generalized spatial two-stage least squares procedure for estimating a spatial autoregressive model with autoregressive disturbances[J]. The Journal of Real Estate Finance and Economics，17（1）：99-121.

Kelejian H H，Tavlas G S，Petroulas P. 2012. In the neighborhood：the trade effects of the Euro in a spatial framework[J]. Regional Science and Urban Economics，42：314-322.

Kojima K. 1978. Direct Foreign Investment：A Japanese Model of Multination Business Operations [M]. London：Groon Helm：84-121.

Krugman P R. 1980. Scale economies，product differentiation，and the pattern of trade[J]. The American Economic Review，70（5）：950-959.

Krugman P R. 1991. Increasing returns and economic geography[J]. Journal of Political Economy，99（3）：483-499.

Krugman P R. 1992. A dynamic spatial model[R]. Cambridge：National Bureau of Economic Research.

Krugman P R. 1993. First nature，second nature，and metropolitan location[J]. Journal of Regional Science，33（2）：129-144.

Krugman P R. 1997. Development，Geography，and Economic Theory[M]. Cambridge：MIT Press：31-66.

Kusnic M W，DaVanzo J. 1980. Income Inequality and the Definition of Income：The Case of Malaysia[M]. Santa Monica：RAND Corporation：34-53.

Larch M，Norbäck P J，Sirries S，et al. 2016. Heterogeneous firms，globalisation and the distance puzzle[J]. The World Economy，（9）：1307-1338.

Le Gallo J，Dall'Erba S. 2006. Evaluating the temporal and spatial heterogeneity of the European convergence process，1980-1999[J]. Journal of Regional Science，46（2）：269-288.

LeSage J P，Pace R K. 2008. Spatial econometric modeling of origin-destination flows[J]. Journal of Regional Science，48（5）：941-967.

LeSage J P，Pace R K. 2009. Introduction to Spatial Econometrics[M]. Boca Raton：CRC Press：31-59.

LeSage J P，Pace R K. 2012. The biggest myth in spatial econometrics[EB/OL]. https://www.mdpi.com/2225-1146/2/4/217/htm[2016-04-15].

Lewis W A. 1978. The Evolution of the International Economic Order[M]. Princeton：Princeton University Press：445-449.

Li Y. 2012. Capital mobility，diminishing returns and wage inequality[J]. The Journal of International Trade & Economic Development，21（3）：321-345.

Lin F，Sim N C S. 2012. Death of distance and the distance puzzle[J]. Economics Letters，116（2）：225-228.

Linders G J，Burger M，von Oort F G. 2008. A rather empty world：the many faces of distance and the persistent resistance to international trade[J]. Cambridge Journal of Regions，Economy and Society，1（3）：439-458.

López-Rodríguez J，Acevedo V. 2013. Market access and income inequality in Colombian departments[J]. The Economic Quarter，320（4）：869-901.

López-Rodríguez J，Faíña A. 2005. New economic geography：testing for a spatial wage structure in Europe[R]. Istanbul：Ecomod.

López-Rodríguez J，Faíña J A，López-Rodríguez J. 2007. Human capital accumulation and geography: empirical evidence from the European Union[J]. Regional Studies, 41 (2): 217-234.

López-Rodríguez J, Faíña J A. 2006. Does distance matter for determining regional income in the European Union? An approach through the market potential concept[J]. Applied Economics Letters, 13 (6): 385-390.

López-Rodríguez J, Márquez M A, Faíña J A. 2009. Economic geography and spatial wage structure in Spain[R]. Rome: The 67th International Atlantic Economic Conference.

López-Rodríguez J, Runiewicz-Wardyn M. 2014. Changing market potentials, regional growth and income disparities in Poland[J]. Prague Economic Papers, 23 (1): 63-83.

Lösch A. 1954. English Translation: The Economics of Location[M]. New Haven: Yale University Press: 34-66.

Marrero G A, Novales A. 2007. Income taxes, public investment and welfare in a growing economy[J]. Journal of Economic Dynamics and Control, 31 (10): 3348-3369.

Marshall A. 1890. Principles of Economics: An Introductory Volume[M]. London: Macmillan: 26-81.

Martin J. 2012. Markups, quality, and transport costs[J]. European Economic Review, 56 (4): 777-791.

Martin R. 1999. Critical survey. The new 'geographical turn' in economics: some critical reflections [J]. Cambridge Journal of Economics, 23 (1): 65-91.

Mendoza E G, Razin A, Tesar L L. 1994. Effective tax rates in macroeconomics: cross-country estimates of tax rates on factor incomes and consumption[J]. Journal of Monetary Economics, 34 (3): 297-323.

Mion G. 2004. Spatial externalities and empirical analysis: the case of Italy[J]. Journal of Urban Economics, 56 (1): 97-118.

Monfort P. 2008. Convergence of EU regions: measures and evolution[EB/OL]. http://ec.europa.europa.eu/regional_policy/sources/docgener/work/200801_convergence.pdf [2016-11-27].

Moran P. 1950. Notes on continuous stochastic phenomena[J]. Biometrika, 37: 17-23.

Narayan P K, Nielsen I, Smyth R. 2008. Panel data, cointegration, causality and Wagner's law: empirical evidence from Chinese provinces[J]. China Economic Review, 19 (2): 297-307.

Naughton B. 1999. How much can regional integration do to unify China's markets? [R]. Paper presented at Conference for Research on Economic Development and Policy Research, Stanford University.

Ngan H W. 2010. Electricity regulation and electricity market reforms in China[J]. Energy Policy, (5): 2142-2148.

Niebuhr A. 2006. Market access and regional disparities[J]. The Annals of Regional Science, 40 (2): 313-334.

Ohlin B G. 1967. Interregional and International Trade[M]. Cambridge: Harvard University Press: 301-324.

Ottaviano G, Thisse J. 2004. Agglomeration and economic geography[A]//Henderson V, Thisse J. Handbook of Regional and Urban Economics Volume 4, lst Edition: Cities and Geography[C]. Amsterdam: Elsevier: 2563-2608.

Paelinck J H P, Klaassen L L H. 1979. Spatial Econometrics[M]. Farnborough: Saxon House: 13-19.

Paelinck J H P，Nijkamp P. 1975. Operational Theory and Method in Regional Economics[M]. Farnborough：Saxon House：28-160.

Qi L. 2010. Capital flows and domestic market integration in China[J]. Journal of Chinese Economic and Business Studies，（1）：67-94.

Qian X L，Smyth R. 2005. Measuring regional inequality of education in China widening coast-inland gap or widening rural-urban gap? [J]. Journal of International Development，20（2）：132-144.

Redding S J. 2013. Economic geography：a review of the theoretical and empirical literature[A]// Bernhofen D，Falvey R，Greenaway D，et al. Palgrave Handbook of International Trade[C]. Basingstoke：Palgrave Macmillan：497-531.

Redding S J，Rossi-Hansberg E. 2016. Quantitative spatial economics [EB/OL]. http: //www.nber.org/papers/w22655.pdf [2016-11-12].

Redding S J，Schott P K. 2003. Distance，skill deepening and development：will peripheral countries ever get rich? [J]. Journal of Development Economics，72（2）：515-541.

Redding S J，Venables A J. 2004. Economic geography and international inequality[J]. Journal of International Economics，62（1）：53-82.

Ricardo D. 1821. On the Principles of Political Economy and Taxation[M]. 3th Edition. London：John Murray：32-183.

Rodríguez-Pose A. 2011. Economists as geographers and geographers as something else：on the changing conception of distance in geography and economics[J]. Journal of Economic Geography，11（2）：347-356.

Sacchi A，Salotti S. 2016. A comprehensive analysis of expenditure decentralization and of the composition of local public spending[J]. Regional Studies，50（1）：93-109.

Salvatici L. 2013. The gravity model in international trade[EB/OL]. http: //www.nber.org/papers/w19285.pdf [2016-11-12].

Samuelson P A. 1952. The transfer problem and transport costs：the terms of trade when impediments are absent[J]. The Economic Journal，62（246）：278-304.

Smith A，Venables A J. 1988. Completing the internal market in the European community：some industry simulations[J]. European Economic Review，32（7）：1501-1525.

Storper M. 2013. Keys to the City：How Economics，Institutions，Social Interactions，and Politics Shape Development[M]. Princeton：Princeton University Press：23-55.

Takatsuka H，Zeng D Z. 2013. Industrial configuration in an economy with low transportation costs[J]. The Annals of Regional Science，51（2）：593-620.

Tinbergen J. 1962. Shaping the World Economy[M]. New York：The Twentieth Century Fund：1-117.

Tobler W R. 1970. A computer movie simulating urban growth in the Detroit region[J]. Economic Geography，46（1）：234-240.

Vernon R. 1966. International investment and international trade in the product cycle[J]. The Quarterly Journal of Economics，（2）：190-207.

von Thünen J H. 1966. Isolated State：An English Edition of Der Isolierte Staat[M]. Oxford：Pergamon Press：11-69.

Weber A. 1929. English Translation：The Theory of the Location of Industries[M]. Chicago：The University of Chicago Press：34-76.

World Trade Organization. 2001. Ministerial declaration[EB/OL]. https: //www.wto.org/english/thewto_e/minist_e/min01_e/mindecl_e.htm [2016-11-12].

Yotov Y V. 2012. A simple solution to the distance puzzle in international trade[J]. Economics Letters，117（3）：794-798.

Young A. 2000. The razor's edge：distortions and incremental reform in the People's republic of China[J]. The Quarterly Journal of Economics，（4）：1091-1135.

Zeng D Z. 2016. Capital mobility and spatial inequalities in income and industrial location[J]. The Journal of Economic Inequality，14（1）：109-128.

Zhang T，Zou H F. 2001. The growth impact of intersectoral and intergovernmental allocation of public expenditure：with applications to China and India[J]. China Economic Review，12（1）：58-81.

Zhao C，Ming L，Zheng X. 2009. Core-periphery model in urban economic growth：an analysis based on Chinese city-level panel data（1990-2006）[EB/OL]. https: //www.bofit.fi/globalassets/bofit/tutkimus/konferenssit-ja-tyopajat/2004-2009/russiachina 2009/xu. pdf [2016-04-15].

Zhao C，Ming L，Zheng X. 2011. Agglomeration shadow：a non-linear core-periphery model of urban growth in China（1990-2006）[R]. Honolulu：ADB Workshop on Green Urbanization in Asia.

Zhao Z. 2004. Rural-urban migration in China—what do we know and what do we need to know? [J]. China Economic Quarterly，3（3）：517-536.

附　　录

本书所涉及的符号与其含义
（以在正文中出现先后为序）

符号	含义
M_i	i 地区消费的 M 部门综合商品数量指数
U_i	M 部门商品对 i 地区消费者的效用
E_i	i 地区消费对 M 部门商品的支出
Y_i	i 地区消费者的收入
P_i	i 地区 M 部门商品的综合消费价格指数
R	地区的数量
σ	M 部门任意两种商品之间的替代弹性
m_{ji}	i 地区代表性消费者对 j 地区生产商品的消费量
m_{qi}	i 地区代表性消费者对商品 q 的消费量
p_{ij}	i 地区购买 j 地区生产商品的交货价或到岸价格
S_i	i 地区的供应商准入
T_{ij}	若使得 1 单位 j 地所生产商品能有效运送到 i 地区，在 j 地区必须装运的该商品数量
RMP_j	j 地区的实际市场潜力
F_j	j 地区的复合性生产要素
A_j	生产要素 F 在 j 地区的边际产出，技术水平
q_j	复合性生产要 F_j 的名义价格
C	生产者的成本
MC	生产者的边际成本
π_j	生产者的利润
$\bar{m}$	利润为 0 时的产量
k	私人资本投入
n	劳动时间投入
r	利率
ω	实际工资率
w_{ij}	空间权重

续表

符号	含义
$\boldsymbol{W}$	空间权重矩阵
d_{ij}	i 地区和 j 地区之间的欧式距离
ϖ	空间权重距离参数
I_M	Moran's I 统计量
$\boldsymbol{I_M}$	Moran's I 统计量向量
$\boldsymbol{\varepsilon}, \boldsymbol{u}, \boldsymbol{o}$	残差向量
$\boldsymbol{e}$	残差估计量向量
$\bar{e}$	残差的均值
$\boldsymbol{Y}, \boldsymbol{y}$	被解释变量向量
$\boldsymbol{X}$	解释变量向量
$\boldsymbol{\beta}$	解释变量的系数向量
β, λ	解释变量的系数
HMP_i	i 地区的市场潜力
IMP_i	i 地区的内部市场潜力
EMP_i	i 地区的外部市场潜力
G_j	j 地区的价格指数
y_i	名义工资率
C	工资方程的截距项
area_i	区域面积
r_i	区域内部距离
K	私人部门投资
G, g	生产性公共支出
l_i	第 i 个地区的人口占总人口的比重
α	资本产出弹性
δ	私人资本折旧率
I_t	t 期全国总体基础设施存量
ζ	基础设施折旧率，反映基础设施对生产者的空间溢出
v	拥挤成本参数
X	消费性公共支出
φ	生产性公共支出占区域资源利用报酬的比重
η	消费性公共支出占区域资源利用报酬的比重
τ_E	消费税率

续表

符号	含义
τ_n	劳动收入税率
τ_k	资本收入税率
τ_t	政府在 t 期对每个家庭征收的定量税
E	消费
s	储蓄
ρ	主观贴现率
θ	闲暇的消费份额
ι	跨期替代弹性的倒数
H	代表性消费者效用最大化的 Hamilton 乘子
u_1	消费的边际效用
u_2	闲暇的边际效用
z_{it}, e_{it}	税收扭曲
λ_i	i 地区代表性消费者的福利权重
κ	伪社会计划者问题的 Lagrange 乘子
TE	技术效率
TEC	技术效率改进
TC	技术进步
$\dot{\text{TFP}}$	全要素生产率变化
SEC	规模效率改进
AEC	配置效率改进
RTS	规模效应
C_3	三种资源总秩序的耦合度
D	耦合协调度
T	三种资源利用秩序总的综合秩序评价得分
U_E	能源子系统总秩序评分
U_W	水资源子系统总秩序评分
U_L	建设用地子系统总秩序评分